喜楽研の DVD つき授業シリーズ

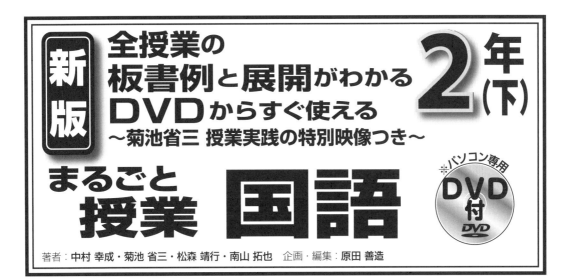

新版
全授業の
板書例と展開がわかる
DVD からすぐ使える
～菊池省三 授業実践の特別映像つき～
2年(下)

まるごと
授業　国語

※パソコン専用
DVD 付
DVD

著者：中村 幸成・菊池 省三・松森 靖行・南山 拓也　企画・編集：原田 善造

JN044272

わかる喜び学ぶ楽しさを創造する教育研究所　略称 喜 楽 研

はじめに

　教育現場の厳しさは，増していくばかりです。多様な子どもや保護者への対応や様々な課題が求められ，教師の中心的活動であるはずの授業の準備に注ぐことができる時間は，とても十分とはいえません。

　このような状況の中で，授業の進め方や方法についても，制限が加えられつつあるという現状があります。制限の中で与えられた手立てが，目の前の子どもたちと指導する教師に合っていればよいのですが，残念ながらそうとばかりはいえないようです。

　そんなときは，派手さは無くても，きちんと基礎をおさえ，着実に子どもに達成感を味わわせることができる授業ができれば，まずは十分です。そんな授業を作るには，以下の2つの視点が必要です。

　1つ目は，子どもに伝えたいことを明確に持つことです。

　音読を例に取れば，「初期の段階なので子どもたちに自分がどの程度の読みができるのかを自覚させる」のか，「最終的な段階なので指導した読み方の技術を生かして，登場人物の心情を思い浮かべながら読む」のかといったことです。

　2つ目は，子どもがどんな状態にあるのかを具体的に把握するということです。

　どうしても音読に集中できない子がいた場合，指で本文をなぞらせることが有効かもしれません。また，隣の子と交代しながら読ませれば楽しんで取り組むかもしれません。

　こういった手立ても，指導者の観察，判断があってこそ，出てくるものです。

　幸い，前版の「まるごと授業　国語」は，多くの先生方に受け入れていただくことができました。指導要領の改訂に伴い，この「まるごと授業　国語」を新たに作り直すことになりました。もちろん，好評であった前版のメインの方針は残しつつ，改善できる部分はできる限りの手を加えています。

　前回同様，執筆メンバーと編集担当で何度も打ち合わせをくり返し，方針についての確認や改善部分についての共通理解を図りました。また，それぞれの原稿についても，お互い読み合い，検討したことも同じです。

　新版では，授業展開の中のイラストの位置をより分かりやすい部分に変えたり，「主体的・対話的で深い学び」についての解説文をつけたりといった変更を行っています。

　その結果，前版以上に，分かりやすく，日々の実践に役立つ本になったと思います。

　この本が，過酷な教育現場に向かい合っている方々の実践に生かされることを心から願ってやみません。

本書の特色

全ての単元・全ての授業の指導の流れが分かる

　学習する全単元・全授業の進め方が掲載されています。学級での日々の授業や参観日の授業，研究授業や指導計画作成等の参考にしていただけます。

　本書の各単元の授業案の時数は，ほぼ教科書の配当時数にしてあります。

主体的・対話的な学びを深める授業ができる

　各単元のはじめのページや，各授業案のページに，『主体的・対話的な深い学び』の欄を設けています。また，展開例の4コマの小見出しに，「読む」「音読する」「書く」「対話する」「発表する」「交流する」「振り返る」等を掲載し，児童の活動内容が一目で具体的に分かるように工夫しています。

1時間の展開例や板書例を見開き2ページで説明

　どのような発問や指示をすればよいか具体例が掲載されています。先生方の発問や指示の参考にして下さい。

　実際の板書をイメージしやすいように，2色刷りで見やすく工夫しています。また，板書例だけでは細かい指導の流れが分かりにくいので，詳しく展開例を掲載しています。

DVDに 菊池省三 授業実践の特別映像を収録

　菊池省三の「対話・話し合いのある授業」についての解説付き授業映像を収録しています。映像による解説は分かりやすく，日々の授業実践のヒントにしていただけます。また，特別映像に寄せて，解説文を巻頭ページに掲載しています。

DVD利用で，楽しい授業，きれいな板書づくりができる

　授業で活用できる黒板掲示用イラストや児童用ワークシート見本を，単元内容に応じて収録しています。カードやイラストは黒板上での操作がしやすく，楽しい授業，きれいな板書づくりに役立ちます。

2年下（目次）

① そうぞうしたことを，音読げきであらわそう
お手紙

そうだんにのってください

② せつめいのしかたに気をつけて読み，それをいかして書こう
馬のおもちゃの作り方
おもちゃの作り方をせつめいしよう

せかい一の話

③ 自分とくらべて，かんそうを書こう
わたしはおねえさん

お話のさくしゃになろう

本書の使い方

◆板書例について

　時間ごとに，教材名，本時のめあてを掲載しました。実際の板書に近づけるよう，特に目立たせたいところは，赤字で示したり，赤のアンダーラインを引いたりしています。DVDに収録されているカード等を利用すると，手軽に，きれいな板書ができあがります。

◆授業の展開について

① 1時間の授業の中身を3コマ〜4コマの場面に切り分け，およその授業内容を表示しています。

②展開例の小見出しで，「読む」「書く」「対話する」「発表する」「振り返る」等，具体的な児童の活動内容を表しています。

③本文中の「　」表示は，教師の発問です。

④本文中の　・　表示は，教師の発問に対する児童の反応等です。

⑤「　」や　・　がない文は，教師への指示や留意点などが書かれています。

⑥□の中に，教師や児童の顔イラスト，吹き出し，授業風景イラスト等を使って，授業の進め方をイメージしやすいように工夫しています。

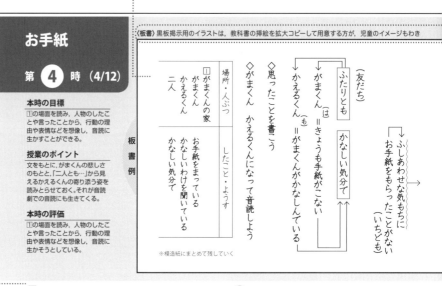
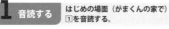

◆スキルアップー行文について

時間ごとに，授業準備や授業を進めるときのちょっとしたコツを掲載しています。

◆「主体的・対話的で深い学び」欄について

この授業で，「主体的・対話的で深い学び」として考えられる活動内容や留意点について掲載しています。

お手紙　アーノルド=ローベル

め　二人のしたことやことばに気をつけて読もう

□の場めん＝がまくんの家

二人のしたこと・ようすは？

がまくんが
「今…かなしい時なんだ。」
お手紙をまつ時間
※イラストをはる

かえるくんが
「どうしたんだい…
かなしそうだね。」

主体的・対話的で 深い学び

・「このときの「人物の気持ち」はどんな気持ちでしたか。」は，よくある問いだが，このような「気持ち」を問う発問はできるだけ避けたい。むしろ，文を根拠にして「人物のこの言葉，この仕草を見て，あなたは二人がどんな気持ちでいると思いましたか（想像しましたか。）」などと，読み手を主語にして問う方がよい。児童が主体的に考え，児童どうしで「わたしはこう思った」などと，対話的な学び合いにもなるからである。

準備物

・黒板掲示用がまくん，かえるくんのイラスト（第2,3時使用のもの）
・黒板掲示用がまくん，かえるくんの家のイラスト（第2,3時使用のもの）
・児童用ワークシート 収録【2下_01_04】

3 読む 話し合う　かえるくんの様子を読みとる。気持ちを想像する。

・『お手紙，もらったことがないんだもの』と言っています。
「お手紙を待っているのに来ないことが（がまくんが）悲しい…」『不幸せな持ち』のもとなのですね。そんながまくんを見て，かえるくんは何をしたのでしょうか。
　分かる文や箇所に線を引かせて，発表させる

・『どうしたんだい』と聞いていて，心配しています。
・『そりゃどういうわけ』と訳を聞いてあげています。
・『いちどもかい』と，ちょっと驚いて聞いています。
・『悲しい気分で』がまくんと，いっしょに座って…。

4 話し合う 音読する　二人の様子を想像して，「会話」を音読する。

「P15 下の絵は，何をしているところでしょうか。」
・二人とも悲しい気分で腰を下ろしているところ。

　文をもとに，二人の関係を考え，とらえさせる。
「このがまくんとかえるくんを見て，あなたはどう思いましたか。書いて発表しましょう。」
・悲しんでいる友だちを見て，自分も悲しくなるなんて，かえるくんはいい友だちだなあと思いました。
「劇をするつもりで，二人の言葉を音読しましょう。」
　①場面を，がまくん，かえるくんの2組に分かれて音読する。語り手の部分（地の文）は，教師が読むか児童でもよい。

◆準備物について

　1時間の授業で使用する準備物が書かれています。準備物の一部は，DVDの中に収録されています。準備物の数や量は，児童の人数やグループ数などでも異なってきますので，確認して準備してください。

◆本書付録 DVD について

（DVDの取り扱いについては，本書P8，9に掲載しています）

🔘 マークが付いている資料は，付録DVDにデータ収録しています。授業のためのワークシート見本，黒板掲示用イラスト，板書作りに役立つカード，画像等があります。

◆赤のアンダーラインについて

　本時の展開でとくに大切な発問や留意点にアンダーラインを引いています。

付録 DVD−ROMについて

DVD の利用で，楽しい授業・わかる授業ができます。
きれいな板書づくりや授業準備に，とても役立ちます。

◆DVD−ROMの内容について

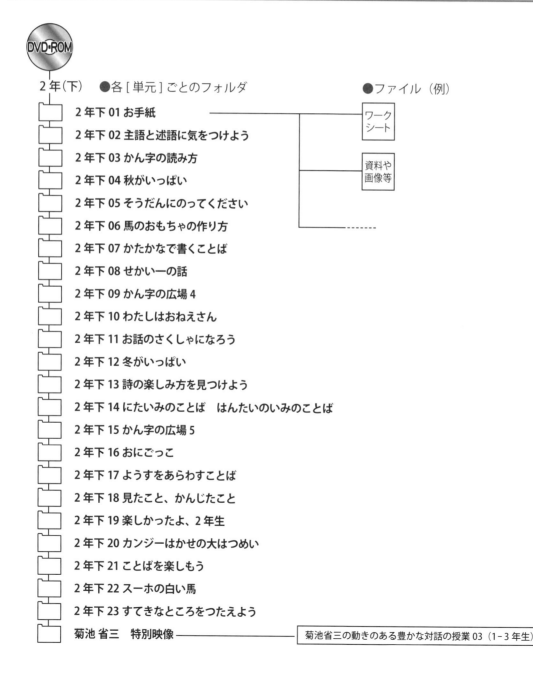

DVD·ROM

2年（下） ●各 [単元] ごとのフォルダ　　　　　　　　●ファイル（例）

2年下01 お手紙 ——————————————— ワークシート

2年下02 主語と述語に気をつけよう

2年下03 かん字の読み方

2年下04 秋がいっぱい

2年下05 そうだんにのってください

2年下06 馬のおもちゃの作り方 ————————— 資料や画像等

2年下07 かたかなで書くことば

2年下08 せかい一の話

2年下09 かん字の広場4

2年下10 わたしはおねえさん

2年下11 お話のさくしゃになろう

2年下12 冬がいっぱい

2年下13 詩の楽しみ方を見つけよう

2年下14 にたいみのことば　はんたいのいみのことば

2年下15 かん字の広場5

2年下16 おにごっこ

2年下17 ようすをあらわすことば

2年下18 見たこと、かんじたこと

2年下19 楽しかったよ、2年生

2年下20 カンジーはかせの大はつめい

2年下21 ことばを楽しもう

2年下22 スーホの白い馬

2年下23 すてきなところをつたえよう

菊池 省三　特別映像 ————————— 菊池省三の動きのある豊かな対話の授業 03（1−3年生）

◆使用上のご注意

このＤＶＤ－ＲＯＭはパソコン専用となっております。DVD プレイヤーでの再生はできません。
ＤＶＤプレイヤーで再生した場合，DVD プレイヤー及び，ＤＶＤ－ＲＯＭが破損するおそれがあります。
※ OS 以外に，ファイルを再生できるアプリケーションが必要となります。
　 PDF ファイルは Adobe Acrobat および Adobe Reader5.0 以降で開くことができます。

【その他】

このＤＶＤ－ＲＯＭに収録されている動画の中で，各単元フォルダ内の動画には，音声は含まれておりません。
プロジェクターや TV モニターで投影する場合は，各機器および使用しているパソコンの説明書を参照してください。

◆動作環境　Windows
【CPU】　　　　Intel®Celeron®M プロセッサ 360J1.40GHz 以上推奨
【空メモリ】　　256MB 以上（512MB 以上推奨）
【ディスプレイ】解像度 640 × 480，256 色以上の表示が可能なこと
【OS】　　　　Microsoft windows XP 以上
【ドライブ】　　ＤＶＤ－ＲＯＭドライブ

上記のハードウエア，OS，ソフト名などは，各メーカーの商標，または
登録商標です。

※ファイルや画像を開く際に時間がかかる原因の多くは，コンピュータ
　のメモリ不足が考えられます。
　詳しくは，お使いのコンピュータの取扱説明書をご覧ください。

◆複製，転載，再販売について
　本書およびＤＶＤ－ＲＯＭ収録データは著作権法によって守られています。
　個人で使用する以外は無断で複製することは禁じられています。
　第三者に譲渡・販売・頒布（インターネット等を通じた提供も含む）
することや，貸与及び再使用することなど，営利目的に使明することは
できません。
　本書付属ＤＶＤ－ＲＯＭのご使用により生じた損害，障害，被害，
その他いかなる事態について著者及び弊社は一切の責任を負いません。
　ご不明な場合は小社までお問い合わせください。

◆お問い合わせについて
　本書付録ＤＶＤ－ＲＯＭ内のプログラムについてのお問い合わせは，
メール，FAX でのみ受け付けております。
メール：kirakuken@yahoo.co.jp
ＦＡＸ：075-213-7706
　紛失・破損されたＤＶＤ－ＲＯＭや電話でのサポートは行っており
ませんので何卒ご了承ください。
　アプリケーションソフトの操作方法については各ソフトウェアの販売
元にお問い合せください。小社ではお応えいたしかねます。

【発行元】
株式会社喜楽研（わかる喜び学ぶ楽しさを創造する教育研究所：略称）
〒 604-0827 京都市中京区高倉通二条下ル瓦町 543-1　　TEL：075-213-7701　FAX：075-213-7706

対話・話し合いのある授業に，一歩踏み出そう

菊池　省三

　教育の世界は，「多忙」「ブラック」と言われています。不祥事も後を絶ちません。

　しかし，多くの先生方は，子どもたちと毎日向き合い，その中で輝いています。やりがいや生きがいを感じながら，がんばっています。

　このことは，全国の学校を訪問して，私が強く感じていることです。

　先日，関西のある中学校に行きました。明るい笑顔あふれる素敵な学校でした。

　3年生と授業をした後に，「気持ちのいい中学生ですね。いい学校ですね」

　と話した私に，校長先生は，

　「私は，子どもたちに支えられています。子どもたちから元気をもらっているのです。我々教師は，子どもたちと支え合っている，そんな感じでしょうか」

　と話されました。なるほどと思いました。

　四国のある小学校で，授業参観後に，

　「とてもいい学級でしたね。どうして，あんないい学級が育つのだろうか」

　ということが，参観された先生方の話題になりました。担任の先生は，

　「あの子たち，とてもかわいいんです。かわいくて仕方ないんです」

　と，幸せそうな笑顔で何度も何度も話されていました。

　教師は，子どもたちと一緒に生きているのです。担任した1年間は，少なくとも教室で一緒に生きているのです。

　このことは，とても尊いことだと思います。「お互いに人として，共に生きている」……こう思えることが，教師としての生きがいであり，最高の喜びだと思います。

　私自身の体験です。数年前の出来事です。30年近く前に担任した教え子から，素敵なプレゼントをもらいました。ライターになっている彼から，「恩師」である私の本を書いてもらったのです。たった1年間しか担任していない彼からの，思いがけないプレゼントでした。

　教師という仕事は，仮にどんなに辛いことがあっても，最後には「幸せ」が待っているものだと実感しています。

　私は，「対話・話し合い」の指導を重視し，大切にしてきました。

　ここでは，その中から6つの取り組みについて説明します。

1. 価値語の指導

　荒れた学校に勤務していた20数年前のことです。私の教室に参観者が増え始めたころです。ある先生が，

　「菊池先生のよく使う言葉をまとめてみました。菊池語録です」

　と，私が子どもたちによく話す言葉の一覧を見せてくれました。

　子どもたちを言葉で正す，ということを意識せざるを得なかった私は，どちらかといえば父性的な言葉を使っていました。

・私，します。

・やる気のある人だけでします。

・心の芯をビシッとしなさい。

・何のために小学生をしているのですか。

・さぼる人の2倍働くのです。

・恥ずかしいと言って何もしない。

　それを恥ずかしいというんです。

といった言葉です。

　このような言葉を，私だけではなく子どもたちも使うようになりました。

　価値語の誕生です。

　全国の学校，学級を訪れると，価値語に出合うことが多くなりました。その学校，学級独自の価値語も増えています。子どもたちの素敵な姿の写真とともに，価値語が書かれている「価値語モデルのシャワー」も一般的になりつつあります。

　言葉が生まれ育つ教室が，全国に広がっているのです。

　教師になったころに出合った言葉があります。大村はま先生の「ことばが育つとこころが育つ　人が育つ　教育そのものである」というお言葉です。忘れてはいけない言葉です。

　「言葉で人間を育てる」という菊池実践の根幹にあたる指導が，この価値語の指導です。

2. スピーチ指導

　私は，スピーチ指導からコミュニケーション教育に入りました。自己紹介もできない6年生に出会ったことがきっかけです。

　お師匠さんでもある桑田泰助先生から，

　「スピーチができない子どもたちと出会ったんだから，1年かけてスピーチができる子どもに育てなさい。走って痛くなった足は，走ってでしか治せない。挑戦しなさい」

　という言葉をいただいたことを，30年近くたった今でも思い出します。

　私が，スピーチという言葉を平仮名と漢字で表すとしたら，

　『人前で，ひとまとまりの話を，筋道を立てて話すこと』

　とします。

　そして，スピーチ力を次のような公式で表しています。

　『スピーチ力＝（内容＋声＋表情・態度）×思いやり』

　このように考えると，スピーチ力は，やり方を一度教えたからすぐに伸びるという単純なものではないと言えます。たくさんの要素が複雑に入っているのです。ですから，意図的計画的な指導が求められるのです。そもそも，コミュニケーションの力は，経験しないと伸びない力ですからなおさらです。

　私が，スピーチ指導で大切にしていることは，「失敗感を与えない」ということです。学年が上がるにつれて，表現したがらない子どもが増えるのは，過去に「失敗」した経験があるからです。ですから，

　「ちょうどよい声で聞きやすかったですよ。安心して聞ける声ですね」

　「話すときの表情が柔らかくて素敵でした。聞き手に優しいですね」

　などと，内容面ばかりの評価ではなく，非言語の部分にも目を向け，プラスの評価を繰り返すことが重要です。適切な指導を継続すれば必ず伸びます。

3. コミュニケーションゲーム

　私が教職に就いた昭和50年代は，コミュニケーションという言葉は，教育界の中ではほとんど聞くことがありませんでした。「話し言葉教育」とか「独話指導」といったものでした。

　平成になり，「音声言語指導」と呼ばれるようになりましたが，その多くの実践は音読や朗読の指導でした。

　そのような時代から，私はコミュニケーションの指導に力を入れようとしていました。しかし，そのための教材や先行実践はあまりありませんでした。私は，多くの書店を回り，「会議の仕方」「スピーチ事例集」といった一般ビジネス書を買いあさりました。指導のポイントを探すためです。

　しかし，教室で実践しましたが，大人向けのそれらをストレートに指導しても，小学生には上手くいきませんでした。楽しい活動を行いながら，その中で子どもたち自らが気づき発見していくことが指導のポイントだと気がついていきました。子どもたちが喜ぶように，活動をゲーム化させる中で，コミュニケーションの力は育っていくことに気づいたのです。

　例えば，対決型の音声言語コミュニケーションでは，
・問答ゲーム（根拠を整理して話す）
・友だち紹介質問ゲーム（質問への抵抗感をなくす）
・でもでもボクシング（反対意見のポイントを知る）

　といった，対話の基本となるゲームです。朝の会や帰りの会，ちょっとした隙間時間に行いました。コミュニケーション量が，「圧倒的」に増えました。

　ゆるやかな勝ち負けのあるコミュニケーションゲームを，子どもたちは大変喜びます。教室の雰囲気がガラリと変わり，笑顔があふれます。

4. ほめ言葉のシャワー

菊池実践の代名詞ともいわれている実践です。30年近く前から行っている実践です。

2012年にNHK「プロフェッショナル仕事の流儀」で取り上げていただいたことをきっかけに，全国の多くの教室で行われているようです。

「本年度は，全校で取り組んでいます」

「教室の雰囲気が温かいものに変わりました」

「取り組み始めて5年が過ぎました」

といった，うれしい言葉も多く耳にします。

また，実際に訪れた教室で，ほめ言葉のシャワーを見せていただく機会もたくさんあります。どの教室も笑顔があふれていて，参観させていただく私も幸せな気持ちになります。

最近では，「ほめ言葉のシャワーのレベルアップ」の授業をお願いされることが増えました。

下の写真がその授業の板書です。内容面，声の面，表情や態度面のポイントを子どもたちと考え出し合って，挑戦したい項目を自分で決め，子どもたち自らがレベルを上げていくという授業です。

どんな指導も同じですが，ほめ言葉のシャワーも子どもたちのいいところを取り上げ，なぜいいのかを価値づけて，子どもたちと一緒にそれらを喜び合うことが大切です。

どの子も主人公になれ，自信と安心感が広がり，絆の強い学級を生み出すほめ言葉のシャワーが，もっと多くの教室で行われることを願っています。

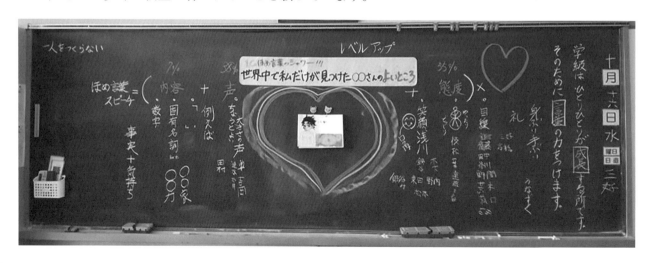

5. 対話のある授業

　菊池実践の授業の主流は，対話のある授業です。具体的には，
・自由な立ち歩きのある少人数の話し合いが行われ
・黒板が子どもたちにも開放され
・教師が子どもたちの視界から消えていく
　授業です。教師主導の一斉指導と対極にある，子ども主体の授業です。
　私は，対話の態度目標を次の3つだと考えています。
① しゃべる
② 質問する
③ 説明する
　それぞれの技術指導は当然ですが，私が重視しているのは，学級づくり的な視点です。以下のような価値語を示しながら指導します。
例えば，

・自分から立ち歩く
・一人をつくらない
・男子女子関係なく
・質問は思いやり
・笑顔でキャッチボール
・人と論を区別する
　などです。
　対話のある授業は，学級づくりと同時進行で行うべきだと考えているからです。技術指導だけでは，豊かな対話は生まれません。形式的で冷たい活動で終わってしまうのです。
　学級づくりの視点を取り入れることで，子どもたちの対話の質は飛躍的に高まります。話す言葉や声，表情，態度が，相手を思いやったものになっていきます。聞き手も温かい態度で受け止めることが「普通」になってきます。教室全体も学び合う雰囲気になってきます。学び合う教室になるのです。
　正解だけを求める授業ではなく，新たな気づきや発見を大事にする対話のある授業は，学級づくりと連動して創り上げることが大切です。

6. ディベート指導

　私の学級の話し合いは、ディベート的でした。

　私は、スピーチ指導から子どもたちの実態に合わせて、ディベート指導に軸を移してきました。その理由は、ディベートには安定したルールがあり、それを経験させることで、対話や話し合いに必要な態度や技術の指導がしやすいからです。

　私は、在職中、年に2回ディベート指導を計画的に行っていました。

　1回目は、ディベートを体験することに重きを置いていました。1つ1つのルールの価値を、学級づくりの視点とからめて指導しました。

　例えば、「根拠のない発言は暴言であり、丁寧な根拠を作ることで主張にしなさい」「相手の意見を聞かなければ、確かな反論はできません。傾聴することが大事です」「ディベートは、意見をつぶし合うのではなく、質問や反論をし合うことで、お互いの意見を成長させ合うのです。思いやりのゲームです」といったことです。これらは、全て学級づくりでもあります。

　2回目のディベートでは、対話の基礎である「話す」「質問する」「説明する（反論し合う）」ということの、技術的な指導を中心に行いました。

　例えば、「根拠を丁寧に作ります。三角ロジックを意識します」「連続質問ができるように。論理はエンドレスです」「反論は、きちんと相手の意見を引用します。根拠を丁寧に述べます」といった指導を、具体的な議論をふまえて行います。

　このような指導を行うことで、噛み合った議論の仕方や、その楽しさを子どもたちは知ります。そして、「意見はどこかにあるのではなく、自分（たち）で作るもの」「よりよい意見は、議論を通して生み出すことができる」ということも理解していきます。知識を覚えることが中心だった今までの学びとは、180度違うこれからの時代に必要な学びを体験することになります。個と集団が育ち、学びの「社会化」が促されます。

　ディベートの持つ教育観は、これからの時代を生きる子どもたちにとって、とても重要だと考えています。

【1年生の授業】

　1年生の授業は，スピーチの基本を学ぶ授業です。

　「ほめ言葉のシャワー」を素材に，スピーチの指導をしています。

　1年生の「ほめ言葉のシャワー」は，子どもどうしが観察し合い，お互いのいいところをほめ合うということはまだ十分とは言えません。

　ですからこの授業は，一人一人とつながっている先生に対して，子どもたちが「ほめ言葉のシャワー」をするというものです。担任の先生に，子どもたちが「ほめ言葉」をプレゼントしています。その時のスピーチのよさを，私がほめながら板書しています。そうすることで，子どもたちに「ほめ言葉」のスピーチのポイントを理解させようとしています。

　私は，スピーチ力を次のような公式で考えています。

　『スピーチ力＝（内容＋声＋態度）×思いやり』

　ほめ言葉のスピーチも，内容，声，笑顔，表情，そして，一番大切な相手を優しく思う気持ち，それらがポイントだと思います。

　本映像は，子どもたちのほめ言葉のスピーチから，そのような要素の良さ，素晴らしさを引き出し，見える化を図り，ほめ言葉のシャワーのスピーチの質そのものを高めていく授業場面です。

　板書を見ていただければ，そのような指導の在り方を理解していただけるのではないかと思います。

　このような指導の手順を踏むことで，子どもどうしがほめ合う「ほめ言葉のシャワー」が1年生の教室でも成立するようになります。

【2年生の授業】

　2年生の授業は，黒板を子どもたちにも開放するダイナミックな対話・話し合いの授業です。
　本授業は，「幸せって何だろう」というテーマについて，対話・話し合いを通して考えを深め合っているものです。
　私は，対話・話し合い授業の成立のポイントの一つに，

『黒板を子どもたちにも開放する』

ということがあると思っています。つまり，黒板は先生だけが書くものではなくて，子どもたちも黒板に自分の思いや意見や，感想を書いていいということです。
　「一人一人違っていい」といったキーワードで，子どもたちに自信と安心を与え，黒板を活用したダイナミックな対話・話し合いが行われる，そういった教室を目指したいと思っています。
　全員が自分の意見を黒板に書き，それらをもとにみんなで考えるという，全員参加の授業が成立すると思います。一人一人が考えたレベルから，全員のものを比較検討するという対話・話し合いによって，授業の質がそこでもう一段上がるはずです。

　「黒板は教師が使うもの，それらをもとにした先生の説明を子どもたちは黙って聞くもの」といった従来の授業観から脱却すべきです。
　黒板を子どもたちに開放することによって，活動的な参加型の学びが成立する教室へと変わっていきます。
　子どもたちの学びが，ダイナミックなものに飛躍的に進化していくのです。

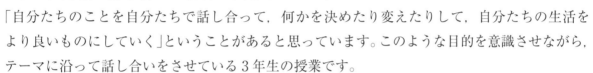

【3年生の授業】

　3年生の授業は，2つの話し合いに挑戦しています。2つの話し合いとは，広げる話し合いと絞る話し合いです。

　話し合いのテーマは，『クラスで頑張っていること，一生懸命やっていること，自慢できること，成長していること』です。つまり，

『自分たちの生活に関わること』

が話し合いのテーマです。

　私は，対話・話し合いの目的の大きな一つに，「自分たちのことを自分たちで話し合って，何かを決めたり変えたりして，自分たちの生活をより良いものにしていく」ということがあると思っています。このような目的を意識させながら，テーマに沿って話し合いをさせている3年生の授業です。

　話し合いには大きく二つの方向，種類があると思います。

　一つは，意見をたくさん出すという話し合いです。拡散型の話し合いです。映像を見ても分かるように，時間を決め，数値努力目標を子どもたちにも考えさせて，たくさんの意見を出すように指導しています。

　その後，たくさん出た意見の中から一つに絞る，一つに決めるという，もう一つの話し合いに取り組ませています。収束型の話し合いです。

　この二つの話し合いの様子が映像から分かると思います。

　このような話し合いを定期的に行うことによって，

・話し合いは，自分たちの生活をより良いものにするために必要である

・みんなで話し合うことは，大切で楽しいことである

といったことにも，子どもたちは気づいていきます。

　3年生なりに話し合いの価値を理解し始めるのです。

まるごと授業 国語 2年(下)

お手紙

全授業時間 12 時間

◉ 指導目標 ◉

◎　語のまとまりや言葉のひびきなどに気をつけて，音読することができる。
◎　場面の様子に着目して，登場人物の行動を具体的に想像することができる。
○　文章を読んで，感じたことや分かったことを共有することができる。

◉ 指導にあたって ◉

① 教材について

　　心の通い合いがテーマです。『お手紙』が来ないことに気落ちしているがまくん。それを見て何とかしてあげたくて，自分で手紙を書いてしまうかえるくん。しかも，手紙を書いたこともその内容も，がまくんに言ってしまいます。このように，あれこれ気遣うかえるくんはお兄さん的でもありますが，二人が友だちであることは，会話と行動から伝わってきます。そして，中身の分かっている手紙を2人で4日間も待つ場面には，おかしさの中に温かさと幸福感が感じられ，友だちとは何かとともに，『手紙』のもつ意味も考えさせられます。手紙には，電話やメールにはない何かがあるのです。

　　また，児童から笑いが出ることもあります。張り切るかたつむりくんの姿や，「手紙はまだか」と何度も窓の外を見るかえるくんの姿などに，ユーモアを感じるのです。ふざけているのではなく，本人は大真面目なところから生まれるおかしさです。だから，読んでいて温かみを感じるのです。2年生では，このお話の一つの要素でもある「面白さ」や「友だち」について，話し合う（対話）のもよいでしょう。

　　音読劇にすることを見通して，学習を進めます。劇にするには，ただ読むだけでなく，各場面での2人の位置関係や表情，そのときどきの思いを考えた上で音読することが大切になります。つまり，内容の理解があっての『音読劇』です。

② 主体的・対話的で深い学びのために

　　『音読劇』は，会話を生かした表現活動です。劇をつくること自体が，主体的・対話的で深い学びになります。まず，範読や音読を通して，どれがかえるくん，がまくんの言葉なのかを見分けることが出発点になります。また，たどたどしい読みでは劇にはなりません。すらすら読めるよう，自主的な練習も必要でしょう。その上で，それぞれの会話が，どのような状況のもとで，どんな気持ちから出た言葉なのかを読みとる学習が大切になります。たとえば，がまくんの「ああ」などの台詞は一言ですが，状況の理解度が表れる言葉と言えます。音読劇として，発声の基本をふまえるとともに，話す向きや簡単な動作なども考えさせます。何度も読むうち，覚えてしまう児童も出てくるでしょう。これも，主体的で深い学びの一つです。

◉ 評価規準 ◉

知識 及び 技能	語のまとまりや言葉のひびきなどに気をつけて，音読している。
思考力，判断力，表現力等	「読むこと」において，場面の様子に着目して，登場人物の行動を具体的に想像している。 「読むこと」において，文章を読んで感じたことや分かったことを共有している。
主体的に学習に取り組む態度	粘り強く場面の様子に着目して登場人物の行動を想像し，学習課題に沿って音読劇にとり組もうとしている。

◉ 学習指導計画　全12時間 ◉

次	時	学習活動	指導上の留意点
1	1	・扉の詩を読み，これからの学習を概観する。 ・「お手紙」の範読を聞き，めあてをとらえる。	・下巻の学習への期待感を持たせたい。 ・めあては『想像したことを音読劇で表そう』
	2・3	・全文を音読し，それぞれの「　」がだれの言葉なのかを確かめ3つの場面に分ける。	・会話文の多いお話なので，まずは人物と「　」の言葉がつながるようにする。
2	4	・場面1を読み，がまくんの家で二人がしていたことと，その様子を読みとる。	・文をもとに，二人のとった行動とその理由を考え，それぞれの場面での表情や口調を想像し，音読での表現を工夫させる。 ・「悲しい気分で…」などは，その理由を文から見つけさせ，想像を確かなものにする。 ・各場面で読みとったことをもとに，会話文の読み方と簡単な動きを工夫させる。 ・場面の読み取りには挿絵も活用する。
	5	・場面2を読み，家に帰ったかえるくんが手紙を書いた様子と，その後を読みとる。	
	6	・場面3の前半を読み，寝ているがまくんと呼びかけるかえるくんの姿を読みとる。	
	7	・場面3の後半を読み，『幸せな気持ち』でお手紙を待つ二人の様子を読みとる。	
	8	・どうして二人は中身の分かっている手紙を待ち続けたのかを考え，話し合う。	・主題にも関わる課題。まず，考えを書かせ，どんな考えも認めていくようにする。
3	9	・音読劇の準備として，担当人物の『読み方』『動き』を考えて，文の横に書き込む。	・3人グループを基本にして，担当場面や配役を決める。
	10・11	・それぞれのグループに分かれて，決めた役の様子を想像して音読劇の練習をする。 ・読み方，動きについてグループで話し合う。	・見て回り，グループごとの指導をする。 ・音読劇に向けて『こんな動きに…』『こう読んだ方が…』などと，具体的に話し合う。
	12	・音読をつないで，音読発表会をする。聞いた感想（言い方・動き）を交流する。 ・学習のふり返りとまとめをする。	・聞いた後，感想を書いて発表させる。良かったところを見つけ合い，自覚させる。 ・同じシリーズの本を紹介し，読書に広げる。

📀 収録（黒板掲示用イラスト，児童用ワークシート見本）※本書 P27, 29, 43「準備物」欄に掲載しています。

お手紙

第 1 時 （1/12）

本時の目標

「『お手紙』を読んで音読劇をする」というめあてをとらえ、学習の見通しをもつことができる。

授業のポイント

『お手紙』との出会いの1時間。CDでもよいが、やはり、まずは児童をよく知る教師の範読で聞かせたい。教師の気持ちは、音読にも表れる。

本時の評価

「『お手紙』の音読劇をする」というめあてをとらえ、学習の見通しを持つことができている。

〈導入〉下巻の初めの学習です。新しい教科書を使う児童と、目次も見てこれから何を学習するのかに

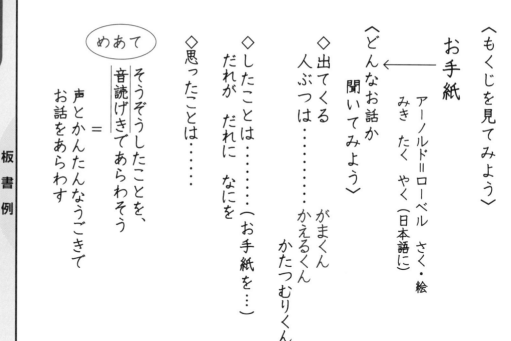

板書例

〈もくじを見てみよう〉

お手紙　アーノルド=ローベル　さく・絵
　　　　みき　たく　やく（日本語に）

〈どんなお話か　聞いてみよう〉

◇ 出てくる
　　人ぶつは‥‥‥‥　がまくん
　　　　　　　　　　　かえるくん
　　　　　　　　　　　かたつむりくん

◇ したことは‥‥‥‥（お手紙を‥）
　　だれが　だれに　なにを

◇ 思ったことは‥‥‥

めあて

そうぞうしたことを、音読げきであらわそう

＝ 声とかんたんなうごきでお話をあらわす

---

1 読む　下巻の、とびらの詩を読む。

「今日から『下』の教科書です。表紙をめくると…まどみちおさんの秋の詩があります。読んでみましょう。」
　教師がまず読み、みんなで2、3回音読する。

「詩の中の『つくつくぼうし』ってわかりますか。」
　・夏休みの終わりころ、鳴くセミです。

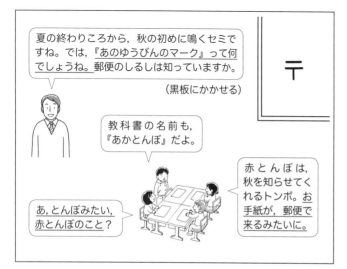

夏の終わりころから、秋の初めに鳴くセミですね。では、『あのゆうびんのマーク』って何でしょうね。郵便のしるしは知っていますか。
（黒板にかかせる）
〒

教科書の名前も、『あかとんぼ』だよ。

赤とんぼは、秋を知らせてくれるトンボ。お手紙が、郵便で来るみたいに。

あ、とんぼみたい、赤とんぼのこと？

「秋の詩です。赤とんぼが飛ぶ秋の空を思い浮かべて、音読しましょう。」斉読や指名読みし、感想も話し合う。

---

2 話し合う　下巻での国語の学習を見渡す。

「この『下』の本の『あかとんぼ』では何を習うのか、目次を見てみましょう。」
　　とくに　国語の教科書は、もらった時点ですでに読んでいる児童も多い。目次を見わたし、学習への期待を持たせる。

・『スーホの白い馬』、読んだけどおもしろかったよ。
・『馬のおもちゃの作り方』は、本当に作るのかな？
　　『つづけてみよう』（P10）も読み、参考にさせる。

はじめに学習するのは、何でしょうか。

『お手紙』ですアーノルド=ローベル作。

がまくんとかえるくんが出てくるお話です。

『音読劇であらわそう』って書いてある。『音読劇』って何かな。

・音読は好きです。（多くの児童は音読が好き）

ついても概観します。

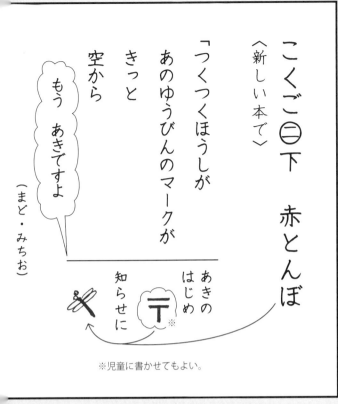

こくご 〇下　赤とんぼ

〈新しい本で〉

「つくつくほうしが
あのゆうびんのマークが
きっと
空から
　もう　あきですよ

（まど・みちお）

あきの
はじめ
知らせに
〒※

※児童に書かせてもよい。

🔍 主体的・対話的で深い学び

・新しい教科書を使うはじめの時間になる。児童も『どんな新しいことを習うのかな』『〇〇は，どんなお話かな』などと，学びへの期待を持っている。『早く習いたい』という気持ちに沿うためにも，実質的な学習に入るようにする。

・ここでは，まず『お手紙』を読み『おもしろそう』『習いたい』という前向きな姿勢を持たせ，今後の主体的な学びの出発点にする。その点，具体的でない話は児童には通じにくい。『学びの方法』などは，教師が簡潔に語って済ませるとよい。

準備物

・音読 CD：児童に聞かせるのは，教師の範読がよいが，指導書付録CD やデジタル教科書に収録されている音声を用いてもよい。

---

3 聞く　話し合う　『お手紙』の範読を聞き，思ったことを話し合う。

「『お手紙』に出てくるのは，『がまくん』と『かえるくん』です。P11 の絵と文を見てみましょう。二人は，なかよしの友だちみたいですね。」

「では，先生が読みます。はい，聞く姿勢ですよ。」
　　　この範読は，今後の音読劇の見本にもなる。どの言葉をだれが言っているのかが分かるように，演じ分けて会話文を読む。
「かえるくん，がまくんの言葉は，分かりましたか。」
　・はい。それに，かたつむりくんも出てきました。

聞いてどうでしたか。がまくんやかえるくんについて，思ったことは？　いいなと思ったのはどんなところですか。

かえるくんって，やさしいなと思いました。

かたつむりくんはおもしろいひとです。

二人でお手紙を待つところがよかったです。わくわくして，待っていたと思いました。

---

4 めあてをとらえる　単元のめあて『想像したことを，音読劇で表そう』をとらえる。

「『お手紙』は，だれが何をしたお話でしょうか。」
　・『かえるくんが，がまくんに手紙を書いた話』です。
　・『がまくんが，かえるくんからお手紙をもらって，喜んだお話』です。　※このとらえが正しい
「このお話を，みなさんの音読で劇にするのです。」

『音読劇』とは何か，教科書を見てみましょう。（P12下欄）　説明があります。読んでみましょう。（斉読）

『…声と　簡単な体の動きで，お話を表すもの…』と書いてあります。『動き』って，がまくんの方を見たりすることかな。アニメの声優みたい。

「めあては，『想像したことを，音読劇で表そう』です。がまくんやかえるくんの様子を想像して，音読します。」
　　　試しに，P12 を児童 2 人にやらせてみてもよい。
　・おもしろそう。ぼく，かえるくんの役がいいな。

お手紙

第 2,3 時 (2,3/12)

本時の目標
全文を読み通し、場面のちがいと、それぞれの会話文がだれの言葉なのかがわかる。

授業のポイント
多くの会話文が出てくる。『この「○○」は、だれが言った言葉ですか』のような、簡単だが基本的な問いで人物と言葉をつなぎ、確かめ合う。

本時の評価
全文を読み通し、場面の違いやそれぞれの会話文がだれの言葉なのかをとらえている。

板書例

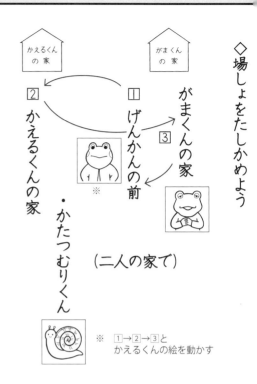

◇場しょをたしかめよう

（二人の家で）

・かえるくんの家
・がまくんの家
・かたつむりくん

1 げんかんの前
2 かえるくんの家

※ 1→2→3と かえるくんの絵を動かす

〈やくにわかれて音読しよう〉
その人ぶつになった気もちで

（かたり手）… 先生
（かえるくん）… 一、二、三
（がまくん）… 四、五、六

がまくんは、…
「どうしたんだい、…
うん、そうなんだ

---

1 読む　　全文を、声に出して読む。

今日は、『お手紙』をみんなで音読して、うまく読めるようになりましょう（めあて）。『音読劇』をするには、まずつっかえないで読めなくてはなりませんね。

うまく読みたいな。

がまくんとかえるくんが出てくるんだね。

　まずは、正しく読めることがめあてになる。教師の読みに合わせて斉読する。その後一人読みで音読。4〜5分で読める。教師が読む後を1文ずつ追う『追い読み』をしてもよい。

「今度は、出てくるのはだれなのか、出て来る人物を考えて音読しましょう。」（一人読み）

「出てきた人物は、だれでしたか。」
　・かえるくんとがまくんと、かたつむりくんです。

「だれが、どの言葉を言っているのか、分かったでしょうか。」

---

2 書く 確かめる　　「　」は、だれが言った言葉なのかを確かめる。

「では、かえるくんの言った言葉の「　」の上には『か』、がまくんの言葉の上には『が』、かたつむりくんの言葉の上には『かた』と書きましょう。」

　遅い児童、できていない児童もいるため、発表の前に少し時間をとって、全員書き込めているかどうかを見て回る。

はじめの「どうしたんだい、がまがえるくん。きみ、…」は、だれが言った言葉ですか。

かえるくんが言った言葉です。「かえるくんがやってきて…」と、書いてあるからです。

「次の『うん、そうなんだ』は、だれの言葉ですか。」
　・がまくんの言葉です。言葉の後に、「がまくんが言いました。」と、書いてあるから。

「この言葉は、かえるくんへの返事なのですね。二人の言葉を、二人になって読んでみましょう。」（音読）

主体的・対話的で深い学び

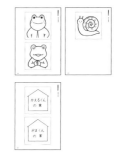

・音読というと，機械的な『練習』と思われがちだが，決してそうではない。音読は目で文字を見て，それを間違えずに次々と声に変えて発声する。児童にとっては，（大人にとっても）難しいことをやっていることになる。音読を重ねると読みもなめらかになり，上達が自分でも分かる。だから，『声に出して読むのは，楽しい』『音読は，好き』という児童はけっこう多い。このように，音読は単純な『作業』などではなく，主体的な，また作品との対話的な学習活動である。

準備物

・黒板掲示用がまくん，かえるくん，かたつむりくんのイラスト（教科書の挿絵，もしくは DVD 収録【2下_04_01，2下_04_02】）
・黒板掲示用がまくん，かえるくんの家のイラスト DVD 収録【2下_01_03】

お手紙　アーノルド=ローベル

め「お手紙」を読みとおして、人ぶつの
　ことばと　場しょをたしかめよう

《音読しよう》
◇だれが言った「ことば」なのか、

かえるくん──→（か）「どうしたんだい」
がまくん　──→（が）「うん、…」がまくんが…
かたつむりくん↓（かた）「　　　」
　　　　　　　　　　　＝
　「　　　　　」の上にしるしをつける。

---

3 話し合う どこでのことなのか，場所（場面）について話し合う。

そのときどきに音読も入れる。「 」はだれの言葉なのか，文を読みながら終わりまで確かめ合う。封筒の表書きの「がまがえるくんへ」は会話文ではないことにも気づくだろう。

ところで，はじめに二人が話をしていたのは，どこだったでしょうか。

がまくんの家かな。

がまくんの家の玄関の前です。

1行目に『がまくんは，玄関の前に…』と，書いてあります。

「場所は，ずっとがまくんの家だったでしょうか。」
・かえるくんの家でのことも，書かれていました。
・そのあと，またがまくんの家に行きました。
・最後も，がまくんの家の玄関でした。
「お話を場所で分けると，2つの家でのことが書かれていましたね。」

---

4 音読する 3つの場面ごとに，それぞれの人物に分かれて音読する。

「はじめは、がまくんの家でした。そこでのことが書かれているのは，どこからどこまでですか。」
　と，次の3つの場面を確かめ合い，番号もつけさせる。
　1 がまくんの家の玄関（はじめ～ P15 L3）
　2 かえるくんの家と家の外（P15L4 ～ P16L10）
　3 がまくんの家・玄関（P11L1 ～終わりまで）

どこで（場所），だれが言った言葉なのかが分かりました。かえるくんやがまくんになった気持ちで，音読しましょう。はじめの場所は，がまくんの家の玄関でした。そこでの会話を，役に分かれてみんなで読みます。

がまくんは，玄関の前に…

がまくんが言いました。

どうしたんだい。がまがえるくん。きみ…

うん，そうなんだ。

ここでは，語り手役は教師，かえるくん役とがまくん役は，児童2組に分かれて音読している。他のやり方でもよい。

お手紙

第 4 時 （4/12）

本時の目標

①の場面を読み，人物のしたことや言ったことから，行動の理由や表情などを想像し，音読に生かすことができる。

授業のポイント

文をもとに，がまくんの悲しさのもとと，「二人とも…」から見えるかえるくんの寄り添う姿を読みとらせておく。それが音読劇での音読にも生きてくる。

本時の評価

①の場面を読み，人物のしたことや言ったことから，行動の理由や表情などを想像し，音読に生かそうとしている。

板書例

〈板書〉黒板掲示用のイラストは，教科書の挿絵を拡大コピーして用意する方が，児童のイメージもわき

（友だち）
ふたりとも
がまくん［は］＝きょうも手紙がこない　かなしい気分で
かえるくん［も］＝がまくんがかなしんでいる

→ ふしあわせな気もちに
お手紙をもらったことがない
（いちども）

◇思ったことを書こう
◇がまくん　かえるくんになって音読しよう

場所・人ぶつ	したこと・ようす
① がまくんの家	お手紙をまっている
がまくん	かなしいわけを聞いている
かえるくん	
二人	かなしい気分で

※模造紙にまとめて残していく

1 音読する

はじめの場面（がまくんの家で）①を音読する。

今日は，はじめの場面でのがまくんやかえるくんの様子を読みます。場所は，がまくんの家でした。
その玄関でのできごとが書いてあるところを読みましょう。9ページの3行目までです。

『がまくんは，玄関の前に座っていました。かえるくんが…』

　　音読の機会を多くとる。場面を確かめ，それぞれ一人音読をする。ばらばらでよい。その後，みんなでかえるくん，がまくんになったつもりで斉読。

「絵を見ましょう。がまくんはどれかな。かえるくんはどれかな。」　絵の人物を押さえさせる。

「がまくんは，何をしているのでしょうか。」
　・悲しい気分でいる。お手紙を待っているみたい。

「かえるくんは？　何をしているところかな。」
　・通りかかった，遊びに来たのかな。
　・がまくんに，声をかけた。

2 読む 話し合う

がまくんの様子を読みとる。悲しいわけを考える。

「（1行目を読んで）がまくんは，玄関のところで何をしていましたか。」
　・玄関の前に座っていました。
　・後を読むと，お手紙を待っていたことが分かります。

そのときのがまくんの様子や気持ちが分かる文は，どれでしょう。そこを読んでみましょう。

※まず，がまくんの様子。線を引かせてもよい。

『どうしたんだい，…』かえるくんが心配するような顔。

『きみ，悲しそうだね。』から，がまくんは悲しそうな顔をしていたと思います。

『今，一日のうちの悲しい時なんだ。…』から。

『…ぼく，とても不幸せな気持ちに…』から。

「がまくんの『悲しい…』のもとは，何でしょう。どんなことが悲しくて『不幸せ』なのでしょうか。」

やすいでしょう。

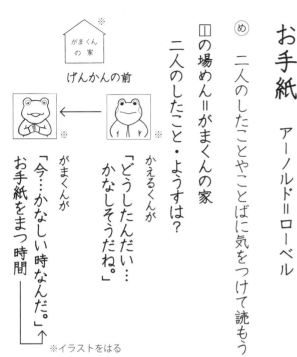

お手紙　アーノルド＝ローベル

め　二人のしたことややことばに気をつけて読もう

１の場めん＝がまくんの家

二人のしたこと・ようすは？

かえるくんが
「どうしたんだい…
かなしそうだね。」

がまくんが
「今…かなしい時なんだ。」→
お手紙をまつ時間

※イラストをはる

がまくんの家

げんかんの前

🔍 主体的・対話的で深い学び

・「このときの『人物の気持ち』はどんな気持ちでしたか。」は，よくある問いだが，このような『気持ち』を問う発問はできるだけ避けたい。むしろ，文を根拠にして「人物のこの言葉，この仕草を見て，あなたは二人がどんな気持ちでいると思いましたか（想像しましたか）。」などと，読み手を主語にして問う方がよい。児童が主体的に考え，児童どうしで「わたしはこう思った」などと，対話的な学び合いにもなるからである。

準備物

・黒板掲示用がまくん，かえるくんのイラスト（第2,3時使用のもの）
・黒板掲示用がまくん，かえるくん の家のイラスト（第2,3時使用のもの）
・児童用ワークシート **DVD** 収録【2 下_01_04】

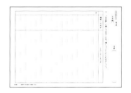

---

3 読む／話し合う　かえるくんの様子を読みとる。気持ちを想像する。

・『お手紙，もらったことがないんだもの』と言っています。「お手紙を待っているのに来ないことが（がまくんが）悲しい…『不幸せな気持ち』のもとなのですね。そんながまくんを見て，かえるくんは何をしたのでしょうか。」
　　分かる文や箇所に線を引かせて，発表させる

・『どうしたんだい』と聞いていて，心配しています。
・『そりゃどういうわけ』と訳を聞いてあげています。
・『いちどもかい』と，ちょっと驚いて聞いています。
・『悲しい気分で』がまくんと，いっしょに座っています。

 『二人とも悲しい気分で，玄関の前に腰を下ろしていました。』
かえるくんも悲しい気分なのは，どうしてだと思いますか。

 がまくんが，悲しい気分だからだと思います。

がまくんのことが，かわいそうと思ったからです。

友だちが悲しいと，自分も悲しくなるから。→

---

4 話し合う／音読する　二人の様子を想像して，「会話」を音読する。

「P15 下の絵は，何をしているところでしょうか。」
・二人とも悲しい気分で腰を下ろしているところ。

 かえるくんとがまくんは，ここで初めて出会ったのでしょうか。それとも，前から知っていたのでしょうか。

 二人の言葉から，きっと前から知り合っていたと思います。

 『二人とも悲しい気分で…』なので，前から二人はなかよしで友だちだったと思います。

　　文をもとに，二人の関係を考え，とらえさせる。
「このがまくんとかえるくんを見て，あなたはどう思いましたか。書いて発表しましょう。」
・悲しんでいる友だちを見て，自分も悲しくなるなんて，かえるくんはいい友だちだなあと思いました。
「劇をするつもりで，二人の言葉を音読しましょう。」
　　１場面を，がまくん，かえるくんの２組に分かれて音読する。語り手の部分（地の文）は，教師が読むか児童でもよい。

お手紙

本時の目標
②の場面を読み，人物のしたことや言葉から，行動の理由や表情などを想像し，音読することができる。

授業のポイント
かえるくんは，がまくんに手紙を書いたことをみんなで確かめ合う。語り手の視点で書かれているので，分からない児童もいるからである。

本時の評価
②の場面を読み，人物のしたことや言葉から，行動の理由や表情などを想像し，音読に生かそうとしている。

板書例

〈対話〉「どうしてかたつむりくんに頼んだのかな？」と問いかけ，郵便屋から届けてもらうのと，

② 家からとび出しました。（いそいで）

③「このお手紙を
　がまくんの家へもっていって，…」
　（はいたつをたのんだ）

「まかせてくれよ」
「すぐやるぜ。」
）元気
　はりきって
　いい人

◇かえるくん　かたつむりくんを見て
　思ったことを書こう→　話し合おう

◇音読しよう

場所・人ぶつ	したこと・ようす
② かえるくんの家 かえるくん かたつむりくん	がまくんに手紙を書いて， かたつむりくんにわたした。 「まかせてくれよ。」 「すぐやるぜ。」

※模造紙に書いて残していく。

---

1 音読する　かえるくんが家に帰った②の場面を読む。

「がまくんの家にいたかえるくんは，どうしましたか。終わりの3行（P15L1〜L3）を読みましょう。」
　・（音読して）『家へ帰らなくっちゃ』と帰りました。
「かえるくんは，帰ったあと，どうしたのか。②の場面（かえるくんの家，P16L10まで）を読みましょう。」（一人読み・そのあと斉読）

場所はどこですか。だれが出てきましたか。

家の外でのことも書いてありました。

出てきたのは，かえるくんとかたつむりくん。

かえるくんの家です。

「語り手，かえるくん，かたつむりくんに分かれて，音読しましょう。」（「がまがえるくんへ」は台詞ではない）
　全員が3役に分かれて音読。役を交代して音読。その後3人を指名して，役割音読させてもよい。

2 話し合う　かえるくんは，家で何をしたのかを読みとる。

「かえるくんは，家で，何をしたのですか。また，それは，どの文から分かりますか。」
　・『紙に何か書きました。』『封筒に入れました。』から手紙を書いたことが分かります。
　　『紙に何か…』は，語り手の視点で書かれている書き方。
　・『がまがえるくんへ』と書いたから，手紙です。
　・後で，かたつむりくんに『このお手紙を…』と言っているから，書いたのはやっぱり手紙です。

①の場面の最後の3行を読んで，ふり返りましょう。（斉読）この『しなくちゃいけないこと』とは，何だったのでしょう。

がまくんに手紙を書いてあげることです。

がまくんを喜ばせようと，手紙を書くことを思いついた。

がまくんにはないしょで，手紙を書いて出すこと。

かえるくんから直接手紙をもらうことの違いを話し合うのもよいでしょう。

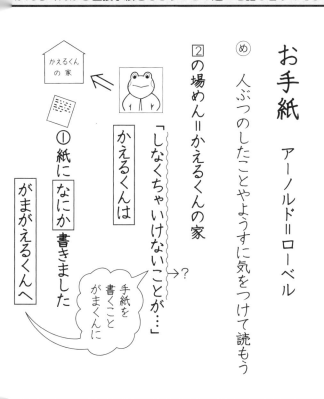

お手紙　アーノルド＝ローベル

め　人ぶつのしたことやようすに気をつけて読もう

2 の場めん＝かえるくんの家

かえるくんは
「しなくちゃいけないことが…」→？

①紙になにか書きました
がまがえるくんへ

（手紙を書くこと　がまくんに）

かえるくんの家

主体的・対話的で深い学び

・「かたつむりくんはおもしろい」という児童は，少なくない。『まかせてくれよ』『すぐやるぜ』というたった二つの言葉にも，その人がらが読みとれる。動きの遅いかたつむりくんが，やる気満々，自信たっぷりに答えるところに，児童も好感を持つ。そして，手紙を託すかえるくん。それぞれの人物をどう見たのか，話し合っておくことが音読にも生きてくる。つまり，音読という表現は，人物についての主体的な読みと対話による交流がもとになって，深い音読になる。

準備物

・黒板掲示用かえるくん，かたつむりくんのイラスト（第2,3時使用のもの）
・黒板掲示用かえるくんの家のイラスト（第2,3時使用のもの）

3 読む 話し合う　手紙を書いたかえるくんは，手紙をどうしたのかを読みとる。

手紙を書いたかえるくんは，そのあとどうしましたか。自分で，手紙を持って行ったのですか。

家から飛び出しました。急いでいた。

かたつむりくんに，届けてくれるようにたのみました。

どうしてかたつむりくんに頼んだのかなあ？

「かたつむりくんに会ったときの様子が書いてあるところを読みましょう。」（P16を斉読）
「この場面を，役に分かれて音読しましょう。」
　　語り手の文を教師が読み，2人の言葉を役割音読させる。
「では，かたつむりくんの言葉を読んでみましょう。」
　・『まかせてくれよ』　・『すぐやるぜ』
「かたつむりくんは，どんな人だと思いましたか。」
　・元気で張り切っている。何でも引き受けそうな人。
　　「かたつむりくんに頼んだ」ところも，かたつむりくんの返事もユーモラス。児童も笑う場面。

4 書く 音読する　かえるくんを見て思ったことを書く。様子を想像して音読する。

かえるくんは，書いた手紙をかたつむりくんに渡して，『配達』してくれるよう頼みました。このかえるくんを見てどう思いましたか。

がまくんのことを考えてあげてやさしいなと思いました。

がまくんを元気づけてやりたかったと思います。

「この場面を読んで，思ったことを書きましょう。」
　　感想を書いて交流。「かたつむりくんに頼んだかえるくんを見て，どう思ったか」にしぼって話し合うのもよい。
・かたつむりくんに頼んだところが面白かったです。でも，かたつむりくんは，動くのがおそいのに。
・ちょうど，出たところで会ったからだと思うよ。
・『まかせてくれよ』が自信たっぷりでおもしろい。
・『お手紙』は，やっぱり誰かに配達してもらって届くのがうれしいから，つい，頼んだと思います。
「二人の言葉を考えて，音読しましょう。」

お手紙

第 6 時 （6/12）

本時の目標

③場面の前半を読み，人物のしたことや様子を読みとり，音読に生かすことができる。

授業のポイント

読みとったことを音読にして表す一方で，音読を通して人物のそのときどきの様子を想像することもできる。理解⇔音読の双方向を大切にする。

本時の評価

③の場面の前半を読み，人物のしたことや様子を読みとり，それを音読に生かそうとしている。

板書例

〈読み取り〉③場面は長いので，２つに分けてその前半の様子を読みとります。ここでは P17 L1

かえるくんは、まどから
ゆうびんうけを見ました。
（三回）

お手紙はまだかな

◇音読しよう

◇二人を見て思ったことを書こう

◇二人は 手紙を …？
（がまくんは、）あきらめている。
（かえるくんは、）まっている。

場所・人ぶつ	したこと・ようす
③ がまくんの家 がまくん かえるくん	ベッドでひるね（あきらめて） がまくんに、手紙をまつよう よびかけて手紙をまっている。

※模造紙に書いて残していく。

---

1 音読する ③場面の前半を音読する。（P17 L1 ～ P20 L2 まで）

「手紙を書いて，それをかたつむりくんに渡したかえるくんは，そのあとどうしましたか。」

・また，がまくんの家に行きました。　※行動を確認
・手紙は書いたのに，何をしに行ったのだろうな。

「かえるくんは，何をしにがまくんの家に行ったのでしょう？ がまくんの家での様子が書いてある③の場面（前半）を読みましょう。」

前半を各自音読。その後斉読し，順番読みや指名読みなど。この頃になると，児童も気持ちをこめて読もうとする。

かえるくんが，またがまくんの家に行ってしたことは何ですか。

『もうちょっと待ってみたら』と言いに行きました。

わかった。手紙が来ることを，がまくんに知らせたかった。

※「あきあき」の意味を説明しておく

---

2 話し合う 寝ているがまくん，窓の外を見るかえるくんの姿を読みとる。

「かえるくんが来たとき，がまくんはどこで何をしていたでしょうか。どう書いてありましたか。」

・『がまくんは，ベッドで，お昼寝を…』と書いてあります。寝ていました。挿絵も寝ているがまくんです。

このがまくんを見て，どう思いましたか。

『まっているの，あきあきしたよ。』と言っていて，すっかりあきらめているみたいです。

『手紙が来るはずがない。』と思い込んでがっくりして，寝ています。

「では，かえるくんはどこで何をしていましたか。」

・『窓から』と書いてあるので，窓のそばにいます。がまくんを起こそう（寝させまい）としています。
・窓から郵便受けを3回も見ています。手紙が来ないかと待っています。がまくんを喜ばせたいと思っているのかな。

かえるくんの挿絵も，話し合いの参考にさせる。

32

〜 P20 L2 までとしますが，他の分け方もできます。

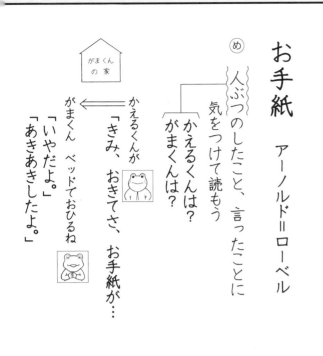

お手紙　アーノルド=ローベル

め

人ぶつのしたこと、言ったことに
気をつけて読もう

がまくんは？
かえるくんは？

かえるくんが
「きみ、おきてさ、お手紙が…」

がまくん　ベッドでおひるね
「いやだよ。」
「あきあきしたよ。」

（がまくんの家）

主体的・対話的で深い学び

・国語の授業では，「かえるくんは『なぜ』窓の外を見たのですか。」などの問いかけがよくなされる。しかし，これは厳密に言えば，かえるくんに聞いてみなくてはわからないことになる。むしろ，「かえるくんが窓の外を見たのは，どうしてだとあなたは考えますか。」「そのようなかえるくんを見て，どう思いましたか。」などという問い方がよい。その方が，児童は主体的に自分の考えを述べられる。そして，文をもとに「それは，…」と，そう考えたわけを話し合うことで，対話も深まる。

準備物

・黒板掲示用がまくん，かえるくん，かたつむりくんのイラスト（第2,3時使用のもの）
・黒板掲示用がまくんの家のイラスト（第2,3時使用のもの）

3 音読劇にして読む　二人の言葉と様子を，役割音読をして読みとる。

「かえるくんは，同じことを3回もしています。それが書いてある文に線を引きましょう。」（その後，斉読）
　　『かえるくんは窓から…』『かたつむりくんは…』の2文

「あきらめ（かけ）ているがまくんと，お手紙が届くのを待っているかえるくんの様子を考えて音読しましょう。」
　　簡単な音読劇化をする。語り手の文は教師。児童を2組に分けて劇にさせる。ベッド，窓の位置もどこかに決めておく。

「それから，かえるくんは…。」
「がまくんは，…」

『がまくん』（間をおかせる。様子を見ながら…）

『きみ，起きてさ，お手紙が来るのを…』

『いやだよ。』（言い方を考えさせる）

　　焦りつつ，気配りして呼びかけるかえるくん。一方かたくなになっていくがまくん。この様子を，音読でとらえさせる。役を交代して再び音読。その後，3人での役割音読もよい。

4 書く話し合う　二人の様子や言葉を見て，思ったことを書き，話し合う。

「かえるくんは，3回も窓からのぞきました。窓から何を見ようとしていたのですか。」
　・郵便受けに手紙が入るかどうかを待っていました。
　・かたつむりくんが手紙を持ってきたかどうかです。
　　このような『当然』とも思えるようなことも，確かめておく。
「かたつむりくんは，来たのでしょうか。」
　・『まだ，やってきません。』と書いてあります。
　　『まだ，…』には，待つ気持ちが出ていることも話し合う。

この場面での2人を見て，思ったことを書きましょう。『おもしろいな』と思ったところはありましたか。（書かせて発表）

かえるくんが，何度も窓からのぞくところがおかしいです。でも，お手紙を待っている気持ちはよく分かりました。

手紙を待っていたのは，がまくんだったのに，ここでは反対にかえるくんが手紙を待っているのがおもしろかった。

「今度は一人で3つの役になって，音読しましょう。」

お手紙

第 7 時 （7/12）

本時の目標
③場面の後半を読み、人物のしたことや様子を読みとり、音読に生かすことができる。

授業のポイント
かえるくんが手紙を書いたこと、その中身を知ったがまくんの感動を中心に読む。『ああ』や『とてもいいお手紙だ』の音読を工夫させ、その様子をとらえさせる。

本時の評価
③場面の後半を読み、人物のしたことや様子を読みとり、音読に生かそうとしている。

板書例

〈対話〉 ①場面と比較して、手紙を待つ二人の気持ちにどんな変化があったのか話し合いをしてもよい

「とてもいいお手紙だ。」

〈それから、ふたりは、〉お手紙が来るのをまっていました。

とてもしあわせな気もちで

げんかんの前で（二人とも）

四日たって、かたつむりくんが　〔がまがえるくん〕を

◇手紙や二人のようすを見て思ったことは
◇二人になったつもりで音読しよう

場所・人ぶつ	したこと・ようす
二人	手紙を書いたことを言う
がまくん	おどろいて、よろこぶ
かえるくん	しあわせな気もちでお手紙をまっている

※模造紙に書いて残していく。　　　　　　　　※イラストをここへ移動させる。

---

1 音読する／話し合う　③場面を音読し、行動を話し合う。（P17L1〜P23終わりまで）

「かえるくんが、がまくんの家に行った後、二人はどんなことをしたのか、③場面を読みましょう。」
　　③場面のはじめから最後まで読む。前半を音読によってふり返り、その後 P20L3 からの後半を各自が音読。そのあと後半を、語り手、がま、かえるの3人での役割音読をさせる。

手紙を待っていたかえるくんは、何をしましたか。大事なことを言いましたね。それは？

がまくんに、手紙は『きっと来るよ』と言った。

『ぼくが、きみに手紙を出した』と、手紙を書いたことを言ってしまいました。

手紙の中身も言いました。

「かえるくんは、手紙を出したことを言ってしまいました。それを聞いたがまくんは、どう言いましたか。」
・『きみが』と驚いています。でも喜んでいると思う。
・『なんて書いたの。』と、中身を聞いています。

2 話し合う／音読する　『お手紙』の内容と、それを聞いたがまくんの様子を読みとる。

「『ぼくは、こう書いたんだ。』という、かえるくんが書いた『お手紙』を読んでみましょう。」
・『親愛なる　がまがえるくん。ぼくは、…』斉読

このお手紙を読んで、どう思いましたか。いいところ、好きなところはありましたか。

『親友』と『親愛なる』がいいです。ほんとの友だちみたい。

『…うれしく思って…』もいいです。

こんな手紙をもらったら、わたしもうれしいです。

「がまくんは、どう言いましたか。」
・『ああ』と言って、『とても　いいお手紙だ』と。
「がまくんの様子を想像して、このがまくんの言葉を言ってみましょう。」挿絵も見て、何人かに音読させる。

でしょう。

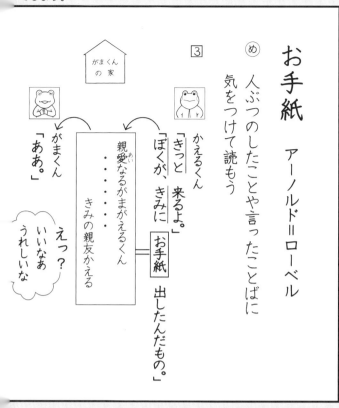

③

お手紙　アーノルド=ローベル

め 人ぶつのしたことや言ったことばに
　気をつけて読もう

かえるくん
「きっと　来るよ。」
「ぼくが、きみに　お手紙　出したんだもの。」

親愛なるがまがえるくん
・・・・・・
きみの親友かえる

がまくん
「ああ。」

えっ？
いいなあ
うれしいな

主体的・対話的で深い学び

・二人が玄関でお手紙を待つ場面は、児童のお気に入りの場面でもある。それを『なぜ、そこがいいのか』などと、問いつめるような問い方はふさわしくない。児童も言葉には表しにくいだろう。対話的な学習を目指すなら、『この場面を見て、ぼく、わたしはどう思ったのか』を、自分を主語にして語らせる方が、主体的な話し合いになる。また、その発言の中に、手紙を待つ二人への共感や、その場面の意味も語られるだろう。

準備物

・黒板掲示用がまくん、かえるくん、かたつむりくんのイラスト（第2,3時使用のもの）
・黒板掲示用がまくんの家のイラスト（第2,3時使用のもの）

3 音読する　話し合う　幸せな気持ちでお手紙を待つ二人の様子を読みとる。

「『それから…』の後を読みましょう。」（斉読・一人読み）
「『それから…』二人はどうしましたか。」
　・『二人は、玄関に出て、お手紙が来るのを待っていました。』
　・二人とも『幸せな気持ちで』座っていました。
「お手紙は、どうなりましたか。」
　・4日たって、かたつむりくんがお手紙を届けました。それで、『がまくんは、とても喜びました。』

待っていたときの『とても幸せな気持ち』を想像して、他の言葉で言ってみましょう。

がまくんは、初め驚いて、うれしくなって、わくわくして待っている…と思います。

かえるくんも、がまくんが喜んでくれることを楽しみにして待っています。

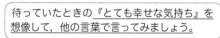

　挿絵も見て、かたつむりくんは、期せずして二人に待つ楽しさや幸せな時間と場所（空間）を、もたらしたことにもふれたい。

4 書く　音読する　二人の様子を見て思ったことを書き、様子を想像して音読する。

「お手紙の文や、手紙を待つ二人の様子、かたつむりくんを見て、思ったことを書きましょう。」
　　思ったことをまず書いてから、それを発表し交流する。

二人が座っていっしょに待っているところがいいなあ、と思いました。それは、…

4日間もずーっと待っていたのかとびっくりしました。でも、いっしょにいられて幸せそうです。

手紙は遅れたけれど、その間二人は楽しみにして待つことができてよかったな。

「役に分かれて音読しましょう。がまくんの『ああ』や『とても…』などは、どう読めばいいでしょうか。」
　・『ああ』は、うれしくて驚いたように。（音読する）
「このように読み方を考えて、二人になったつもりで音読してみましょう。」
　　一人音読、役割読みをさせる。よいところをほめ合う。

お手紙

第 8 時 （8/12）

本時の目標
書いてあることが分かっている手紙を，二人が4日間も待ち続けたことについて考え，話し合うことができる。

授業のポイント
本時は，このお話の主題を考えることと重なっている。だから，まず自分の考えを持たせる。そのための書く時間を不足なくとる。

本時の評価
二人は，どうして手紙を待ち続けていたのかを考えて書き，話し合っている。

〈対話〉全体を読み返し，「がくしゅう」P24上の「ふかめよう」を手がかりに「…手紙を，長い間待ち

板書例

二人は、お手紙がくるのをまっていました。

（おもしろいな）

来ることがわかっている／書いてあることもしっている のに

◇四日間もまっていた二人
「どうして」だと思ったのか書いてみよう
・二人いっしょにいて、まつのがたのしかった
・（がまくんは）はじめて手紙をもらうのがうれしい
・（かえるくんは）がまくんがよろこぶのがうれしい

そして しあわせな気もちの四日間

いっしょにまつ

◇しあわせな二人のようすをそうぞうして音読しよう

---

1 ふり返る 話し合う　はじめから音読し，おもしろいと思ったところはどこか，話し合う。

「お話を思い返して，思わず笑ったり『おもしろいな』『おかしいな』と思ったりしたところはありましたか。」　※『ユーモア』も、この作品の主題の一つ。
　・かえるくんが自分で手紙を書いてしまうところ。
　・かたつむりくんの張り切っている返事がおもしろい。
「初めから読み返し，音読しましょう。」（全文音読）

場面ごとに，おもしろかったところを発表しましょう。

歩くのが遅いかたつむりくんに配達をたのんだところです。

かえるくんが，何度も窓の外を見るところ。

書いた手紙の中身まで言ってしまうところ。

手紙を4日間も待っているところが、へん。

その箇所を，音読させてもよい。また，言える児童には，おもしろいと思った理由を添えさせるのもよい。

---

2 考える 話し合う　二人で手紙を待つ場面について考え，話し合う。

二人が，お手紙を4日間も待っているところが，おもしろい，おかしいな，と思う人がいました。どうしておかしいのでしょうか。そう思ったわけは言えるかな。

手紙が，来ることが分かっているのにずっと待っている。

二人とも，手紙に書いてあることを知っているのに，待っているのがおかしい。

「がまくんは，手紙が来ることを知っていましたか。」
　・はい，かえるくんが全部しゃべってしまったから。
　・来ることも書いてあることも分かってしまいました。
「その場面を，音読してみましょう。」（指名音読）
「書いてあることを知っている手紙なのに，二人で4日間も待っているところがおかしいのですね。」
　　と，教師がまとめる。児童には、この場面の面白さのもとやわけをうまく説明することが難しい。

続けていた」ことについて考え，話し合います。

<table>
</table>

お手紙　アーノルド＝ローベル

め　二人が四日間、お手紙をまっていたことについて考え、話し合ってみよう

『おもしろいな』『おかしいな』と思ったのは
・自分で手紙を書いたかえるくん
・（おそい）かたつむりくんにお手紙をわたした
・手紙を書いたこと、中みも言ってしまうかえるくん
・四日間もお手紙をまちつづけた二人

※児童の発言を板書する。

🔍 主体的・対話的で深い学び

・友だちとは，自分のことのように『喜び』や『悲しみ』をともにできる相手，ということになる。それは，このお話の主題でもあり，友だちに手紙を書くかえるくんと，そのことに『ああ』と感動するがまくんの姿からも読み取れる。そして，４日間待つ二人の姿を考えることを通して，深めることができる。
・ここで，二人の姿から，二年生なりに『友だちとは…』を考えさせたい。それには，いきなり話し合うのではなく，まず書くことで主体的に考えさせ，対話を通して考えを広げさせる。

準備物

---

3 考え，深める　二人はどうして４日間も手紙を待っていたのか，考えを深める。

『がくしゅう』P24 上の『ふかめよう』を読む。

> では，玄関で，二人で４日間も手紙を待っていたのは，どうしてだと思いますか。自分の考えを書いて，話し合ってみましょう。

> 二人いっしょにいるのが，なんだか楽しそうだなあ。

> 手紙を，目でも読みたかったからかな？

　いきなり発表させるのではなく，まずノートに考えを書かせる。何かを待った体験などとつなげるのもよい。待っていた理由は，『待つ楽しさ』『友だちがそばにいて，安心して過ごせるひととき』などになるが，児童それぞれの考えがあってよいところ。書いているノートを見て回り，「なるほど」「いいな」などと，児童の考えを認め，励ます。

　二年生では，言葉にするのが難しい児童もいる。難しければ「手紙を待つ二人を見てどう思ったのか」を書かせる。

4 話し合う音読　考えを発表し，交流する音読する。

発表の前に，グループでノートを読み合うのもよい。

> みなさんは，どう考えましたか。発表しましょう。

> きっと，二人でいっしょにいることが楽しく，うれしかったのだと思いました。二人はずっと友だちだったから。

> がまくんは，初めて手紙をもらうことが待ち遠しいから，待つことができた。

・かえるくんは，がまくんが喜んでくれるのが楽しみで，待っている（待つことができた）と思いました。
・中身が分かっていてもがまくんは字でも読みたい。
・手紙なのがいい。受け取ることができるから。もらえるのがうれしい。わくわくして待つことができる。
・手紙の中身が分かっているのがいい。安心。

「この『幸せな気持ちで』の二人を想像して，この場面を音読しましょう。」　語り手の文を『語り』らしく。

本時の目標
音読するところを選び，そこを書き写して，読み方の工夫することを書き込むことができる。

授業のポイント
音読劇のための場面分けやグループ分けは児童に任せず，児童どうしの関係や人数も考慮して，前もって教師が決めておくほうがよい。

本時の評価
音読するところを選び，そこを書き写して，読み方の工夫したいところを書きこむことができている。

板書例

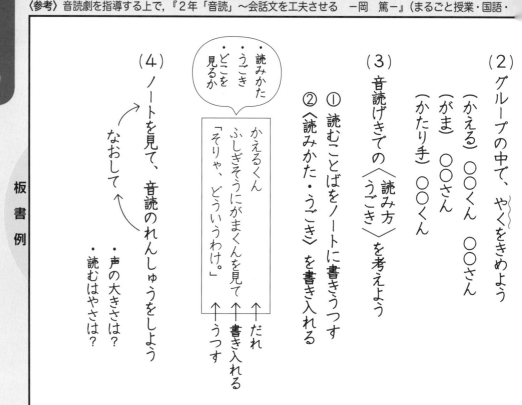

〈参考〉音読劇を指導する上で，『2年「音読」～会話文を工夫させる　－岡　篤－』（まるごと授業・国語・

（2）グループの中で、やくをきめよう
（かえる）○○くん　○○さん
（がま）○○さん
（かたり手）○○くん

（3）音読げきでの〈読み方・うごき〉を考えよう
① 読むことばをノートに書きうつす
② 〈読みかた・うごき〉を書き入れる

かえるくん
ふしぎそうにがまくんを見て
「そりゃ、どういうわけ。」
　↑だれ　↑書き入れる　↑うつす

・読みかた
・うごき
・どこを見るか

（4）ノートを見て、音読のれんしゅうをしよう
→なおして→
・声の大きさは？
・読むはやさは？

【音読劇の進め方について】
下の2つのやり方のどちらかを選びます。

※ここでは，②のやり方ですすめています。

① 読みたいところを児童が選び，音読する。

　教科書では，児童それぞれが読みたいところを選び，読み方を工夫するようになっています。しかし，このやり方だと，読むところが集中したり，読み手のいない部分が出てきたりします。その結果，物語全体を通して一つの劇にするには，難しさも生じます。ですから，このやり方ですすめる場合は，「音読劇」というよりも「音読発表会」ということになります。

② 役を決め，読み方を工夫して音読劇にする。

　もうひとつのやり方は，まず各グループで場面を分担し，グループ内で役も決めて音読をするやり方です。自分が読みたい箇所が読めないことも出てきますが，全体を通して「音読劇」にすることができます。

　ふつう，劇をする場合にはまず配役を決め，各自が受け持った台詞の読み方（言い方）を練習します。参観などで発表するのなら②のやり方がよいでしょう。

---

1 振り返る　全体を音読して3つの場面でのできごとをふり返る。

「音読にも慣れ，その人物らしくうまく読めるようになってきましたね。これからは，みんなの音読で，音読劇を目指しましょう。」（めあて）

3つの場面に分けて，『お手紙』を音読しましょう。音読でふり返り，読んでみたい言葉も考えましょう。

読みたいところは，いっぱいありそう。

かえるくんの言葉を読みたいな。やさしい。

　児童は「好きな場面」はあっても，「ぜひとも，ここを読みたい」というところは案外ないもの。役や読む箇所の決め方はいろいろだが，ここでは前もって（基本として）3人のグループも決めておく。場面を割り当て，グループ内で相談して，語り手やがまくん，かえるくんなどの役を決めさせる。グループ数や場面数は，クラスに応じて考え，教師が決めておくとよい。また，語り手は教師が受け持つこともできる。

お手紙　アーノルド＝ローベル

め　音読げきのじゅんびをしよう

（1）グループごとに読む場面をきめよう

（読むグループ）

1　6ページ→○ページ　①グループ
2　○ページ→○ページ　②グ
3　○ページ→○ページ　③グ
・　・　・　・　・

🔍 主体的・対話的で深い学び

・音読劇は，読んだ内容を音読で表現するという主体的な学習になる。しかし，どう表現するのか，それには『技術』も伴う。

・「気持ちを込めて…」「人物の気持ちになって…」のような助言がよくなされる。けれども，それでは児童は何をどうすれば，そう読めるようになるのかが分からない。それには，例えば間（ま）の取り方なら，まず「句点は2拍，読点は1拍とる」などと具体的に教えやらせてみる。会話文「　」の，前後の間のとり方なども同様で，具体的な指導が表現の技術を高める。

準備物

---

2 音読する　グループごとに読むところ（場面）を決め，役割音読をする。

「音読劇にするために，それぞれのグループが読むところ（場面）を決めて受け持ちます。1グループさんは，…の場面です。グループに分かれましょう。」

　　それぞれ3人グループに分かれて役を決める。

こんどは，かえるくんやがまくんに分かれてグループで受け持つところ（場面）の言葉を音読して，音読劇にする練習をしましょう。

（かえる）いちどもかい

（がま）ああ，いちども

（語り手）かえるくんがたずねました。

「（グループを回り）なかなか上手です。どう読むか，読み方を考えていますね。今度はその読み方や顔の向きなどをノートに書いてみましょう。」

「教科書の25ページ下の書き方を，まねしましょう。」
　・言い方と，どこを見るのかを，書き込んでいます。

---

3 書く　役割音読　読み方と動きを，言葉の横に書きこみ，音読してみる。

「まず，自分が読む言葉をノートに1行おきに書き写します。うまく読みたい言葉だけでもいいですよ。」
　　音読する箇所をノートに書き写させ，見て回る。

教科書のように，言葉の横に，その言葉の言い方やどこを見て言うのかを，書き込みましょう。

かえるくんの『いちどもかい』は，がまくんの方を見て，驚いてたずねるように。

がまくんの「ああ，いちども」の言葉は，…のように…

　　脚本の『ト書き』のようなことを行間に書き込ませる。

「書き込めたら，読んでみて，その読み方でよいか確かめましょう。おかしいところは直しましょう。」
「動きもつけて，読み方を発表しましょう。」聞き合う
　・かたつむりくんの『まかせてくれよ』は張り切って元気いっぱいに，上の方のかえるくんの顔を見て言います。

お手紙

第 10,11 時 （10,11/12）

本時の目標
グループで音読劇を練習し、音読を聞きあって、感想やアドバイスを伝え合うことができる。

授業のポイント
ノートのメモに、「小さく」とか「元気に」と書いてあっても、実際にどう読めばいいかのかは声に出さないと分からない。見本を見せ合うなどの工夫もさせる。

本時の評価
グループで音読劇を練習し、音読を聞きあって、感想やアドバイスを伝え合うことができる。

板書例

〈発表〉それぞれのグループで、音読劇の練習をします。読み方や「小さな動き」を修正する時間

② 友達に・・・（うごき・言いかたで）
「ここがじょうず」
「こんなふうに読むともっといいよ」
　　　　　←
なおして　れんしゅう

（2）音読げきのリハーサルをしよう
1.　□の場面　　○○グループ
2.・・・　　　　○○グループ
3.・・・

（3）よかったところ
じょうずだったところを
つたえあおう

（第 10 時）

1 めあて　音読劇の練習をするという本時のめあてを聞く。

「『お手紙』の音読劇をするために、今日はグループで練習をします。ノートに書き込んだ『読み方』の工夫と『簡単な動き』を、実際にやって見せ合います。」

> その前に、まず、『ぼく、わたしは、こんなふうに読みたい、ここをこう考えて読みたい』『顔の向きは…』という、ノートにメモしたことを発表し合いましょう。

> がまくんの『ああ』は、少し上を見て、『ああ』『すばらしい』というように読みます。（読む）

> がまくんの『いやだよ』は、かえるくんの方を見ないで、少しすねたみたいに『いやだよ』（言ってみる）と、読みます。

「みなさんも、『ああ』と『いやだよ』の2つの言葉を、がまくんになったつもりで言ってみましょう。」

2 音読劇の練習　グループに分かれて、それぞれの役になり音読劇の練習をする。

「グループで練習しましょう。それぞれの「　」の言葉を、メモに書いたように読み方を考え、簡単な動きをつけて音読します。それを聞き合いましょう。」

「『ふたりとも、かなしい気分で、…』のような語り手の言葉（地の文）も、劇をすすめるのには大切です。ここを読む人は、『ナレーター』という役ですね。」

　各グループの練習を見て回り、指導する。『悲しそうな声で』と言うより、教師がやって見せる方が分かりやすい。
　『どこを見て言うのか』という視線の向きにも気づかせたい。

> 音読を聞きあって、『ここが上手だった』『こうした方がいいよ』と言うことをグループの人に、言ってあげましょう。

> 松村さんの『ふたりとも　とても　幸せな気持ちで…』の読み方が、ゆっくりとしていて幸せな感じがしました。

でもあります。

お手紙　アーノルド＝ローベル

め　読み方やうごきを考えて、教えあって
　　音読げきのれんしゅうをすすめよう

（1）グループで
①　ぼく、わたしは・・・
　「こんなふうに読みたい。」
◇　「〇〇」のことばを
　・読み方は、声の大きさ、はやさは
　・〇〇のほうを見て、目は？顔は？

🔍 主体的・対話的で深い学び

・児童どうしの主体的で対話的な学びの根底の一つには，やはり『ほめ合う』ということがある。
・ここでも，音読劇の練習を通して，『〇〇さんの，「〇〇」の言葉の読み方がいい』『がまくんの気持ちが出ている』『少し上を向いて言っているのがいい』などと，具体的な褒め言葉が行き交うようにしたい。児童はそんな言葉によって，さらに上を目指そうとする。一方，『こうした方がいいよ』などと，足りないところを指摘し，案を提示するのは教師の役割になる。

準備物

（第11時）

3 音読劇の練習
友だちの意見や感想も生かして音読劇の練習をする。

グループで音読劇の練習をして，友だちからどんな感想や意見をもらいましたか。

かえるくんは，窓を見る動きをしてから『でもね，がまくん。』と言うといいよと，言ってもらってそうしました。

『すぐやるぜ』の言い方が，元気のよいかたつむりくんらしいと，小山くんが言ってくれました。

「では，友だちの感想や意見も聞いて，言い方や動きを，もう一度考えて音読の練習をしてみましょう。」
「付け足したい『読み方』や『動き』が出てくれば，赤で書き足しておきましょう。」
　・読んでいるうちに，もう覚えてしまいました。
　　などと，練習を重ねているうちに，覚えてしまう児童も出てくる。ほめて，他の児童への励ましとする。

---

4 リハーサル
グループの音読劇を見せ合い，感想を述べ合う。

「1場面の〇〇の部分を音読劇にしたグループの，音読を聞いてみましょう。1グループさん，〇〇グループさん…〇グループさん，出てください。」
　　同じ場面を受け持つグループどうしが，音読劇にして読む。
　　中間発表であり，部分リハーサルであり，聞き比べでもある。

【発表グループ】前に出て・・・

（語り手）がまくんは，玄関の前にすわっていました。…

（語り手）がまくんが言いました。

（かえる）どうしたんだい，がまがえるくんきみ，悲しそうだね。

（がま）うん，そうなんだ。

　　音読劇の後，感想＝よかったところ＝を伝え合う。
・林君のかえるくん『そりゃ，どういうわけ』の言い方も，顔の向け方も上手でした。まねしよう。
・ぼくらも，がんばろうっと。

お手紙　41

お手紙

第 12 時 （12/12）

本時の目標
場面や人物の様子を想像して，音読劇を発表することができる。音読劇の感想を述べあい，学習のふり返りをする。

授業のポイント
音読が劇として流れるよう，各グループの音読がうまくつながるよう配慮する。感想の交流では，足りないところの指摘のし合いにならないよう，気をつける。

本時の評価
場面や人物の様子を想像して，音読劇を発表し，感想を述べ合うことができている。学習をふり返り，できたことを確かめている。

板書例

〈発表・まとめ〉音読発表会をして，学習全体のまとめをします。本時は，1と2の音読劇の発表が，

1. はっぴょうする
   かんそうを　聞く

2. かんそうを　つたえあう
   「○○の読みかたが，こんなふうによかった」
   「○○のうごきが…　よかった」

3. 先生から

〈学しゅうのふりかえり〉＝できたことは？
　◇音読でくふうしたことは？
　◇友だちのじょうずなところは？
　◇そうぞうできたことは？

〈この本、読もう〉
◇アーノルド＝ローベルの本

> 「ふたりは…」
> ＝がまくん
> 　かえるくん
>
> 　読んでみよう

---

1 発表　音読劇の発表をする。

「これから，音読劇の発表をします。1回目は，2グループ，4グループ，…です。前に出て始めましょう。」グループ数が多いときは，同じ場面を読むグループも複数になるので，音読劇も2，3回繰り返すことになる。
「聞く人は，聞いた後，『読み方』『動き』『よかったところ』について，感想用紙に書きます。」

【音読発表会】①場面の②を例に …

（語り手）ふたりとも，かなしい気分で，げんかんの前に，…

（がま）だれも，ぼくに，お手紙なんかくれたことがないんだ。毎日，…

（かえる）ぼく，もう　家へ帰らなくっちゃ，…

グループが次々交代して，音読劇をすすめる。ひと通り終われば，2回目の音読劇を始める。

2 話し合う　音読劇を聞いての感想を伝え合う。

グループでの音読が終わるごとに感想を交流してもよいが，劇が途切れることになる。1回目の音読劇が終わった時点で，感想の交流をするとよいだろう。まず，用紙に書かせる。

1回目の音読劇の発表を聞いて，読み方のよかったところ，動きがいいなあと思ったところを発表しましょう。

高橋さんのかえるくんが，『ぼく，もう家へ帰らなくっちゃ，』のところが，何か思いついたように，急ぐように読めていてよかったです。

『とてもいいお手紙だ。』の言葉。ゆっくり読んでいて，喜んでいるがまくんらしいなと思いました。

交流は『ほめ合い』を基本に，『よかったところ』を交流する。児童の感想には，『まと外れ』や不十分なところを指摘するようなものもあり，留意と配慮が必要。一方，教師（大人）の目から見ての「よかったところ」も，ぜひ話して聞かせたい。

お手紙　アーノルド＝ローベル

め
・音読げきのはっぴょうをして聞きあおう
・学しゅうをふりかえろう

〈音読げき　はっぴょう会〉

プログラム
1.　□の場めん　（二かい目）
　　○○グループ　　□グループ
2.　……
　　○○グループ　　□グループ
3.　……
　　○○グループ　　□グループ

※プログラムを板書するか貼る

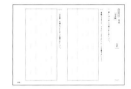 主体的・対話的で深い学び

・これまで音読を重ねてきて，どの児童にもその『成果』は表れているはず。音読劇の発表はそれを認め合い，児童に『がんばった自分』を自覚させる場になる。それが次の学習に向かう主体的な姿勢を生み出す。
・ここで大きな役割を果たすのが，教師の目である。『進歩』は，児童自身にも見えていないことが多い。時間をたどり，どこがどう進歩したのか，たとえ小さな前進でもそれを見つけ出し評価をするのは，大人にしかできない『対話』だと言える。

準備物

・感想用紙 **DVD** 収録【2下_01_05】
・『ふたりは…』シリーズの本（図書室で借りておき，見せたり読み聞かせたりする）

---

③ 振り返る　できたこと，よかったことをふり返り，交流する。（P25 も参考に）

「『お手紙』の勉強で，できたことをふり返ります。したことは，どんなことでしたか。」
　・音読劇をするために，読み方と動きを考えました。
　・お話を読んで，二人の様子を考えたり，想像したりして音読しました。
「25 ページの『ふりかえろう』も読んでみましょう。」

> 音読劇で，がんばって工夫したところを発表しましょう。
>
> 元気のないがまくんの言葉の読み方を考えて，友だちに聞いてもらいました。
>
> かえるくんが，かたつむりくんにお手紙を頼むとき，ちょっと下を向いて言うと，感じが出て，うまく言えました。

『ふりかえろう』の主旨は，がんばりとできたことを自覚させること。難しくならないよう，くどくならないよう気をつける。

④ まとめ 発展　『お手紙』を読んでの思いの交流。読書のすすめ。

「『お手紙』のお話を読んできて，どう思いましたか。」
　・手紙を待つ二人がなかよしなのが，とてもいい。
　・手紙っていいな，友だちっていいなと，思いました。
　　『友だち』『手紙』『共に』が，お話のテーマにつながっている。それに関わる自分の体験や願いなどに広げ，話し合うのもよい。

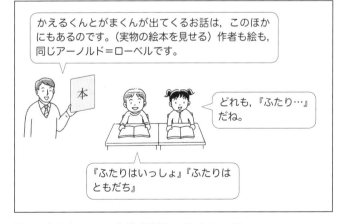

「この中から一つ，先生が読んでみましょう。」
　1 冊選んで，音読劇のように読み聞かせてもよい。（音読）
　・おもしろかった，読んでみたいな。　と楽しく終わる

主語と述語に　気をつけよう

◎ 指導目標 ◎

・文の中における主語と述語との関係に気づくことができる。

◎ 指導にあたって ◎

① 教材について

　児童は，これまでにも多くの文を読み書きしていますが，文に主語や述語があることは意識していません。ここで初めて主語，述語という用語に出会います。そして，文には基本の成分として、「何が（は）」「だれが（は）」に当たる言葉（主語）と、「どうする」「どんなだ」「何だ」と続く言葉（述語）があることに気づかせます。ふだん話すときにも，意味を正しく伝える上でもこの２つの言葉は大切です。また，基本の形をおさえた上で，日本語に多い「主語が初め（文頭）にこない文」も取り上げます。

　私たちが，ふだん話すときや読むとき，また書くときには，とりたてて主語や述語を意識しているわけではありません。しかし，ふつう，文は主語と述語がないと意味は通じないし，誤解も生じます。ですから，説明文などの文意を正しくつかむときにも，まず「主語は何なのか」を考えるのが出発点です。主語と述語は，文の骨格であり，それがわかることは，文を正しく読み書きしていく上での必要な知識です。

　本単元では，その第一歩として，主語とは，また述語とはどんな言葉なのかを，基本的な文例を使って分からせます。そして、「文とはこんな言葉でできていたのか」と気づかせます。なお，「主語」「述語」は，外国語を学ぶ際にも必要な知識，概念です。

② 主体的・対話的で深い学びのために

　２年生ということを考えて，学習が難しくならないように配慮します。主語や述語に関わる話題や課題をあれもこれもと出すのは，混乱させるもとになります。文によっては，主語や述語を見つけ出すのは，高学年でも難しいことがあるからです。ですから，主体的に考えさせるためにも，例文なども簡単で基本的な文型にしぼるようにします。また，「主語」「述語」という言葉自体，児童にとって初めて見聞きする言葉です。主語を「文の頭」などと言いかえてみるのも一つの方法です。

　新しく文のきまりを学ぶ文法（言葉）の学習では，先生の説明や問いに対して，児童が考え答える・・・という形が多くなります。対話には，児童どうしの対話もありますが，ここでは教師と児童との対話を軸にして授業も流れるでしょう。その点，教師の簡潔でわかりやすい発問や指示，説明が，児童の深い思考をうながします。

◉ 評価規準 ◉

知識 及び 技能	文の中における主語と述語との関係に気づいている。
主体的に学習に取り組む態度	積極的に主語と述語との関係に気づき，学習課題に沿って主語と述語に気をつけて話したり書いたりしようとしている。

◉ 学習指導計画　全2時間 ◉

次	時	学習活動	指導上の留意点
1	1	・例文を読み，主語，述語とはどんな言葉を指すのか，説明を聞き教科書で確かめる。 ・教科書の例文の主語と述語はどれかを考え，話し合う。	・主語や述語のない文も提示し，主語と述語の役割に気づかせる。 ・主語は，「…は」「…が」に当たる言葉だということに気づかせる。
	2	・主語が文のはじめにこない文について話し合い，主語・述語はどれかを話し合う。 ・主語や述語が欠けていると，文として意味が通じないことを話し合う。	・「…を」や「…に」などを，主語ととり違える誤りをしやすい。とりあげて留意させる。 ・主語や述語のない文を提示して，内容がきちんと伝わらないことに気づかせる。

【参考】 －『主語』や『述語』を見つけさせる学習活動について－

１．提示する例文は，分かりやすいものを

初めて主語と述語に出会う２年生にとって，物語などの文の中から主語や述語を見つけ出すことは容易ではありません。ですから，「『お手紙』のお話の文の中から主語と述語を見つけましょう。」などという児童への安易な指示は禁物です。主語と述語のそろった，単純明快な構造の，分かりやすい文を教師が準備しておき，そこから主語と述語を見つけさせるようにします。

２．２年生では，まずは「…は」と「…が」に着目させて

児童にとっては，「どの言葉が主語なのか」が，ずいぶん紛らわしいようです。例えば，「学校では，さくらの花がきれいに咲きました。」という文では，「学校では」や「さくら」「きれいに」を主語だと考える児童もいます。そこで，２年生では，まず「『…は』や『…が』のついた言葉が主語」だと気づかせ，主語の見分けに使わせていくとよいでしょう。なお，主語と述語は，一度でわかるものではなく，今後の習熟も必要な学習です。

また，述語として，教科書にも「どうする」「どんなだ」「何だ」と３つの種類が出ています。しかし，２年生ではその違いは分からず，見分けもつきません。ここは，こだわらずに軽く説明する程度にしてすませます。

DVD 収録（画像，イラスト，児童用ワークシート見本）※本書 P47「準備物」欄に掲載しています。

主語と述語に気をつけよう

第 1 時 （1/2）

本時の目標

主語，述語という用語を知り，「何が（は）」「どうする」どんなだ」「何だ」という，主語と述語の関係に気づく。

授業のポイント

児童は，主語と修飾語などを混同することがある。まずは，『…は』『…が』のように『は』と『が』に着目させて主語をとらえさせる。

本時の評価

文の中の主語と述語とはどんな言葉なのかを知り，主語と述語の関係に気づいている。

〈導入〉導入では，わざと不完全な文を提示して児童の目を引くようにしていますが，主語と述語のそろっ

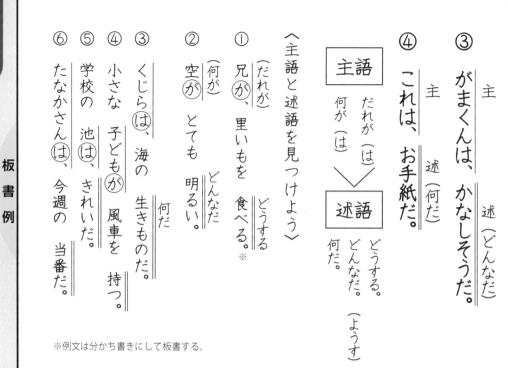

板書例

〈主語と述語を見つけよう〉

① （だれが）兄が，里いもを 食べる。※ どうする

② （何が）空が とても 明るい。 どんなだ

③ くじらは，海の 生きものだ。 何だ

④ 小さな 子どもが 風車を 持つ。

⑤ 学校の 池は，きれいだ。

⑥ たなかさんは，今週の 当番だ。

③ がまくんは，かなしそうだ。
主　述（どんなだ）

④ これは，お手紙だ。
主　述（何だ）

③ だれが（は）── どうする。どんなだ。何だ。
（ようす）

④
| 主語 | 何が（は） |
| 述語 | どうする。どんなだ。何だ。 |

主語 → 述語

※例文は分かち書きにして板書する。

---

1 導入・課題 話し合う
『言いました。』だけで文の意味は通じるか，話し合う。

初めに，わざと不完全な文（言葉）を提示し，本時の課題につなぐ。教科書はまだ開けさせない。

黒板の文（言葉）を読みましょう。（板書）何を言いたいのか，書いてあることは分かりますか。

だれが？ 言う。お手紙が，どうしたの？

『言う』だけでは，だれが言ったのか，何を言ったのかが，分かりません。

「どこが，また，何が分からないのでしょうか。」
・2つ目も『お手紙が』だけでは，『お手紙』が，どうしたのか，何なのか分かりません。

「そうですね。今日は，『何が』『どうした』のかという文の中の大事な言葉を見つける勉強をします。」

---

2 聞く
文には，「だれが（は）」（主語）と「どうした」（述語）がある。

この2つの言葉は，『お手紙』に出てきた言葉です。では，先生が抜けているところを足して，もとの文を書きます。こんな文です。

かえるくんが 言う。お手紙が，来る。

これなら，分かります。

「『かえるくんが，言う。』と『お手紙が，来る。』です。読んでみましょう。」（斉読）

「『言う。』のは，かえるくんですね。『お手紙が（は）』の文では，『来る』ことが分かります。2つがそろって，『だれが』『何をした』のかがわかります。」

「この『だれが（は）』にあたる言葉を『主語』，『どうした』にあたる言葉を『述語』と言います。みんなで，『主語』『述語』と言ってみましょう。」（斉唱）

「では，『かえるくんが，言う』という文の主語と述語は，どの言葉なのか，もう分かりますね。」

た文から始めてもよいでしょう。

主語と述語に気をつけよう

⟨め⟩ 「だれが」「どうした」という
ことばを見つけて、
それに気をつけて文を読もう

① かえるくんが 言う。
　　　　　　　述語
　　　　　　　どうした

② お手紙が 来る。
　主語　　（どうした）…述語
　なにが

※最初は,「言う。」と「お手紙が」だけ板書する。

主体的・対話的で深い学び

・児童は，初めて『主語』と『述語』という言葉と，それらが表す意味を知る。これらの知識は，今後の国語学習には欠かせないものだが，児童どうしの対話からは見つけることはできない。教師が例文を選び，説明も加えながら，児童との対話を通して，「こういう言葉が『主語』なのだよ。」と分からせていく。その理解をもとにして，児童も，「この文では，この言葉が主語かな」と，主語や述語を意識し，主体的に見つけるようになっていく。

準備物

・黒板に貼付する『主語』と『述語』の
カード DVD 収録【2下_02_01】

述語　主語

---

3 話し合う　人物ではない主語もある。『どうする』の他にも，述語はある。

・主語は，『だれが（は）』だから『かえるくんが』が主語だと思います。
・述語は，『どうした』だから『言う』が述語です。

では，2つ目の『お手紙が，来る』という文の主語と述語は，どれでしょうか。

述語は，『来る』です。

人物ではないけれど，『が』がついている『お手紙が』が主語だと思います。

主語？
お手紙が、来る。

「このように，主語は人物とは限りません。『お手紙が』のような，物も主語になります。『○○は』『○○が』のように，『は』や『が』がついた言葉が主語なのです。」（と，主語の見つけ方を教える）
「では，教科書（P27 上段）を開けて読みましょう。」

　　『どんなだ』『何だ』も述語になることを説明する。

---

4 問題を考える　文の中の，主語と述語を見つける。

「教科書（P27 上段）の4つの文を写して，主語には線，述語には二重線を引きましょう。」
　　（・これは，お手紙だ。のように書き写させる）

主語と述語を見つける問題も出ています（P27 下段）。1つ目は『兄が，里いもを食べる。』です。主語と述語は，どの言葉でしょうか。

『が』がついている『兄が』が，主語です。

述語は『どうした』だから，『食べる』です。

兄が 里いもを 食べる。

「残りの5つの文を写して，主語，述語はどの言葉か，線（主語）と二重線（述語）をつけましょう。」

　　問題文は2年生には難しい。『風車を　持つ』のように，主語を『風車を』や『海の』などと考えやすい。『…が』や『…は』に着目させて主語を考えさせるか，述語をまず見つけさせるのも手だてのひとつ。

　　発表させ答え合わせをして，教師が解説を加える。

本時の目標

ふつう，文には主語と述語が必要なことがわかる。
主語と述語をはっきりさせて文を書くことができる。

授業のポイント

特に，文頭に主語がこない文の主語や述語を見つけるのは，案外難しい。個別指導も取り入れ見つけ方をていねいに教える。例文は，書き写させる。

本時の評価

簡単な文主語や述語を見つけることができている。
主語と述語があって，伝わる文になることに気づいている。

板書例

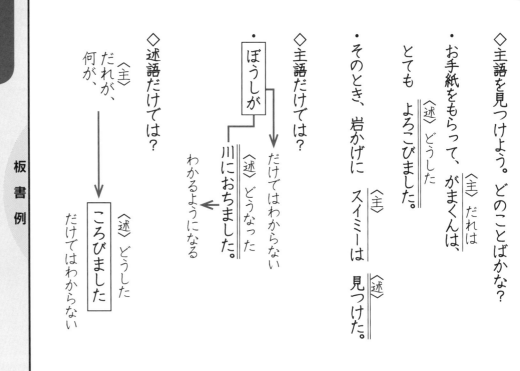

〈対話〉文作りでは，児童から意外な言葉が出て面白い文になることもあります。発表の時間をとると

◇ 主語を見つけよう。どのことばかな？

・お手紙をもらって，がまくんは，
とても　よろこびました。
〈主〉だれは　〈述〉どうした

・そのとき，岩かげに　スイミーは　見つけた。
〈主〉　〈述〉

◇ 主語だけでは？
・ぼうしが
だけではわからない
川におちました。
〈述〉どうなった
わかるようになる

◇ 述語だけでは？
〈主〉だれが，
何が，
〈述〉どうした
ころびました
だけではわからない

---

1 ふり返りと練習　主語と述語はどれか，文から見つける。

主語と述語についてふり返る。

『かえるくんは，お手紙を　書きました。』
（板書）この文の主語と述語は，どの言葉でしょうか。線と二重線をつけましょう。

主語は，『かえるくんは』です。

主語は，『お手紙』かな。

述語は，『書きました』です。

かえるくんは　お手紙を　書きました。

『お手紙を』のような『○○を』（修飾語・補語）を主語だと思う児童もいる。主語とは『○○は（が）』に当たる言葉だということを，再度確かめ合う。

また，述語を先に見つけさせ，「『書きました』のは，だれが？」と，その次に主語を考えさせてもよい。

「次の文の主語と述語は，どの言葉でしょうか。」
（文例）がまくんは，玄関の前に　すわっていました。
『すわっていた』のは，がまくんだねと主語を確認。

---

2 考える話し合う　主語はどの言葉なのか，主語が初めにこない文もある。

応用として，主語が初めにこない文をとり上げる。

このような文では，どうでしょうか。主語と述語を見つけてみましょう。まず，述語は？

述語は『よろこびました』です。

主語は『お手紙（を）』かなあ？

『がまくんは』が主語だと思います。

お手紙をもらって　がまくんは　とても　よろこびました。

「述語は『よろこびました』でいいですね。」
「では『よろこびました』のはだれでしょう？それが主語です。主語には『は』か『が』がついています。」
・『がまくん』です。『がまくんは』が主語。
「このように，主語はいつも文のはじめ（文頭）にあるとは限りません。次の文では，主語はどれでしょうか。」（板書を写させ，線をつけさせる）
（文例）そのとき，岩かげに　スイミーは　見つけた。

よいでしょう。

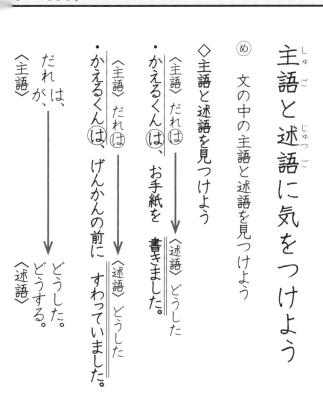

◇主語と述語を見つけよう

め 文の中の主語と述語を見つけよう

主語と述語に気をつけよう

〈主語〉だれは
・かえるくんは、お手紙を 書きました。
〈述語〉どうした

〈主語〉だれは
・かえるくんは、げんかんの前に すわっていました。
〈述語〉どうした

〈主語〉
・だれが、 → どうする。
・だれは、 → どうした。
〈述語〉

🔍 主体的・対話的 で 深い学び

・前時に学習したことを使って，主語や述語を文から見つけ出す学習をする。それには，どのようにすると主語や述語を見つけられるのか，そのやり方が分かっていなくてはならない。そのためにも，ここで適切な例文を提示し，まず見つけ方を児童とも話し合いながら（対話を通して）習熟させていく。クイズ的要素もあるので，やり方が分かると，児童たちも主語や述語を見つける活動に，主体的に取り組めるだろう。

準備物

・黒板掲示用の主語、述語のカード（第1時使用のもの）

---

3 考える 話し合う　述語がなかったら？ 述語の必要性を話し合う。

「もし，述語を使わなかったらどんなことが起こるでしょうか。教科書 P28（下段）の絵を見ましょう。」
・『ぼうしが』と言っているけれど，ぼうしが『どうなった』のか，聞いている人にはわかりません。
・『ぼうしが』とんだのか，消えたのか分からない。

「『落ちてしまいました』が述語ですね。これで，ぼうしがどうなったのかが，わかる文になりました。」
「次の主語に，述語を足して文を作りましょう。」
　（文例）『花が（は），…』
・『公園の 花が たくさんさきました。』など

---

4 まとめる　主語がなかったら？ 主語の必要性を話し合う。

「では，主語を足して，文にしてみましょう。」
・『1年生の子が，（廊下で）ころびました。』
「『1年生の子が』という主語を足すと，意味のわかる文になりました。」
「では，『泣いています』『きれいです』の主語を考えて，文を完成させてみましょう。」（ノートに書く）
　　『〇〇は（が）』に，当てはまる言葉を考えさせる。

「教科書（P28）を読んで，ふり返りましょう。」
・主語や述語がないと，文の意味がわからなくなる。

かん字の読み方

◉ 指導目標 ◉

・2学年までに配当されている漢字を読むことができるとともに，文や文章の中で使うことができる。

◉ 指導にあたって ◉

① 教材について

　ふつう，１つの漢字にはいく通りかの読み方があります（音だけの漢字もありますが）。その読み方の代表的なものが音と訓であり，音と訓の読みが複数ある漢字もあります。これまでの学習から，児童も，同じ漢字でも読み方はいくつかあることには気づいています。本単元では，読み方が多くある漢字をとり上げ，改めてそのことに気づかせ，同じ漢字でも読み分けが必要なことを分からせます。

　漢字に複数の読み方がある理由は，歴史的な経緯もあるので，ここでは触れずに改めて，高学年で学ぶことになります。2年生では，文の読み書きを通して「この言葉の場合は，こう読む」などと，まずは多くの文や単語に触れて，読み慣れることに重点をおきます。同じ『下』でも，『下校』のときは『ゲ』，『ろう下』になると『カ』というふうに，熟語に応じて読み方は決まっているからです。また，『送り仮名』という用語も初めて出てきます。送り仮名とは，もともと読み誤りがないように漢字につけ足した仮名です。ですから，『生きる』『生まれる』の『生』の読みも，『い』なのか『う』なのか，送り仮名を見て判断できることに気づかせます。

② 主体的・対話的で深い学びのために

　読み方がいくつもあることが，児童にとって重荷になることもあります。そこで，教科書でも，導入で『九』や『日』の読み方を考えさせているように，クイズ的な要素も取り入れ，「同じ『日』でも，いくつもの読み方があっておもしろいな」などと，漢字の読み方に興味が持てるように配慮します。また，「いくつもの読み方がある漢字を見つけてみよう」といった呼びかけも，主体的，発展的な学びにつながるでしょう。見つけた漢字を使った文作りなども，主体的で対話的な学習活動となります。

　もちろん，この学習だけで漢字の読み書きが正しくできるようになるわけではありません。これをきっかけに，読書なども通して，読める漢字を徐々に増やしていけばよいのです。そのことを児童にも話して聞かせ，励まします。

◉ 評価規準 ◉

知識 及び 技能	第2学年までに配当されている漢字を読み，文や文章の中で使うことができている。
主体的に学習に取り組む態度	進んで第2学年までの配当漢字を使い，学習課題に沿って漢字の異なる読み方に気をつけて読もうとしている。

◉ 学習指導計画　全2時間 ◉

◇　新出漢字が多く出ています。事前にとり上げ，読み書きができるようにしておくとよいでしょう。

次	時	学習活動	指導上の留意点
1	1	・『九』と『日』の読み方がいくつもあることを話し合う。 ・言葉の中での『上』と『下』の読み方を考え，言葉によって読み方が違ってくることを話し合う。 ・教科書の例文の漢字とその読み方を書き写す。	・読み方が幾通りもあることに気づかせ，興味を持たせる。 ・熟語や送り仮名を見ると，読み方が分かることに気づかせ，書かせることにより，読み方を確かめさせる。
	2	・「生える」「生まれる」などの読み方を送り仮名から考え，「送り仮名」の意味を聞く。 ・読み方が複数ある漢字を見つけ，読み方が異なる文を作って発表し，聞きあう。	・「送り仮名」という用語を知らせる。 ・送り仮名を見ると，どう読むのか，読み方が分かることに気づかせる。

◇　2時目では，漢字の複数の読み方を用いて文づくりをさせます。使う漢字を教師が選んでおき，「この漢字を使って，読み方の違った2つの文を作ろう」と，提示するやり方もできます。

読みが複数あるいくつかの既習漢字

文作りで使えそうな漢字には，次のようなものがあります。

音 おん/おと	火 か/ひ	会 あう/かい	回 まわす/まわる/かい	合 がっ/あ(う)	間 かん/げん/あいだ	名 めい/な
行 ぎょう/いく	金 きん/かね	今 こん/いま	車 しゃ/くるま	書 しょ/かく	人 じん/にん/ひと	木 もく/き
水 すい/みず	先 せん/さき	体 たい/からだ	大 だい/おおきい	小 こ/ちいさい	長 ちょう/ながい	月 がつ/げつ/つき
町 ちょう/まち	読 どく/よむ	年 ねん/とし	文 ぶん/もん	分 ふん/ぶん/わける	方 ほう/かた	

📀収録（児童用ワークシート）※本書 P53, 55「準備物」欄に掲載しています。

かん字の読み方

第 1 時 （1/2）

本時の目標
いくつもの読み方を持つ漢字があることに気づき，使われる言葉によって，漢字の読み方も違ってくることを理解する。

授業のポイント
言葉（語彙）を増やすことも，漢字を正しく読む力につながる。そのため，話し合いだけでなく，その漢字を使った言葉づくりや，読む活動もとり入れる。

本時の評価
漢字は，使われる言葉によって読み方も違ってくることを理解している。

板書例

◇ 読み方がいくつもあるかん字　金（きん　かね）

読み方がいくつもある　三日（か）　十日

上

じょう　屋上（ちょう上　上とう）
うえ　たなの上（つくえの上）
うわ　上ばき（上ぎ　上手なげ うわて）
かみ　川上
あげる　つみ上げる（もち上げる）
あがる
のぼる　かいだんを上る（上りみち）

下

か
げ
した　下山（上下）　ろう下（ち下）
さげる　木の下（氷の下）
くだる　下げる（ぶら下がる）
さがる　下す
くだす　下る（下りざか）
くださる
おろす　下ろす
おりる
（もと）

1 導入　話し合う　同じ漢字でも，言葉や文になると，読み方は違ってくる。

はじめは，教科書を開けさせないですすめる。

これから，先生が黒板に書く文章を，心の中で読んでみてください。

『九』と『日』が2つもある…
…くがつ　ここのかの　にちようびに　きゅうさいに …

わたしの　おにいさんは、九月九日の日曜日に、九さいになりました。

「では，今度は，声に出して読んでみましょう。」
・くがつ　ここのかの　にちようびに　…
　一人読みのあと，斉読して読みを確かめ，音読する。
「読んでみて，気がついたことはありませんか。」
・『九』と『日』いう漢字が3回も出てきています。
・でも読み方は，全部違っています。
「同じ漢字でも，いろんな読み方があるのですね。今日は，漢字の読み方を考える勉強です。」（めあて）

2 話し合う　書く　読み方を確かめて，文を写す。言葉づくりをする。

『九』と『日』の読み方を，みんなで確かめましょう。まず『九』には，どんな読み方がありましたか？

九
く
きゅう
ここの

3通りありました。九月のときは、『く』，九日は『ここの』，九さいは、『きゅう』と読みます。

『日』の読み方も話し合い，教科書P29で確かめ合う。
「.『九』や『日』の読み方は，言葉によっていろいろあるのですね。気がついたことはありますか。」
・どうして読み方が変わるのだろう？『きゅうがつ』より『くがつ』の方が言いやすいからかな？
　などと読み方に興味が持てるよう，自由に話し合う。
「小声で読みながら，文を写しましょう。読み仮名も。」
　読むだけでなく，書くことも大切な学習活動。
「『九』『日』を使った言葉をノートに書きましょう。」
『九つ』『夕日』など，読み仮名もつけさせ書かせる。

かん字の読み方

（め）かんじのいろいろな読み方について かんがえよう

わたしの おにいさんは、九月九日の日曜日に、九さいになりました。

九つ（ここの）
九人（きゅう）（く）
九本

十九（きゅう）

夕日（ゆうひ）
十一日（にち）
毎日（にち）
日記（にっ）

九月（く）
九日（ここのか）
九さい（きゅう）
日曜日（にち）（び）

主体的・対話的で深い学び

・同じ『上』でも，言葉によってどう読むのか，読み方の違いを考えたり話し合ったりする。この活動は，クイズ的要素もあり，興味を持って取り組める対話的な学習にできる。

・一方，話し合うだけではなく，話し合った後は写し書きや言葉集めなど，定着させるための学習活動をとり入れる。このことで，確かな学びになる。写し書きや言葉集めは，児童も個々の主体的な学びだと言える。

準備物

・練習プリント（ **DVD** 収録【2下_03_01】）

---

3 考える／調べる　『上』など，読み方がたくさんある漢字の読み方を調べる。

　『夕日（ゆうひ）』『毎日（まいにち）』など，発表し合う。
「他にも，読み方がいくつもある漢字があります。思いつきましたか。」話し合いは簡潔に。
・『金』は，『かね』と『キン』と2通りに読めます。
・『山（やま）』は，他にも『サン』『ザン』と読めます。

> 教科書にも出ています。（P30）『上』や『下』は読み方がたくさんある漢字です。同じ『上』という漢字でも，言葉によって読み方はどう違うのか，文を読んで確かめましょう。…読めるかどうか。まず，小声で読んでみましょう。

> 『たなの上（うえ）』に，…

> 『屋上（おくじょう）』から，東京えきが…

上

　教科書の短文をみんなで音読し，読みを確かめ合う。

　『上ばき』なら『うわばき』とはっきり読ませる。『上る（のぼる）』と『上がる（あがる）』も読み誤りやすいので，何度も声に出して読ませて言い慣れさせる。

---

4 調べる／まとめ　たくさんある『下』の読み方を調べ，まとめをする。

> 『上』と同じように，『下』（板書して）にもいろいろな読み方があります。文や言葉の中の『下』を正しく読めるかどうか，読み方を確かめましょう。まず，小声で読んでみましょう。

> 『ろう下（ろうか）に西日（にしび）がさす。』

> 読み方が11通りもあります。

川下　ろう下　下

　『上』と同様に，教科書の短文をまず小声で読ませ，その後，指名読みと斉読で正しい読み方を確かめる。
「『下山』『川下』ってどういう意味でしょうか。」
　などのように，意味の確かめも大切。
「では，『上』『下』を使った教科書の言葉を書き写しましょう。」
　『川上（かわかみ）』『下る』『下りる』など視写させる。
「ほかにも『上』『下』のつく言葉を集めましょう。」
・『上下』『上り電車』『下りざか』…など
発表し合い，最後に感想を話し合う。

かん字の読み方

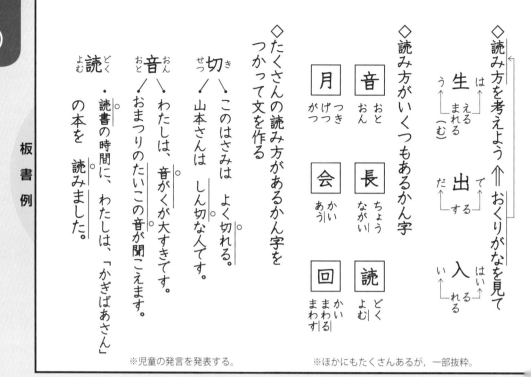

第 ❷ 時 （2/2）

本時の目標
送り仮名を見ると，漢字の読み方が分かることに気づき，読み方に気をつけて，文の中で漢字を正しく使うことができる。

授業のポイント
言葉作りや文作りの場面では，教師から「こんな漢字が使えるよ」と，提示するのもひとつの方法である。

本時の評価
送り仮名のはたらきに気づき，送り仮名をもとにして，漢字を正しく読み書きすることができている。

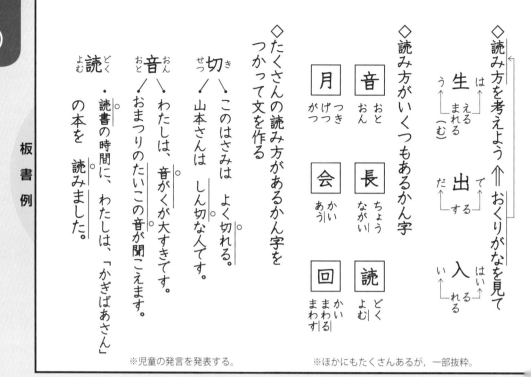

〈展開3〉P51に読みが複数ある既習漢字を掲載しているので，使う漢字を教師が選んでもよいでしょう。

板書例

◇読み方を考えよう ⇦ おくりがなを見て

生 は　　える
　　まれる
　　（む）

出 て　　る
　　だ　　す

入 はい　　る
　　い　　れる

◇読み方がいくつもあるかん字

月 おと　つき
　　げつ

音 おと　おん

長 ちょう　ながい

会 かい　あう

読 どく　よむ

回 かい　まわす
　　まわる

◇たくさんの読み方があるかん字をつかって文を作る

切 き　　る
　　せつ

・山本さんは しん切な人です。
・このはさみは よく切れる。

音 おと　おん

・わたしは，音がくが大すきです。
・おまつりのたいこの音が聞こえます。

読 よむ　どく

・読書の時間に，わたしは，「かぎばあさん」の本を 読みました。

※児童の発言を発表する。

※ほかにもたくさんあるが，一部抜粋。

---

1 話し合う 説明を聞く　送り仮名を見るとその漢字の読み方がわかる。

「『上がる』，『上る』（板書して），どちらも漢字は『上』ですが，それぞれどう読むのでしょうか。」
　・『上がる』は『あがる』，『上る』は『のぼる』です。

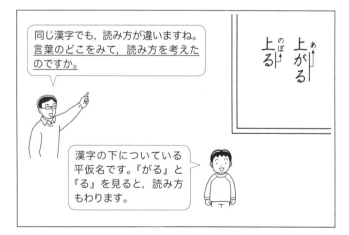

同じ漢字でも，読み方が違いますね。言葉のどこをみて，読み方を考えたのですか。

漢字の下についている平仮名です。『がる』と『る』を見ると，読み方もわります。

上がる　あ
上る　のぼ

「では，『下がる』『下る』は，どう読めますか。」
　・『さがる』『くだる』です。『がる』と『る』でわかります。
「『がる』や『る』のような，漢字の下に続けて書く平仮名を『送り仮名』と言います。言ってみましょう。」
「送り仮名を見ると，どう読むのかがわかりますね。」
　　『川上』や『上ばき』などの名詞は，各単語の中で「こう読む」と決まっていることを説明する。

---

2 練習　送り仮名を見て，漢字の読み方を考える。

「漢字の送り仮名を見て，読み方を考えて読んでみましょう。1つ目は…これ（『生える』と板書）です。」
　　『…える』から考えてみましょう。」
　・わかった。『はえる』と読めます。
　　教科書P31上を読み，送り仮名のはたらきをまとめ，P31下の課題にとり組ませる。

生える ※

では，これ（『生まれる』と板書）は，どう読めばよいでしょうか。

送り仮名が『…まれる』だから『うまれる』です。

送り仮名が『む』だったら『うむ』かな。

⑦ 生まれる
生む

・送り仮名があると，読みやすいな。『…きる』だったら，『いきる（生きる）』と読める。
「他の言葉も書き写して，読み方を書きましょう。」

かん字の読み方

め おくりがなに気をつけて読み、かん字を
つかった文を書こう

◇読んでみよう（どこを見るとわかるか）

上がる（あがる）　下がる（さがる）

上る（のぼる）　下る（くだる）

がる
る

おくりがなを見ると
読み方がわかる。
はっきりする。

🔍 主体的・対話的で深い学び

・授業には，『理解』と『習熟』の両面がある。本時では，『送り仮名』に着目して，いく通りかの読み方ができることに気づく前半が，『理解』の場面。そして，そのことを使って言葉や文を作る後半の活動が『習熟』にあたる。つまり，『理解』の場面が『入力』，『習熟』の場面は『出力』と言える。

・この入力と出力がうまくかみ合って回ることにより，児童の学びも主体的で深いものとなる。

準備物

・ワークシート（ **DVD** 収録【2下_03_02】）

---

3 調べる　読み方がいくつもある漢字を調べる。

このような『読み方がいくつもある漢字』は他にもありそうです。見つけてみましょう。教科書の後ろ(巻末)の『これまでにならった漢字』からも探してみましょう。ノートに書き出して，読み方も書きましょう。

『音』『月』…いっぱい漢字があります。

ほとんどの漢字が，読み方が2つあるね。

月　音
がげつき　おと
つつき　おん

「同じ漢字を使って，違った読み方をする短い文を2つ作ってみましょう。ノートにも書きましょう。」

巻末にある漢字一覧ページの△印は，未習の読み方だが，使えるなら使わせてもよいだろう。

（例）　※使う漢字を決めておいてもよい。

○　このはさみは，よく『切れ』ます。

○　山本さんは，『しん切』な人です。　　など

※2通りの文を作るのは，けっこう難しい。読み方が複数ある漢字とその読みを書き出すだけでもよい。

---

4 発表・ふり返り　作った文を発表し，聞き合う。学習のふり返りをする。

漢字を使って作った文を発表し，聞き合う。

使った漢字を言って，作った文を発表してください。

行
いく
ぎょう

『行(いく)』という漢字を使いました。読み方は，『いく』と『ぎょう』です。
作った文は『日曜日，公園に遊びに行きました。』と『きのう，日記を十行書きました。』

「学習をふり返りましょう。この勉強をして，分かったことや思ったことを言いましょう。」

・送り仮名って便利です。送り仮名を見ると，漢字も正しく読めます。読み方も想像できます。

・漢字の読み方がいくつもあるのはどうしてかな。

「漢字の練習では，次のようなことが大切です。（まとめ）」

○　漢字は，送り仮名もいっしょに書いて練習する。

○　『下』なら『下山』『地下』のように言葉(熟語)で書いて，使い方を覚える。…と呼びかける。

秋がいっぱい

◉ 指導目標 ◉

・言葉には，事物の内容を表す働きがあることに気づく。
・経験したことや想像したことから，書くことを見つけることができる。

◉ 指導にあたって ◉

① 教材について

　季節の言葉を知る学習です。2年生では自然に目を向け，これまでにも春と夏の自然に関わる言葉を見つけてき
ています。ここでは，秋の草花や樹木，また虫や鳥などの名前を知り合います。私たちは，自然の事物に限らず，
名前を知らないものには関心も持てないのがふつうです。名前を知ることによって，そのものに目が向くようにな
ります。ですから，秋の自然と仲よくなるためにも，まず名前を知ることが出発点になります。「ねこじゃらし」や「め
ひしば」などで草花遊びをしたこともあるでしょう。教科書も参考にして，そんな草花の名前を知った上で，秋の
自然に関わる実体験を話し合い，交流します。

　そして，「秋だなあ」と感じた体験を，秋の言葉も使って「ぼくの秋」「わたしが見つけた秋」として短い文章で
表現し，友だちとも読み合います。

② 主体的・対話的で深い学びのために

　教科書にも，いくつか代表的な秋の草花や生き物のイラストは出ています。しかし，絵で名前を知るだけでなく，
これを手がかりにして秋の野外に出て，その実物にふれることを大切にします。名前を知るだけでなく，どのよう
に知ったのか，学びの上ではその知り方にこそ価値があるからです。イラストや映像ではなく，自然の中で，本物
の草花や木々にふれるという実体験そのものが，個性的で深い学びになります。野外に出ると，どの子も生き生き
しています。児童の主体的な活動が，自然と呼び起こされます。あちこちで「あ，コオロギ…」「ねこじゃらし，
見つけた」などという発見や，児童どうしの対話が生まれます。自然の持つ教育力です。その点，「生活科」での「秋
のしぜんさがし」などと並行してすすめると，より生きた学びとなるでしょう。

　自然の中での実体験や発見は，その子らしい言葉や文のもとにもなり，「秋のしぜん」を文章化するときにも生
きてきます。また，「秋を見つけた」をテーマとして，「朝の会」などで数人ずつ発表し聞き合う期間を設けても，
主体的で深い学びとなります。

● 評価規準 ●

知識 及び 技能	言葉には，事物の内容を表す働きがあることに気づいている。 「書くこと」において，経験したことや想像したことから書くことを見つけている。
主体的に学習に取り組む態度	積極的に言葉の働きに気づき，学習課題に沿って，経験を文章に表そうとしている。

● 学習指導計画　　全 2 時間 ●

次	時	学習活動	指導上の留意点
1	1	・秋に関わる言葉を書き出し，体験も交えて発表し教え合う。 ・紅葉をうたった秋の詩「やま」を音読する。	・秋の草花や虫，生き物など，自然の中で見つけたものを中心にあげさせる。 ・秋の言葉探しでは，教科書の絵や言葉も手がかりにさせる。
	2	・秋を感じたときの経験（見たもの，聞いたこと，したことなど）を思い出して，文章に書く。 ・書いた文章を読み合う。感想を述べ合う。	・その子のとらえた秋の自然の事実を書くよう助言，援助する。 ・読み合う形や感想の交流は，グループや全体でなど，クラスに応じて多様に。

◇　秋と言っても，9月頃の初秋と11月の晩秋では，見られる植物や生き物はかなり異なってきます。紅葉などは，11月半ばを過ぎたころになります。この単元を取り上げる時期に応じて，実物として見られる「秋の自然」として何を取り上げるのか，調べて選んでおくことも必要です。

◇　秋の草花として代表的なのは，エノコログサなどのイネ科，イヌタデなどのタデ科，ノコンギクやセイタカアワダチソウなどのキク科の3つのなかまの植物です。ふつうに見られる植物なので，学校付近で探しておくと実物も観察できます。教室にも持ち込むと効果的です。

DVD 収録（画像, 児童用ワークシート見本）※本書 P62・63 に掲載しています。

本時の目標
体験ともつないで，生き物や草花など，秋の自然に関わる言葉を見つけることができる。

授業のポイント
『生活科』ともつなぎ，並行して「秋の自然探検（観察）」などをしておくと，実感を伴った子どもの発言が多くなる。

本時の評価
秋の自然に関わる言葉を，体験ともつないで見つけ出すことができている。

板書例

〈導入〉本時以前に，「生活科」で「秋の自然」や「学校付近の草花」として，野草や生き物の観察を

◇どこで いつ なにを
・田んぼで いねかりを
・あき地で コスモスを
・生かつのじかんに こおろぎを

◇読んでみよう
　　　　かんざわ としこ

やま
ゆうべの ○○○
すっきり ○○○
やまは ○○○○
あかい きいろい＝ ○○○
　　（もみじ いちょう さくら）の葉
もみじ ○○
くもを ○○○
すわってる

（秋の山のようすは）

※教科書の詩を板書する。

---

1 導入 話し合う　（草花を見せて）秋に見られる草花を見て話し合う。

秋に多く見られる『イヌタデ』を導入として使う。

先生は，今朝こんな草花を見つけました。名前を知っていますか。

何だろうな。空き地にいっぱいありました。

『赤まんま』かなあ。

「これは，『いぬたで』という秋によく見られる草花です。これを見ると先生は『秋だなあ』と思います。」
「この赤いのは花で，やがて実になります。見たことがある人，知っていることがある人はいませんか。」
　・ままごとで使いました。名前は初めて聞きました。
　・帰り道，田んぼのあぜ道でもたくさん見ました。
「これも，秋によく見る草花です。」（見せる）
　・あ，『ねこじゃらし』！
　・とって遊びました。

2 書く 発表する　見つけた秋の自然の言葉を書いて発表する。

みなさんも，秋になって『こんなものを見つけたよ』，『秋だな』と，思ったものを書いてみましょう。

田んぼのイネがだんだん黄色くなってきたことです。

赤とんぼも，いっぱい飛んでいたなあ。

　事前に「生活科」でも秋の自然観察をしておくとよい。『赤とんぼ』など，見たものを中心に書かせる。
　発表させ，それを分類しながら板書にまとめていく。
　【例】　　注：10月では，まだ紅葉していない地域が多い
（虫）　　　赤とんぼ　バッタ　カマキリ　イナゴ　鈴虫
（草花）　　エノコログサ（ねこじゃらし）…ススキ，イネなどのイネ科，イヌタデなどのタデ科，また，ヨメナなどのキク科植物が秋の代表的な草花。
（そのほか）カシなどのどんぐりやキノコ，いもなど。

しておくと，興味関心を持って本時の学習にも臨めます。

秋がいっぱい

め　秋をかんじることばをあつめよう

◇見つけた秋のことばは？

草花
- いぬたで
- ねこじゃらし（えのころぐさ）
- めひしば
- いね　すすき
- きく　コスモス

- こおろぎ
- すずむし
- 赤とんぼ
- いなご
- かまきり
- ひよどり

- どんぐり（かし　くぬぎ）
- 色づく木の葉（もみじ　いちょう）
- かき　くり

虫・いきもの

木・くだもの

※児童から出された言葉を板書する。

🔍 主体的・対話的で深い学び

- ・「生活科」との合科的な扱い，進め方をすることによって，主体的・対話的で深い学びができる。教科横断的な学習とも言え，低学年ではよく行われる学びの形である。
- ・その際，留意することは，それぞれの「教科のねらい・本質」を外さないことである。「生活科」は自然認識，「国語科」では言葉での自然のとらえがそれに当たる。

準備物

- ・画像 🖫DVD 収録【2下_04_01～2下_04_15】
- ・イヌタデ，メヒシバなど，秋の自然のものの実物（児童に見せる）
- ・モミジやイチョウなどの葉っぱ（色づいていなくてもよい）
- ・図鑑（鳥，植物）

---

3 調べる 話し合う　秋を感じる言葉を集めて書く。

「教科書にも『秋を感じる言葉』が出ています。読んでみましょう。」
- ・ききょう　・赤とんぼ　・かき　…（と，読む）

> この中で，見たことがない，知らない，というものはありませんか。

> 赤とんぼは，知っています。昨日も学校の帰りに見ました。

> ヒヨドリは，知りません。どんな鳥なのかなあ。

このように，体験をもとに話し合っていく。
- ・コオロギは，生活科の時間に見つけました。
- ・コスモスは，空き地にたくさん生えています。お母さんの好きな花です。など

「では，このような『秋の言葉』をノートにも書き写しましょう。」板書を筆写させる。

---

4 音読 書く　『やま』の詩を音読する。 書き写す。

> 学校のモミジの葉っぱも，イチョウの葉っぱもまだ緑色ですが，秋の終わり頃になると…どう変わるのでしょう？
> 葉を見せながら問いかける。

葉を見せながら問いかける。

> モミジは赤く，イチョウは黄色になります。葉っぱが色づきます。きれいです。

「モミジやイチョウが色づいたころの山の様子をうたった詩『やま』があります。読んでみましょう。」
　まだ紅葉していない地方が多いが，秋のうたとして『やま』（神沢利子）を読む。一人で，グループで，みんなで，交代して，など，多様な形で音読する。
「やまは，今，どんな色ですか。それはうたのどの言葉から分かりますか。」
- ・『あかい　きいろい　もみじきて（着て）』…なので，きっと赤や黄色のきれいな色だと思います。
　もう一度音読し，時間があれば写し書きをさせる。

秋がいっぱい

第 2 時 （2/2）

本時の目標
秋を感じたときのことを思い出して，短い文章に書くことができる。

授業のポイント
知っていることや聞いたことではなく，その子自身が，秋の自然の事物（動植物）と関わった体験を思い起こさせるようにする。

本時の評価
秋を感じたときのことを思い出して，短い文章に書いている。

〈話す聞く〉発表したカードは，綴じて冊子にしたり，文集の形にして読み合えるようにしてもよいでしょう。

板書例

◇文しょうに書いてみよう

いなご　←だい

学校のかえり、田んぼで　（どこで　いつ）
いなごを見つけました。　何を
つかまえようとしたら、
ぴょーんと　とんでにげました。
おとうとに見せてやりたかったのに
おしかったな、と思いました。

（それから）
見た
した
思った　こと

△きれい　すごい

◇友だちと読み合おう
　はっぴょうしよう

◇読んで　聞いて…思ったことは？

---

1 話し合う　秋になったなあ，と思ったこと，秋になってしたことを話し合う。

「（秋の自然に関わることで）『あ，秋だな』と思ったときのことを思い出してみましょう。」
　　　　出にくいときは，教師の体験なども話す。
「昨日，先生は，○○公園で赤とんぼがいっぱい飛んでいるのを見て，秋だなあと思いましたよ。」

みなさんも，秋らしいものを見つけた，秋になってこんなことをしたという，お話をしてください。

○○の草原で，カマキリが卵を産んでいるところを見ました。

メヒシバでかんざしを作りました。お母さんが『きれいね』と言ってくれました。

　　　　簡単に話し合い，互いのヒントにさせる。
「今日は，このような秋の自然のお話を，文章に書いて読み合いましょう。」（本時のめあて）

2 読む　話し合う　教科書の文章を読み，話し合う。

「教科書にも，秋のお話の文章が出ています。何を見つけたのでしょうか。読んでみましょう。」（一人読み）
　・サンマを食べたことです。サンマは秋の魚です。
　・『生活』でどんぐりを拾ったことです。
　　　　いずれも2文の短い文章。事実とその子なりのとらえや思いが書かれていることに気づかせる。

どんぐりを拾って，どんなことを思ったのでしょうか。また，それは，どの文で分かりますか。

『…みんなとあそびたいです。』と書いてあるのでコマを作って遊びたい，と思っています。

どんぐりを拾って，コマづくりをしたくなったと思います。

「そのときに聞いたことや，見たもの，思ったことも書くといいのですね。」
　　　　事実を書くようにすすめる。『きれい』『すごい』『楽しかった』などの言葉は，避けさせる方がよい。

秋がいっぱい

め 秋をかんじたときのことを文に書こう

「あ、秋だなあ」 いつ どこで
・たくさんの赤とんぼ
・かまきりのたまご
・くさばなあそび （めひしば）
・かきを食べた

秋

主体的・対話的で深い学び

・「ぼく，わたしの秋」として，自分の発見を文章に書く。この活動自体が主体的で深い学びと言える。児童自身の体験をよく思い出させ，それを具体的な言葉で綴らせることを大切にしたい。その際『どこで？』『どんなときに？』『だれと？』などと，児童から聞き出してやることも，一つの手立てとなる。

・書いた文章を読み合い，聞き合うことは対話的な学びになる。また，「友希ちゃんは、こんな草花遊びを知ってたのか」などと，友達を知り，児童どうしをつなぐことにもなる。

準備物

・カード DVD 収録【2下_04_16】

3 書く　秋を感じたときのことを思い出して，文章に書く。

「では，みなさんの見つけた秋を，文に書きましょう。まず，題をつけます。次に，見たことやしたことを書きます。そのときの様子を思い出して書きます。」
・題は，『イナゴ』でいいかな。田んぼで見つけた。

私は，城山高原でいっぱいのススキを見たことを書きたいです。それにトンボもたくさん飛んでいました。

すると，題は『ススキ』がいいかな？

ノートに書いた後，カードを配布し清書させる。題には『イナゴ』や『ススキ』など，秋の言葉を入れさせる。文章は，2，3文程度。
　そのときの様子をよく思い出せない児童には，『イナゴは手でつかまえたの？』『どこで？』などと聞き出してやり，書くための援助をする。
「書き上げた人は，絵も描きましょう。」
　書けた児童には，カードに2作目を書かせてもよい。

4 読み合う まとめ　書いた「見つけた秋」を読み合う。

「書けたカードを，隣の人と（またはグループ内で）交換して読みましょう。お隣さんは，どんな秋を見つけたのでしょうね。」
・（読んで）吉野さんは，スズムシのことを書いている。
　グループで，全体で発表など，形は多様に。

題は，『ねこじゃらし』です。公園で遊んでいたとき，ねこじゃらしを見つけました。いっぱいありました。ゆみ子ちゃんが，『にぎにぎ』と言って，握った手からねこじゃらしが出てくる遊びを教えてくれました。（発表例）

その遊び，おもしろそう，やってみたいな。

・『私は，田んぼのそばでうす紫色の花を見つけました。持って帰って，お母さんに見せて花の名前をたずねると，『それは，…』と教えてくれました。
　人数を絞って質問を出し合ったり，感想を述べ合う。
　発表したカードは，後で掲示板に貼り出して読み合う。

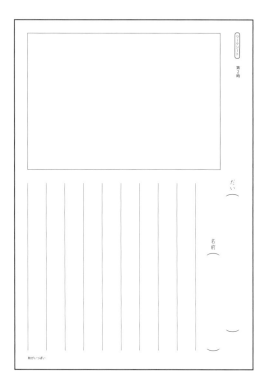

そうだんにのってください

◉ 指導目標 ◉

○ 互いの話に関心を持ち，相手の発言を受けて話をつなぐことができる。

○ 共通，相違，事柄の順序など情報と情報との関係について理解することができる。

○ 身近なことや経験したことなどから話題を決め，伝え合うために必要な事柄を選ぶことができる。

◉ 指導にあたって ◉

① 教材について

　相談したいことを話題にして「互いの話に関心をもち，相手の発言を受けて話をつなぐこと」の力をつける単元です。一対一の対話の経験は，1 年生から積み重ねています。「人の話を聞く」「受け止めて頷く」「自分の考えを言う」という対話の基本を繰り返し行い，その上で，本単元では，自分の考えを言うときに相手の発言を繰り返したり確認したりする技能を身につけさせます。

　この単元では，「話題を考える」「話し合いの仕方を考える」「実際に話合う」「よかったことや改善点を考える」と言う流れで進みます。「話題を考える」という経験を，児童だけで行うことも初めてです。自己中心的な考えでは，この学習は成立しません。「みんなが気持ちよく」という視点が大切です。この視点を，最後の「よかったことや改善点を考える」という学習活動でも大切にします。その際，「学習したことを他教科や生活で生かそう」という意欲をもてるように指導をします。この単元で学習した内容は，比較的高度な内容です。そして，児童にとって一生必要なとなる技能です。この単元で終わりではなく，他単元，他教科でも生かせるように工夫することが大切です。

② 主体的・対話的で深い学びのために

　児童はこれまでに，友達に悩み事を相談したり，相談にのったりしていた経験もあるでしょう。何とかもっと上手に相談の話し合いができるようになりたいな，と思うことで学習に対する意欲が高まります。

　話題の決定については，どのような話題でも良いのではなく，児童のプライベートに配慮し，児童達の力だけでも解決できそうな話題になるように指導をします。「話し合い」を楽しい，またやりたいと感じることができるような学習にするために，児童自らが「みんなが気持ちよく話せるように」するには，どうしたら良いかを考え，話し合うことが大切になります。技能的な面も大切ですが，「良いこと」も「悪いこと」も，意見をきちんと言え，皆で話し合える学級にすることも視野に入れて取り組みます。

◉ 評価規準 ◉

知識 及び 技能	共通，相違，事柄の順序など情報と情報との関連について理解している。
思考力，判断力，表現力等	「話すこと・聞くこと」において，身近なことや経験したことなどから話題を決め，伝え合うために必要な事柄を選んでいる。 「話すこと・聞くこと」において，互いの話に関心をもち，相手の発言を受けて話をつないでいる。
主体的に学習に取り組む態度	積極的に相手の発言を受けて話をつなぎ，学習の見通しをもって話し合おうとしている。

◉ 学習指導計画　全 8 時間 ◉

次	時	学習活動	指導上の留意点
1	1	・困っていることを出し合う。 ・どのように相談にのってくれたらうれしいのかを発表する。 ・今まで学習した内容を確認する。 ・学習の進め方を確認する。	・児童のプライバシーに配慮する。 ・学習した内容や学習の進め方を画用紙などにまとめ，掲示していつでも確認できるようにしておく。
	2・3	・話題を決めることが，目標であることをつかむ。 ・どのような話題が良いのか，確かめる。 ・相談する話題を決める。 ・本時を振り返り，次時の見通しをもつ。	・児童のプライバシーに配慮する。 ・学校生活や，家庭に関することから相談することを考えるが，児童の話し合いで解決できそうな話題にする。
2	4・5	・話し合いのしかたを考えることが，目標であることを確認する。 ・話し合いのしかたを確かめる。 ・良い話し合いへ向けて，気をつけることを話し合う。 ・本時を振り返り，次時の見通しをもつ。 ・話し合って，考えを出し合い，話しをつなげることを確認する。	・教科書を音読することで，話し合いの流れをきちんと理解させる。 ・みんなが気持ちよく話し合いをするには，何が必要かを考えさせる。
	6・7	・話し合いを行い，考えを出し合う。 ・より良い話し合いにするために，困ったことなどを話し合う。 ・本時を振り返り，次時の見通しをもつ。	・前時までに学習したことを大切にして，実際に話し合う。 ・良いことも，困ったことも話し合えるように配慮する。
	8	・前時を想起させ，相談した後の考えを発表する。 ・できるようになったことを考え，伝え合う。 ・より良い話し合いにするために，どうしたら良いか話し合う。 ・学習全体を振り返り，生活にいかせるように意欲付ける。	・相談した結果，どう考えたかを可能な限り伝える。 ・教師からも，よかったことを伝える。 ・他教科や生活に，生かそうという意欲付けをする。

DVD 収録（黒板掲示用カード）※本書 P69, 71「準備物」欄に掲載しています。

そうだんにのってください　65

本時の目標

学習の見通しをもち，関心をもって相談事の話し合いに取り組もうとすることができる。

授業のポイント

児童の日常生活から，相談をしたり，相談にのったり経験を想起させる。お互いが気持ちよく話し合えることを意識して考える。

本時の評価

学習の見通しをもち，関心をもって相談事の話し合いに取り組もうとしている。

板書例

〈話題への配慮〉困っていることを出し合う時には，可能な限り児童の意見を認めますが，個人情報

◇そうだんでうれしかったとき
※…
・さい後まで聞いてくれた
・しんけんに聞いてくれた
・わかりやすくおしえてもらった
…

◇話し合いの学しゅうでやくに立った
・メモをとる
・しつもんをする
・じゅんじょよく話す

そうだんはむずかしい？

学しゅうのすすめ方
1 わだいをきめる
2 話し合いのしかたをたしかめる
3 グループで話し合う
4 話し合ってよかったことをつたえ合う
← ふりかえる

---

1 話し合う　相談したいことや，困っていることを出し合う。

「みなさんは，困ったことや悩んでいることを，友達に話したことはありませんか。それは，どんな時ですか。」
・算数の勉強が分からない時。　　・ゲームの進め方。
・猫の飼い方を聞いたよ。　　　　・犬の飼い方も。
「これを，相談といいます。みんな，たくさん相談をしていますね。」

今日から，グループで友達の相談事を聞いて，考えを出し合う話し合いをします。どんなことを相談したいですか。学校や家で，困っていること，悩んでいることはありますか。

鉄棒で，逆上がりがうまくできません。

もうすぐ弟の誕生日です。プレゼントは，何がいいか迷っています。

　「学校でのこと」「家でのこと」などと，時や場所を限定すると話しやすい。可能な限り，児童の意見を認めるが，プライバシーや個人攻撃にならないように十二分に配慮をする。

2 発表する　どのように相談にのってくれたらうれしいのかを発表する。

「気持ちの良い相談にしたいですね。今までの友達への相談で，どんな風に聞いてもらった時がうれしかったですか。」
・ちゃんと最後まで，相談を聞いてもらえた時かな。
・真剣に相談にのってもらった時です。
・わかりやすく勉強を教えてもらった時。

このほかにも，どのように相談にのってもらえたらうれしいか，考えて発表しましょう。

（相談に対する答えが）どうしてそういう考えになったのか，理由も教えてくれたらうれしい。

一人だけじゃなくて，みんなに聞いてもらえたらうれしい。

うなずきながら聞いてくれたら，ちゃんと聞いてもらっている気がする。

　話し合う技能を身に付けると同時に，相手が喜ぶ聞き方を考える。どのような相談の仕方が良いか，児童から多くの意見を吸い上げたい。

に配慮しましょう。

そうだんにのってください

㋱ よい話し合いをするために、どのように
　学しゅうするのかたしかめよう

◇いままで、友だちにしたそうだん
　※・べんきょうが分からない
　・ゲームのすすめ方をしりたい
　・ねこのかい方をしりたい
　　　　　　　　　　　　（犬、金魚）
　　　　　　　　　　　　　…

◇いま　こまっていること
　※・さかあがりがうまくできない
　・おとうとのたん生日プレゼント

※児童の発言を板書する。

主体的・対話的で深い学び

・2年生の児童は、意識はしていないが、友達に悩み事を相談した
り、相談にのったりしていることが多い。しかし、自分勝手に話
をしていることが多く、お互いに関心をもって、相手の話を受け
て話をつなげながら進めているとは言い難い。まずは、そのよう
な状況を自覚することから始めたい。何とか上手に相談の話し合
いができるようになりたいな、と思うことで学習に対する意欲が
もてるようにする。

準備物

・2年上の教科書
・模造紙

---

3 ふり返る　今までに学習した「話し合い」の内容をふり返る。

「今までも、たくさんの話し合いを学習しました。相談に役
に立つことはないか,ふり返ってみましょう。たとえば、『と
もだちをさがそう』では？」
　・メモを取ることを学習しました。

ほかにもないか考えて、発表しましょう。

上巻の教科書を持ち込んでふり返る
と、内容を思い出しやすい。

『あったらいいな、こんなもの』でも、
困っていることや苦手なことを質問し
ました。

『ことばでみちあんない』
では、順序よく話すこと
を学習しました。

　学習したこと、できるようになったことを模造紙などにま
とめ、掲示する。
「今まで学習したことを生かして、友達の相談をうまく聞く
ことができるでしょうか。」
　・うーん、相談って、少し難しそうだな。

4 めあてをとらえる　学習の進め方を確認しよう。

「上手に相談できるようになるために、どのような学習をし
ていくのか、教科書P34を読みましょう。」
　・まず、話題を決めます。

話題とは、話す時などに、
中心となる事を言います。
次に、何をしますか。

話し合いの仕方
を確かめます。

最後に、話し合いで
よかったことを伝え合います。

それから、グループ
で話合います。

「次の時間から、グループで話し合う相談の内容を決めてい
きます。」
　・私は、どんなことを相談しようかな。
　・うまく相談にのってあげられるかな。

そうだんに のってください
第 2,3 時 (2,3/8)

本時の目標

相談するにあたって，ふさわしい話題を決めることができる。

授業のポイント

早く話し合い活動をしたい児童もいるが，何でも話題にできるのではなく，話し合うのに適切な話題を選ぶことを意識させることが必要である。

本時の評価

相談するにあたって，ふさわしい話題を決めている。

板書例

◇ 話し合いのしかたをたしかめる
どんなこと？

← わだいがきまったら

※児童が決めて書いた話題の画用紙を掲示する。

③ りゆうは、△△だからです。

② どうして、○○にきめたのですか。

① ぼく（わたし）のわだいは、○○にきめました。

※黒板掲示用カードを貼る。

◇ わだいのきめ方
・一人一つわだいをきめる
・グループで話し合う

---

1 めあてを とらえる　話題を決めるというめあてをとらえる。

「これから，みんなで友達の相談事を聞いて，話し合うことになりました。」

・うまく解決できるかな。
・どんなことを相談しようかな。

まず，何を決めるのでしたか？

話題です。

話題を決めないと，話し合いができません。

相談する内容を「話題」といいます。

前時のふり返り。前時の板書の内容や相談事を，数名指名して発表することも考えられる。児童の言葉を中心にして，活動を進める。

「今日のめあては，相談する話題を決めようです。」板書

2 考える 話し合う　どのような話題が良いのか，話し合う。

「相談することは，どのような話題でも良いのでしょうか。たとえば，先生が大金持ちになりたい！どうしたら良い？と皆さんに相談したら？」

・そんなの，どうしたらいいか，僕もわかりません。

そうですね。どんな話題でもいいわけではありません。では，どんな話題なら良いか，話し合いましょう。

あんまり難しいことを相談されても困るな。

みんなで話し合って，答えられる話題がいいと思う。

勉強のこととか，ペットのことなら，クラスに詳しい人もいるよ。

学校のことなら，みんなで話せます。

家庭のことでも良いが，児童の気持ちやプライバシーに十二分に配慮をする。無理難題ではなく，児童で話し合えば解決できそうな話題であることを伝える。

見て，話題をいくつか用意しておきましょう。

そうだんにのってください

め そうだんするわだいをきめよう

◇どんなわだいがよいかな？
×先生が，お金もちになるほうほう
○みんなで話し合って，こたえられること
　＝＝＝
・学校のこと
・べんきょうのこと
・ペットのこと

主体的・対話的で深い学び

・相談する話題を決める活動である。ここで決めた話題が，今後の活動を左右するので，自分の考えをもち，しっかりと話し合わせたい。
・2年上の教科書で学習し，身に付けた内容をもとに，「相談する時の話型」を提示して話し合わせることで，技能の向上を図る。
・話題の決定については，どのような話題でも良いのではなく，児童のプライベートに配慮し，児童達の力だけでも解決できそうな話題になるように，指導をする。話題を決定することが難しい児童には，教師が話題を数個用意しておいて，選択させたい。

準備物

・黒板掲示用カード 💿 収録【2下_05_01】
・画用紙

③りゆうは，△△だからです。	②どうして，○○にきめたのですか。	①ぼく（わたし）のわだいは，○○にきめました。

3 話し合う　相談する話題を話し合う。

「では，グループで話し合って話題を決めましょう。みんなで話し合って，解決できそうな話題を選ぶのでしたね。」
　一人1つ以上の話題を決める。グループでそれぞれ相談したい話題を紹介し合いながら，自分の話題を決める。

話題を決めるときは，このような順番で話し合いを進めましょう。①ぼく（わたし）の話題は，○○に決めました　②どうして，○○に決めたのですか　③理由は，△△だからです。

黒板にカードを掲示

僕の話題は，弟の誕生日に何をプレゼントするかです。

どうして，その話題に決めたのですか。

弟は，欲しいものがたくさんあって，決められないからです。

「決めた話題を，一人ずつ画用紙に書きましょう。」
　書いた画用紙を黒板に掲示する。

4 考える　相談する話題を決め，次にどのような話し合いをするか考える。

話題を，決めることはできましたか。決めた話題を画用紙に書いて，黒板に貼りましょう。

グループで話し合いをしたら，解決できそうな話題を選べました。

私は，図書館で借りる本は何がいいかにしました。

みんなの相談を，どうやって解決していこうかな。

他の人の考えも，いろいろ聞こう。

「話題が決まったら，次は何をするのでしたか。」
　教科書P34を読む。
・話し合いの仕方を確かめます。
・話し合いの仕方って，どんなことだろう。
・順番かな？　ルールかな？

「次の時間は，良い話し合いにするために，どのようなことをすればよいか，考えましょう。」

そうだんに のってください

第 4,5 時 (4,5/8)

本時の目標
話をつなげるために，話し合いのしかたを理解することができる。

授業のポイント
「みんなが気持ちよく話せるように」を意識しながら取り組む。まず，話し合いの仕方を確かめ，どんなことに気をつけたら良いかを話し合う。

本時の評価
話をつなげるために，話し合いのしかたを理解している。

〈対話〉自分の気持ちだけでなく，友達の気持ちを想像させることで，より良い話し合いにつなげます。

板書例

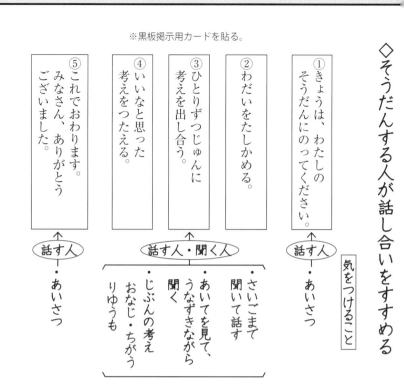

◇そうだんする人が話し合いをすすめる

※黒板掲示用カードを貼る。

気をつけること

① きょうは、わたしの そうだんにのって ください。
→ 話す人
・あいさつ

② わだいを たしかめる。

③ ひとりずつじゅんに 考えを出し合う。
④ あいてを見て、 うなずきながら 聞く
・さいごまで 聞いて話す
→ 話す人・聞く人
・じぶんの考え おなじ・ちがう りゆうも

④ いいなと思った 考えをつたえる。

⑤ これでおわります。 みなさん、ありがとう ございました。
→ 話す人
・あいさつ

---

1 めあてをとらえる 話し合いのしかたを考えるというめあてをとらえる。

「前の時間に，相談するのによい話題を決めました。」
・早く相談したい。
・私の悩みは解決するのかな。

相談の前に，みなさんが考えた話題をふり返りましょう。

前時で書いた，話題の画用紙を掲示する。

私は，九九をもっと早く言えるようになりたいです。

弟の誕生日に，何をプレゼントするかです。

図書館で借りる本を探しています。

お姉さんとよくけんかします。仲直りのよい方法が知りたい。

「では，この話題を話し合うために，今日は話し合いの仕方を確かめます。みんなが気持ちよく話し合いを進めるために，どのようにすればよいか考えていきましょう。」めあて

2 確かめる 話し合いの仕方を確かめる。

どのように話し合いを進めていけばよいのか，教科書35ページの『2 話し合いの仕方を確かめよう。』を読みましょう。

相談する人が，話し合いを進めます。

① 「今日は，私の相談にのってください。」と言っています。

まず，相談する話題を伝えています。

②話題を確かめています。

「『困っているので，相談にのってください。話題は○○です。』という言い方でもよいですよ。次は，何をするのですか。」
・③一人ずつ，順番に考えを出し合います。
・それから，④いいなと思ったことを伝えます。

「最後に，終わりのあいさつもすると良いですね。⑤『これで終わります。みなさん，ありがとうございました。』」

めあて：

※第1時に書いた話題のカードを掲示する。

そうだんにのってください

そうだんするわだい

みんなが　気もちよく　話し合い

⊕ 話し合いのしかたをたしかめよう

主体的・対話的で深い学び

・「話し合い」を楽しい，またやりたいと感じることができるような学習にするために，児童自らが「みんなが気持ちよく話せるように」するには，どうしたら良いかとを考え，話し合うことが大切である。「話し合い」の順序は，教科書を音読したり，教師の話を聞いたりすることで，児童にしっかりと理解させたい。クラスの実態によっては，CDを聞かせたり，動画を見せたりすることも考えられる。「話し合い」の様子を理解することで，みんなが気持ちよい，より良い話し合いの様子がイメージしやすく，主体的な学びにつながりやすくなる。

準備物

・指導書付録 CD
・黒板掲示用カード
💿 収録【2下_05_02】

①きょうは，わたしのそうだんにのってください。
②わだいをたしかめる。
③ひとりずつじゅんに考えを出し合う。
④いいなと思った考えをつたえる。
⑤これでおわります。みなさん，ありがとうございました。

---

3 聞く 話し合う　良い話し合いへ向けて，気を付けることを話し合う。

「話し合いの仕方は，確かめられました。相談する人だけが，気持ちよく話せればよいのでしょうか。」
・聞く人も，気持ちよく話し合いをしたいです。
　指導書付録 CD やデジタル教科書の話し合いを聞き，どんなことに注意して話せばよいか考えさせてもよい。

みんなが気持ちよく，より良い話し合いにするために，聞く人は，どんなことに気を付けたらよいか考えましょう。

相談する人の話を，最後まで聞いてから話します。

自分の考えが，同じか違うかを話します。理由も。

友達に相談した時，うなずきながら聞いてもらったら，うれしかったから，グループの話し合いでも，そうするといいと思います。

　第1時で，友達にどんな風に相談を聞いてもらったらうれしかったかを話し合っている。意見が出にくい場合は，ふり返るよう教師から助言する。

---

4 ふり返る　本時をふり返り，次時の見通しをもつ。

ほかにも，気を付けたいことがあれば発表しましょう。相談する人が，気を付けることでもいいですよ。

最初と最後の挨拶を，きちんとしようと思います。

相談するときは，スムーズに話せるように練習しておこうと思います。

聞くときは，相談する人の話だけではなく，グループの人の話も最後まで聞きます。

「よい話し合いにするために，たくさんの意見が出ましたね。次の時間から，みなさんが考えた話題をグループで話し合います。」
・ちゃんと相談を解決できるかな。
・友達と力を合わせて頑張ろう。
・どんな風に答えたらいいか，考えておこう。

そうだんにのってください　71

そうだんに のってください

第 6,7 時 (6,7/8)

本時の目標

相談に関心をもち，自分の考えを話すことで話をつなげることができる。

授業のポイント

話し合いを実際に行うことで，話し合いに慣れるようにする。良かったことだけでなく，困ったことも話し合うことで，より良い話し合いに近づける。

本時の評価

自分の考えを話し，話をつなげることができている。友達の考えとの相違を受け止め，話し合いの良さを実感している。

板書例

〈話し合い〉良かったことだけでなく，困ったことも出し合うことで，話し合いの改善を図ります。

◇話し合いがおわって…

よかったこと・がんばったこと
・さいごまで聞いてくれた
・うなずきながら聞いてくれた
・しんけんに話し合った
・同じ考えだとつたえた
・ちがう考えもよかった

こまったこと
・話し合いが，と中でとまった
・話し合いが分かりにくかった
・わだいが分かりにくかった
・話を聞いてくれないときがあった

どうする？
・聞いたことをかくにん
・分かりやすく話せるようにれんしゅう
・分からないときはしつもん

※児童の発言を板書する。

---

1 めあてをとらえる ― 考えを出し合い，話をつなげるというめあてをとらえる。

「前の時間で，話し合いの仕方を確かめました。どんな順番だったか，ふり返りましょう。」
・相談する人が，話し合いを進めます。
・話題を確かめます。

「話し合いで，気を付けることがあります。教科書38ページの『たいせつ』を読んで確かめましょう。」
・話し合いたいこと（話題）は何か。　など音読。

この他にも，前の時間に気を付けることを出し合いましたね。（ふり返り）話し合いで，特に頑張りたいことを，1つ決めましょう。

ぼくは，相談を最後まで聞いて話すことを頑張ります。

私は，うなずきながら聞くこと。

自分の考えを，理由も一緒に話せるように頑張りたい。

「頑張ることが，決まりました。今日のめあては，話し合って考えを出し合おうです。」相談内容を解決することが，目的ではない。

---

2 話し合う ― 話し合いを行い，考えを出し合う。

「では，グループに分かれて，話し合います。相談は，一人につき5分くらいにしましょう。解決しなくてもよいですよ。」
・今日は，私の相談にのってください。私は，逆上がりがうまくできません。
　3～4人のグループで話し合う。人数は少なすぎても多すぎても，話し合いが進まない。全員が1回相談できたら，終了する。2時の設定なので，1時目に相談する人，2時目に相談する人と事前に分けておいてもよい。

話し合いが早く終わったグループは，話し合いで『よかったこと』を話し合ってみましょう。

グループのみんなが，最後まで相談を聞いてくれました。

うなずきながら聞いてくれたので，安心して話せました。

岩田さんの相談は，ゆっくり話してくれたので，わかりやすかったです。

そうだんにのってください

め
　話し合って考えを出し合おう

◇話し合いで気をつけること
・話し合いたいこと（わだい）は何か。
・友だちの考え
　よいところ
　じぶんの考えと同じところ ──┐
　　　　　　　　　　ちがうところ ──┤
　　　　　　　　　　　　　　　　　　つたえる
・さいごまで聞いて話す
・あいてを見て、
　うなずきながら聞く

主体的・対話的で深い学び

・実際に話し合い，話し合いのよさを実感する時間である。話し合いの楽しさを実感させることが，今後の児童の話し合いを充実させることにつながる。故に，話し手が気持ちよく話すことができるだけでなく，聞き手も気持ちよく過ごせるようしたい。
・そのため，皆で実際の話し合いを振り返る際，「良かったこと」だけでなく，「困ったこと」も考え，話し合うようにする。このような技能的な面も大切だが，「良いこと」も「悪いこと」も，意見をきちんと言え，皆で話し合える学級にすることも視野に入れて取り組みたい。

準備物

3 話し合う　より良い話し合いにするために，困ったことを話し合う。

話し合いが，終わりました。これから，もっと良い話し合いをするための話し合いをします。話し合いをしていて『困ったこと』はありませんか？

自分の考えの，理由を言うのが難しかったです。

誰も，話を聞いてくれないことがありました。

相談の内容が，分かりにくかったです。

話し合いが，途中で止まってしまうことがありました。

「話し合いでは，きちんと人の話を聞かなければいけませんね。ほかに，困ったことがあった時は，どうすればよいでしょうか。」
・相談の内容が分からないときは，質問すれば説明してもらえました。
・もっと分かりやすく話せるように，練習します。
・話し合いが途中で止まったときは，聞いたことを繰り返し確認しました。

4 ふり返る発表する　話し合いをふり返り，頑張ったことやよかったことを発表する。

自分や友達が頑張っていたことを，発表しましょう。

うなずきながら，聞くことができました。

みんな真剣に話し合っていて，よかったです。

話し合いが止まったとき，話を聞き返しました。

「同じ考えだ」ということを，伝えられました。

・「いい考えだね」と言ってもらえました。
・福田君とはちがう考えだったけど，考えの理由を聞いて，その考えもよいと思いました。
　同じ考えだけではなく，違う考えにも良いところがある，と受け止められる話し合いにしたい。

「次回の話し合いで，自分が頑張りたいと思うことを考えましょう。」第6時の終わりに。第7時はオープンエンドでよい。

そうだんに のってください

第 8 時 (8/8)

本時の目標
話し合ってよかったことやできるようになったことを振り返って，これからの学習にいかそうとすることができる。

授業のポイント
単元全体を振り返りながら，自分やみんなが「できるようになったこと」を話し合う。最後に，他教科や自分の生活にどのように生かすのか考える。

本時の評価
話し合いのよさやできるようになったことを振り返り，これからにいかそうとしている。

板書例

〈振り返る〉学習したことを他教科や生活に生かせるように，どのような時に生かしたら良いかを

・じぶんの考えと
同じところ
ちがうところ } りゆう → つたえられた

◇まねしたいよいところ
・りゆうがわかりやすかった
・メモをとっていた
・

これからもつかおう！

話し合いて気をつけること
・話し合いたいこと（わだい）は何かきめる
・友だちの考え
よいところ
じぶんの考えと同じところ
ちがうところ } りゆう → つたえる
・さいごまで聞いて話す
・あいてを見て、うなずきながら聞く

※模造紙などに書いて教室に掲示しておくとよい。

---

1 発表する　相談した後，どうすることにしたのか，考えを発表する。

「前の時間で，話し合いが終わりました。自分の相談について，どうすることに決めたのか，グループで報告し合いましょう。解決していなくても良いですよ。」
　まず，グループで報告し合う。その後，全体で。

では，今度はみんなに，どうすることに決めたか発表してください。

逆上がりを，グループみんなで練習することになりました。

弟の誕生日プレゼントは，弟の好きなものを聞いて，家族とも相談することにしました。

「考えがまとまっていない人は，話し合いでうれしかったことを発表しましょう。」
・お姉さんとはまだけんかをたくさんするけど，仲良しだねって言ってもらえてうれしかったです。

---

2 考える　話し合いを終えて，できるようになったことを考える。

話し合いの学習をして，できるようになったことや分かったことを，ノートに書きましょう。

自分の考えの理由を，きちんと言えるようになったよ。

前よりも，自分の考えをすすんで言えるようになった。

　できるようになったことは，児童自身に判断させたい。どのようなことを書けばよいかわからない児童には，第4～7時で学習した「気を付けること」ができたかどうか，ふり返らせる。書く前に，グループで，少し話し合わせてもよい。個別の指導もする。

「先生は，相手を見て，うなずきながら話を聞いている人が多くて，よかったなと思いました。」
　教師からも，できるようになったことを紹介する。

74

話し合いましょう。

そうだんにのってください

め できるようになったことを話し合おう

◇そうだんしたことは？
　　　　　　　↖
　　　　　グループでほうこく

・じぶんの考えをすすんで言えるようになった
・うなずきながら聞けた
・分からないことを聞きかえした

※児童の発言を板書する。

・この単元で学習したら終わりではなく，他教科や日常生活で意識して使えるようになりたい学習内容である。そのため，「できるようになった」ことだけでなく，「もっとより良くするために，何をがんばりたいか」を意識して話し合わせたい。「できるようになったこと」や「もっとがんばりたいこと」などは，画用紙などに書いておき，常に掲示しておく。そうすることで，学習したことを意識して話し合いができ，自然とは話し合いの技能が身につき，他教科での主体的・対話的な学びの土台となる。

準備物

3 対話する　できるようになったことを，グループで伝え合う。

では，同じグループの人と，できるようになったことを伝え合いましょう。

めあて

わからなかったことは，繰り返し聞いて，話し合いを進められました。

自分の考えと同じところ，違うところを伝えることができた。

最後まで話を聞いてから，自分の意見を言うことができたよ。

「また，友達の話し方や聞き方で，まねをしてみた，してみたいと思ったところはありますか。」
・山内さんは，理由をわかりやすく話していました。僕も，まねしようと思いました。
・福島さんは，話し合いの時にメモを取っていました。私もまねをして，メモを取るようにすると，話し合いがわかりやすかったです。

4 ふり返る　学習全体をふり返り，生活に生かせるように意欲づける。

「この学習を通してできるようになったことは，別のことにも生かせるでしょうか？」
・家族と相談するときに，生かせると思います。
・最後まで話を聞くことは，算数や生活の時間にも役に立ちそう。
・グループでの話し合いをする時は，学習したことを忘れないようにしたい。

そうですね。友達と相談する時も，これまでの学習を生かすとよさそうです。話し合いで気を付けることを，ふり返って，まとめましょう。

話したいこと（話題）は何か，決める。

友達の考えの，よいところや，自分の考えと同じところ，違うところを伝える。

　　など，学習で身に付けたことを模造紙などに書いて，教室に掲示しておくとよい。

馬のおもちゃの作り方　おもちゃの作り方をせつめいしよう

全授業時間 14 時間

◉ 指導目標 ◉

・共通，相違，事柄の順序など，情報と情報の関係について理解する。
・事柄の順序に沿って，簡単な構成を考えることができる。
・事柄の順序などを考えながら，内容の大体を捉えることができる。

◉ 指導にあたって ◉

①　教材について

　　私たちが読むものには，物語や説明文だけでなく，くらしの中で必要に迫られて読む文章もあります。家電の説明書や料理のレシピ，また「○○の組み立て方」などの文章で，いずれも材料や手順を正しく読みとることが求められます。調理なら，レシピが正しく読めていないと，出来上がった料理も不完全なものになるからです。

　　『馬のおもちゃの作り方』も，そのような実用と結びついた説明的文章で，読みながら実際に『馬のおもちゃ』を作り，併せて文章の組み立てや説明のしかたを学びます。そして，この学習を生かして，自分が紹介したい『おもちゃの作り方』を説明する文章を書きます。それが『おもちゃの作り方をせつめいしよう』という学習です。

　　実用的な説明書は，何よりも分かりやすさが求められます。また，必要なことが抜け落ちていないことも大切です。そのため，これらの文章には一定の形（形式）があり，①『材料と使う道具』，②『手順』，③『使い方（留意点）』に分けて（他『前書き』等もある）書かれています。そして，作る手順は順を追って（ふつう番号が付されている）説明され，図や写真も添えられていますが，このような文章の特徴と形式，工夫に気づかせます。ただ，児童には読みとりにくい文もあり，写真も参考にさせます。

　　図工の学習ではありません。どんな材料をどんな順に加工していけばよいのかという手順と作業内容は，『文章から』読みとるという本筋を外さないようにします。

②　主体的・対話的で深い学びのために

　　このように『読む』と『書く』の２つの窓口からの学びを示したものが，『せつめいのしかたに気をつけて読み，それを生かして書こう』という標題（めあて）です。つまり，『読む』は入力，それを生かした『書く』は出力と考えると，『学んだ知識は，使ってこそ本物になる』のであり，そこに主体的な学びが生まれます。また，児童はふつう何かを作ることが大好きです。その点，『おもちゃを作ることを目標に文章を読む』という活動は，児童も意欲的，主体的に取り組めるでしょう。また，それぞれが書いた『おもちゃの作り方』を友だちと読み合うのは，対話的な学習と言えます。

◉ 評価規準 ◉

知識 及び 技能	共通，相違，事柄の順序など，情報と情報の関係について理解している。
思考力，判断力，表現力等	「書くこと」において，事柄の順序に沿って簡単な構成を考えている。 「読むこと」において，事柄の順序などを考えながら内容の大体を捉えている。
主体的に学習に取り組む態度	事柄の順序に沿って，粘り強く構成を考え，学習課題に沿っておもちゃの作り方を説明する文章を書こうとしている。

◉ 学習指導計画 　全14時間 ◉

次	時	学習活動	指導上の留意点
1	1	・『馬のおもちゃの作り方』での学習のめあてをとらえて全文を読み，学習計画を聞く。	・めあては，『分かりやすい説明のしかた，工夫を見つける』ことになる。
2	2・3	・『馬のおもちゃの作り方』を読みながら，『馬のおもちゃ』を作り，気をつけて読んだところ，分かりやすいところに印をする。	・『作り方』の手順に，番号をつけさせる。 ・特に，『作り方』では，文章と図を照合して読みとることの大切さに気づかせる。
	4・5	・『作り方』の項目を中心に，分かりやすい説明のしかた，工夫について話し合う。 ・作る『順序』の書き方などを話し合う。	・『順序を表す言葉を使う』『長さや数を数字で表す』『写真（図）で補う』ことなど，説明する文章の基本に気づかせる。
	6	・全文を読み返し，全体の『組み立て（構成）』を見直し，分かりやすい構成，書き方になっていることを話し合う。	・説明書の書き方として，『前書き（はじめに）』，『作り方』など，4（3）つのまとまりで書かれていることに気づかせる。
3	7・8	・『馬のおもちゃの作り方』にならって，『○○の作り方』の説明を書くおもちゃを決める。学習の進め方を知り，見通しを持つ。	・説明をするおもちゃは，図工や生活科などで，みんなで作ったものから選ばせる。 ・まず『材料と道具』を書かせる。
	9	・文例の『けん玉の作り方』を読み，分かりやすい説明のしかた，書き方を考える。	・4つのまとまりで書くことや，順序を表す言葉を使った書き方に気づかせる。
	10・11	・4つのまとまり（構成）と，作り方の順序を考えて，『作り方』の説明（の下書き）を書く。	・4つの項目のうち，『作り方』も，4つくらいの順序で書けるよう，考えさせる。
	12・13	・前時に書いた『○○の作り方』を読み返し，修正する。正しく書き直して仕上げる。 ・書いた文章を読み直す。	・順序は分かりやすいか，絵と文は合っているか，言葉は分かりやすいかを観点にして見直させる。個別指導もする。
	14	・書いた『作り方』の説明を友だちと読み合い，説明の工夫を伝え合い，まとめをする。	・順序，言葉，図と文などの分かりやすさについて伝え合い，学習をふり返る。

DVD 収録（黒板掲示用カード，児童用ワークシート見本）※本書 P85, 91「準備物」欄に掲載しています。

馬のおもちゃの作り方
第 1 時 （1/14）

本時の目標
「せつめいのしかたに気をつける」というめあてをとらえるとともに、『馬のおもちゃ』を作ることに関心を持つ。

授業のポイント
『馬のおもちゃ』に関心を持たせ、まずは「作ってみたい」「そのために読んでみたい」という気持ちを引き出す。

本時の評価
「せつめいのしかたに気をつける」というめあてをとらえ、『馬のおもちゃ』を作ることに関心を持っている。

〈導入〉次時から、『馬のおもちゃづくり』に入ることも伝えます。使う『材料と道具』の実物をこの

板書例

② それを 生かして 「おもちゃの作り方」のせつめいを書く。
　　　　　　わかりやすく

〈学しゅうのながれ ─けいかく─〉

(1) 「馬のおもちゃ」を知る。　読む。
　学しゅうのめあてを知る。　　今日

(2) 「馬のおもちゃの作り方」を読んで作る。
　わかりやすいせつめいのしかた　くふう
　を見つける

(3) 「〇〇の作り方」のせつめいを書く
　・おもちゃをきめる　　読みあう
　・書き方をしらべ考える
　・書いて読みあう

---

1 導入・話し合う　「馬のおもちゃの作り方」という学習について話し合う。

（黒板に題『馬のおもちゃの作り方』と書き）
「これが、これから学習する文章の題名です。」
　・『馬のおもちゃ』って、どんなのだろうな。

> これから読むのは、『馬のおもちゃの作り方』を説明した文章です。これを読んで『馬のおもちゃ』を作ります。
>
> わあ、楽しそう！
>
> 本当に作るのですか。
>
> ぼくにも作れるかなあ。

「教科書39ページを見てみると、『馬のおもちゃ』の写真が出ています。どのように作るのでしょうね。もうひとつは、『かまきりのおもちゃ』ですね。」
「今まで『おもちゃ』を作ったことは、ありますか。」
　・図工で、『紙の箱のトロッコ』を作りました。
　・生活科で、『かえるのぴょん』も作りました。

2 読む・調べる　教科書を見て、学習すること（めあて）を調べる。

「この『馬のおもちゃの作り方』では、どんなことを勉強するのでしょうか。39ページのはじめの4行を読んでみましょう。」（斉読）
　・『わかりやすいせつめいのしかたを　見つけましょう。』と、書いてあります。
　・そのあとに、『おもちゃの作り方を書きましょう。』と、書いてあります。
　・2つのことを、勉強するみたいです。

> 44ページの『がくしゅう』の『見通しをもとう』も読んでみましょう。
>
> せつめいのしかたに気をつけて読み、それをいかして書こう。
>
> 「馬の…」から、せつめいの工夫を…
>
> 見つけた…せつめい書を書きましょう。

時間に見せて，心づもりをさせ期待を持たせます。

馬のおもちゃの作り方

おもちゃの作り方をせつめいしよう

◇これまでに作ったおもちゃは？
ずこうで　生かって…

〈これから学習すること・めあて〉は？

○「馬のおもちゃの作り方」を読んで
（馬のおもちゃも作る）

① わかりやすいせつめいのしかたを考える。
せつめいのくふうを見つける。

※馬のおもちゃの図を貼る。

🔍 主体的・対話的で深い学び

・主体的な学びは，児童の関心や意欲と関わっている。児童が学びたいと思っていることなら，当然その学びも主体的なものになる。『馬のおもちゃの作り方』なら，児童の思いは『馬のおもちゃを作りたい』『どうやって作るのか知りたい』ということであり，そのために読むことが，児童のめあてになる。

・一方，指導者としては『せつめいのしかた』というめあてに目を向けさせたい。その点，まずは児童の思いをふまえた上で，指導したいめあてに導いていくようにする。

準備物

・（あれば）できあがった『馬のおもちゃ』『かまきりのおもちゃ』
・『馬のおもちゃ』づくりのための材料と道具の実物。『空き箱』は何の空き箱なのか実物を見せる。

---

3 話し合う　学習のめあてを確かめ合う。

ここで，何を勉強するのかが分かりましたね。2つありました。どんなことでしたか。

1つは『馬のおもちゃの作り方』を読んで，わかりやすい説明のしかた，工夫をみつけることです。

もうひとつは，今度は，私たちが『おもちゃの作り方』の説明書を，書くことです。

難しそうだけど，書けるかなあ。

「まとめると，『せつめいのしかたに　気をつけて読み，それをいかして書こう。』という大きなめあてになります。」

「まず，この『馬のおもちゃの作り方』を読んで，わかりやすく説明してあるところはどこかを，見つけるのです。読む人が，間違いなく作れるように，失敗しないように，どんな書き方がしてあるのか，工夫があるのかを見つけていきましょう。」
　　と，めあてを具体化して，教師がうまく説明で補う。

---

4 読む　『馬のおもちゃ』を知り，『馬のおもちゃの作り方』の文章を読む。

　　2つ目の『説明書を書く』というめあてについては，数時間先のことなのでまだ描きにくい。ここでは簡単に済ませる。
「では，『馬のおもちゃ』とはどんなもので，どうやって作るのか，読んでみましょう。まず40ページ。」
「『馬のおもちゃ』のことで，分かったことは？」
　・空き箱で作るみたいです。何の空き箱かな。
　・楽しい動きもするおもちゃです。実物を見せるとよい

「そのあとに書いてあるのは，どんなことですか。」
　・『ざいりょうとどうぐ』です。いるものかな？
「これが大事です。次の時間持ってきます。」
　　みんなで読んで確かめ，箱も見せ，準備の心構えをさせる。

次に，『作り方』を読んでみましょう。『これなら作れるぞ』と，思えるといいですね。

まず，馬の体や，あしになる部品を…

馬のおもちゃの作り方

第 2,3 時 (2,3/14)

本時の目標

『馬のおもちゃの作り方』の文章と写真から『作り方』の手順を読みとり，馬のおもちゃを作ることができる。

授業のポイント

まずは『間違えずに作る』ことをめあてにさせ，そのために大事なことを読み落とさないよう励ます。必要に応じて助言もする。

本時の評価

『作り方』の文章に書かれている手順を読みとり，馬のおもちゃを作ることができている。

〈準備〉馬のおもちゃづくりで使う『空き箱』は，『クラスの人数分＋α』を本時までに集めておきます。

板書例

◇かんそう

◇文しょうを読みながら
しゃしんも見ながら　作ってみよう

　気をつけて読んだところ
　読みかえしたところ
　わかりやすいところ　　＝だいじなところ　　線をひく

←しあげ	←顔を	←あしを	←馬の体を	
⑥	⑤		③	②

⑥ これで… てき上がりです。たてがみやしっぽを

⑤ 「さいごに」、顔を…目やはな

④ 「それから」、馬のあしを

③ のこったもう一つは…せなかに

② 「つぎに」、馬の体を…おなか　首

---

1 めあて　本時のめあてをとらえ，準備物を確かめ合う。

『本時は何をするのか』という，めあてをまず確かめ合う。

> 今日は、『馬のおもちゃの作り方』の文章を読みながら、『馬のおもちゃ』を作ります。（本時のめあて）この文章にはどんなことが書いてありますか。

> 『材料と道具』です。もう準備ができています。ぼくにも作れるかなあ。

> 『作り方』と『楽しみ方』も書かれています。

「まず，『材料と道具』を読んで確かめましょう。」

・（声をそろえて）空き箱，色画用紙，ものさし…
　　『材料と道具』は，作る前に必ず読んでおかなければならない箇所であることを，児童とも話し合っておく。

「では，ものさし，はさみ，のり，ホチキス，この４つを机の上に並べて，隣どうしで確かめましょう。」

　　空き箱は，何の空き箱かわからないので説明が必要。色画用紙の色や大きさも書かれていないので，教師が準備する。

---

2 読む 作る　『作り方』を読み、初めの写真と文とを照合して部品を作る。

「いよいよ作ります。まず，みんなで『作り方』の文章を読んでみましょう。」（全文音読）

> 『作り方』の説明には，写真も使われていますね。それぞれ何をしているところの写真でしょう？まず，１枚目の写真は何の説明でしょうか。

> 空き箱を、切って作った部品の写真です。

> 空き箱から部品を作ったところ。わかりやすい。

「この写真の説明をしている文章は，どこか分かりますか。そこを読んでみましょう。」P41 の５行を音読。

「説明の１つ目として，文と写真に，①と書きます。」

「では，ここまでの説明と写真を①として，まず『馬のおもちゃ』の部品を作ってみましょう。」

・『４センチメートル…の太さ』ってどう切るのかな。
　　文を読み取りにくい児童もいるので，はじめは一斉に作る。

残しておくよう，呼びかけておくのもよいでしょう。

馬のおもちゃの作り方
みやもと　えつよし

め　文しょうを読んで，馬のおもちゃを作ろう。
気をつけて読むところを見つけよう

(1)〈ざいりょう　と　どうぐ〉＝いるものを
　　　　　　　　　　　　　　　たしかめよう

(2)〈作り方〉
　　作るじゅんじょを
　　文しょうとしゃしんから
　　文しょうとしゃしんから

←ぶひんを

①
※

「まず」，…ぶひんを作ります。
（馬の体　馬のあし）

※教科書の図のコピーをはる。

主体的・対話的で深い学び

・文章から作る手順を読みとるのは，案外難しい。順序に沿って，どこがどう出来ていくのかを，頭の中で描かなければならないからである。また，『横向きに』や『たてにして』という言葉だけでは，どう置くのかがイメージできず，読みとれない児童もいよう。その際，助けになるのが図や写真であり，このような説明文には欠かせない。そして，児童から『教えて』の声が上がっても，ヒントになる写真や文を示唆するにとどめ，自力で作り上げた気持ちにさせることが大切である。

準備物

・材料道具と，各工程の写真のコピー（黒板に貼る）　7枚
・空き箱は児童各自に準備させておくか，クラスで人数分集めておくかする。なお，教科書にははっきりとは書かれていないが，レトルトカレーなどの空き箱だということは教えておく。
・色画用紙は，色，大きさを考えて教師が準備しておく。
・ホチキスなども，同じものを学校でそろえておく方が指導しやすい。

---

3 読む・作る　文章と写真を合わせて読み，手順どおりにおもちゃ作りを進める。

　わかりにくく説明の必要な所もある。『4センチメートルの太さ』とは，4センチ幅に切ることだと教え，切る前に箱に鉛筆で線を引かせ，線に沿って切るよう助言する。
「これで，みんな，説明①の部品ができましたね。」

このように，文と写真を合わせて見て（読んで）いくと，作り方が分かるのです。では，2つ目の写真を説明している文章はどこか，読んで②の番号をつけましょう。

馬のおなかと首を作っている写真だから…②の説明は，P42の6行目までだと思います。

　文章だけでは作業内容や手順が読み取れず，作ることは難しい。写真と合わせ読むことで，文の意味も理解できる。そのためにも，文と写真（図）を照合させて読む大切さに気づかせる。

「3つ目の写真（③）のことが書いてある文章も読んで，『おもちゃづくり』を続けましょう。」

---

4 読む・考える　読みながら，文章の大事なところを考え，線を引く。

　『作り方』の写真と文は，⑥（⑤）まである。①②…⑥と番号をつけ，その順序に沿って作っていくよう助言する。

気をつけて読んだところや，わかりやすいところ，何度も読み返したところは，大事なところですね。作りながら，そこに線を引いておきましょう。

『あしの長さは12センチ』は，大事だな。

写真を見ると，部品の重ね方がよく分かった。

・ホチキスでとめるのは，何か所とめるのかな？
　文章には省かれているところや，読みとりにくいところもある。隣どうしでの相談や，教師の助言もとり入れさせる。
「ここを読んでごらん。書いてあるよ。」
「この写真の，○○のところを見るといいよ。」
　　などと，できるだけ自力での読みと解決を目指させる。

「でき上がったら見せ合いましょう。動きますか？」
「作った感想も書いておきましょう。」　発表し合う

馬のおもちゃの作り方
第 **4,5** 時（4,5/14）

本時の目標
『馬のおもちゃ』の『作り方』の記述をふり返り、わかりやすい説明のしかた、工夫に気づく。

授業のポイント
作ってみて初めて意味がわかる文や言葉もあり、説明の工夫を見つけるのは2年生には難しい。教師の導きも入れて気づかせる。

本時の評価
『作り方』の中で使われていたわかりやすい説明のしかた、工夫に気づき、まとめることができている。

〈板書〉教科書の写真を拡大コピーして貼ると、わかりやすくなります。

板書例

（3）
◇「作り方」の文しょうでは…
・こんなことばやしゃしんがあった

じゅんじょがわかるように
① まず、
② つぎに、
③ それから、
④ さいごに、
⑤ 〈もう一つは〉
⑥ これで、──でき上がり

（──体、──あし、──顔）

まとまりに分けて書く

〈分かりやすいせつめいのしかた〉
・まとまりごとに分けて
・じゅんじょがわかることば（ばんごうも）
　「まず」「つぎに」…
・しゃしん（ず）もつかって
・数字もつかって（長さ、本数）
・気をつけることも書いて…

---

1 振り返り 話し合う
おもちゃを作ったとき、気をつけて読んだところを振り返る。

「『作り方』を読んで、写真も見て、みんなが『馬のおもちゃ』を作ることができましたね。」（見せ合う）

『作り方』を読みながら作ったときに、気をつけて読んだところ、読み返したところは、ありましたか。

4センチとか、12センチとかの数字を間違えないように確かめました。

『おなかと首が重なったところ』とは、どこなのかがわからなかったので、読み返しました。

「グループ（隣どうし）でも、話し合ってみましょう。」
・ぼくは、『おなかと首が重なったところ』は、写真を見て、その場所が分かったよ。
・隣の林さんに聞くと、『ここよ』と教えてくれました。

　寸法など、共通して気をつけて読んだところ、線を引いたところ、写真を見て確かめた箇所について話し合う。

2 話し合う
『分かりやすかった』という説明の工夫について話し合う。

「この『作り方』の文章は、作る人が分かりやすいように、工夫して書かれているところがあります。」

読んでいて、『ここが分かりやすいな』と思った書き方は、どんなところだったでしょうか。

胴体と首を先に作り、後であしをつくるという作る順番が、よく分かりました。

『長さ』がきちんと書いてあったのでよく分かった。部品のつなぎ方は、写真を見ると分かりました。

「作る順番が順序よく書かれていたことや、写真が載っていたことも書き方の工夫と言えますね。」

「44ページ（下）を読みましょう。『説明の工夫』の見つけ方が書いてあります。3つのことが出ています。1つ目は何でしょう。」（斉読）
・『こんな順序で書いてあったから、分かりやすかった（ところ）』と、書いてあります。（あとの2つも読む）

馬のおもちゃの作り方
みやもと　えつよし

め　わかりやすいせつめいのしかた、くふうを　見つけよう

〈気をつけて　読んだところ〉は、〈読みかえしたところ〉…どこか

◇分かりやすくせつめいするためのくふうを見つけよう

(1) こんなじゅんじょで書いてあった
(2) こんなことが書いてあった

主体的・対話的で深い学び

・『馬のおもちゃを作りたい』，そのために読むというのは，児童の願いとも重なり，児童は『準備物』や『作り方』を真剣に，それこそ主体的に読みとろうとする。

・一方，単元のめあてでもある『説明の工夫を見つける』という学習内容は，児童の知りたいという願いとは重なりにくい面がある。こういう内容は教師が主導し，「こんな工夫がなされて，書かれているよ」と，目を向けさせるようにする。児童も改めて気づくことになり，それが深い学びになる。

準備物

・作った『馬のおもちゃ』
・教科書の写真の拡大コピー（黒板貼付用）

---

3 話し合う　『順序』がどう書かれていたのか，その工夫を振り返る。

次のような，説明の工夫を見つける3つの観点を確かめる。
（1）作り方の順序を，分かりやすく書いてあるところ
（2）作るときの助けになることを書いてあるところ
（3）適切な言葉や写真を使って書いてあるところ

「まず順序です。いくつに分けて書いてありましたか。①②…など，つけた番号を見直しましょう。」
・全部で6つです。文章と写真が合っていました。

『作り方』を6つ（または5つ）に分けて書いてあるところが『工夫』の1つ目ですね。このとき，作る順序を分かりやすくしている言葉は何でしょうか。

①は『まず』です。②つ目は，『つぎに』という言葉で作る順番が分かるように書いています。

『それから』とか『さいごに』も，『順番の言葉』です。

「『つぎに』のような『順番を表す言葉』を使っているのも，書き方の工夫ですね。」

---

4 まとめ　話し合う　見つけた『説明の工夫』をまとめる。

ここでは，『まず』や『つぎに』といった言葉で作る順序を表しているが，説明書では，ふつう①②…⑥などの番号もつけて手順が示される。板書で示してもよい。

①段落の書き方で，分かりやすい説明のしかたがされていることに気がついたでしょうか。

『まず，馬の体やあしになるぶひんを作ります。』と，何を作るのかを，『初めに』書いているので，分かりやすいと思いました。

②も同じで『何を作るのか』という大きな目的をまず書き，そのあと，細かな内容や手順を書いていくのも説明の基本形。児童には気づきにくいので，教師から教えるのもよい。

「では，①から⑥まで読み，3つの工夫を見つけて書き出しましょう。」　書く時間をとる。

「どんな工夫が見つかったのか，発表しましょう。」
『たいせつ（P45）』も読み，板書のようにまとめる。

本時の目標

全文を読み返し,『分かりやすい説明』には『組み立て（構成）』も大切であることを理解し,まとめることができる。

授業のポイント

『はじめに,ゴール』を示し,『項目に分けて』書くという説明書の基本の構成に気づかせる。他の説明書も見せると一般化できる。

本時の評価

全文の組み立て（構成）も,『分かりやすい説明のしかた』の一つになっていることを理解し,まとめることができている。

〈資料〉料理のレシピやプラモデルなどの作り方は,インターネットにも掲載されています。参考に

板書例

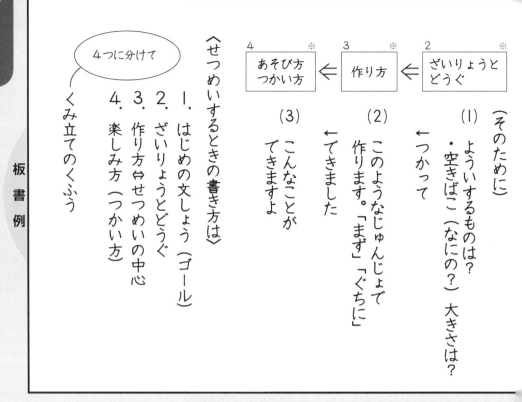

《せつめいするときの書き方は》

4つに分けて

1. はじめの文しょう（ゴール）
2. ざいりょうとどうぐ
3. 作り方 ⇔ せつめいの中心
4. 楽しみ方（つかい方）

くみ立てのくふう

※ ← ざいりょうとどうぐ 2	※ ← 作り方 3	※ あそび方つかい方 4

（1）
〈そのために〉
・よういするものは？
・空きばこ（なにの？）大きさは？

（2）
←つかって
このようなじゅんじょて作ります。「まず」「ぐちに」

（3）
←できました
こんなことができますよ

---

1 めあて 話し合う 『分かりやすい説明のしかた』を文章全体の組み立てから考える。

「『馬のおもちゃ』の楽しいところはどこかな？」
　・馬の形だけでなく,動かして遊べるところです。
「では,動かしてごらん。馬はうまく動きますか。」
　　それぞれ,馬を動かしてみて遊ぶ。
「文章にも,動かし方は書いてありましたか。」
　・終わりに『楽しみ方』として書いてありました。
「すると,この『楽しみ方』（使い方）も,『馬のおもちゃの説明』では大切なことですね。今日は文章全体からも,『わかりやすい説明のしかた』の工夫を調べていきましょう。」
　（本時のめあて）

『馬のおもちゃの作り方』の文章は,『作り方』だけが書いてあるのではありません。『作り方』の他に,どんなことが書いてありましたか。

『材料と道具』（準備物）も,書いてありました。

『材料と道具』（準備物）も,書いてありました。

40ページに,『はじめの文』もあります。

2 考える 話し合う いくつのまとまりに分けて書かれていたかを読み,話し合う。

「すると,いくつのことが,いくつのまとまりで書いてありましたか。」
　・4つのまとまり（項目）に分けて,書いてありました。
「その4つとは？　どんなことでしたか。」
　・1.はじめの文章（前書き）　　2.材料と道具
　・3.作り方　　4.楽しみ方,の4つです。
　　4つのまとまりで書かれていることを話し合い,確認。カードを貼る。そして,『はじめの文章（前書き）』をみんなで読む。

はじめに『作り方』ではなく,『はじめの文章』と写真が出ています。ここを読むと分かることは何でしょうか。また,どんな気持ちになるでしょうか。

これから作る『馬のおもちゃ』って,どんなものなのか,文と写真から思い浮かべられました。（目標を知らせる）

写真を見ると,作りたいなあと,思いました。（関心,興味を持たせる）

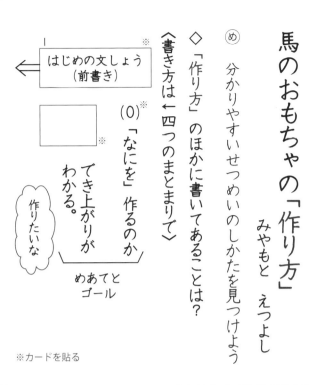

馬のおもちゃの「作り方」
みやもと えつよし

め 分かりやすいせつめいのしかたを見つけよう

◇「作り方」のほかに書いてあることは？
〈書き方は←四つのまとまりで〉
(0)※「なにを」作るのか
でき上がりがわかる。

作りたいな

めあてとゴール

はじめの文しょう（前書き）

※カードを貼る

主体的・対話的で深い学び

・説明書や仕様書は，だれもが間違えずに作業できるように，本時で学習したような一定の書式（形）で書かれている。まず，『はじめの文と図』で完成形が提示され，次に『準備物』，そして『作り方』の説明，最後に『使い方』や『留意点』が示される。

・この構成は，『〇〇の作り方』の他にも，身近なものでは料理本のレシピや『〇〇の飼い方・育て方』などでも使われている。教師からの語りかけや対話で，このようなくらしの中の説明書にも視野を広げさせることは，深い学びにつながる。

準備物

・児童が作った『馬のおもちゃ』
・『馬のおもちゃ』の写真コピー
・黒板貼付用カード **DVD** 収録【2下 _06_01 ～02】動かして順番を考えさせる。
・家電，家具，模型などの組立て，説明書または工作の本 ※『材料』『作り方』など，分けて書かれているもの。レシピも可。

はじめの文しょう（前書き）
ざいりょうとどうぐ

作り方
あそび方 つかい方

---

3 話し合う — 『はじめ』と『材料と道具』の文章の役割と順番を考える。

「『はじめの文章（前書き）』を読むと，めあて（どんな物を）とゴール（到達点）が分かるのですね。」
「では，そのつぎの『材料と道具』の文は，どんなことに役立ちますか。」
　・作る前に，ここだけ読めば準備する物が分かります。

 『はじめの文章（と，完成写真）』『材料と道具』『作り方』『楽しみ方』の順番で書かれていました。もし，最初に『作り方』が書いてあったら，どうでしょう？

（黒板のカードを入れ替えてみせる）

 できあがりも分からないし，作る物が分からない。

 作ろうとしても，準備ができていません。

「このように，作る人が作りやすいように，4つに分けて，順番も考えて書いてあったのですね。」
　・目標（何を）⇒ 準備 ⇒ 作る ⇒ 遊ぶ，の順番に書いてあるので，分かりやすいです。

---

4 まとめ 次時の予告 — 次時からこのような『説明書』を書くことを聞き，まとめをする。

「『説明のしかたの工夫』は，4つに分けて書くという文章の組み立てにもありましたね。」（まとめ）
「これは，『〇〇の組み立て方』の説明書です。（見せる）これも『作り方』だけでなく『準備』や『使い方』『注意』など，分けて書かれていますね。」
　他に，工作，料理，虫の飼い方などの本を見せてもよい。
「つぎの時間から，みなさんもこのような『おもちゃの作り方』の説明書を書きます。どんなおもちゃの作り方を書くのか，考えておきましょう。」（予告）

 『おもちゃの作り方』を書いていくために，『たいせつ』も見て，『説明の工夫』を振り返りましょう。

順番は，『はじめに』⇒『材料と道具』⇒『作り方』⇒『あそび方』の順に書きます。『作り方』でも順序が大切。

長さは，センチを使って書きます。

図や写真を使って説明すると，よく分かります。

などと，学んできた『説明の工夫』を振り返らせる。

馬のおもちゃの作り方　おもちゃの作り方をせつめいしよう　85

おもちゃの作り方をせつめいしよう

第 7,8 時 (7,8/14)

本時の目標

作り方を説明するおもちゃを決め，学習の見通しをとらえて『材料と道具』の下書きができる。

授業のポイント

書く『作り方』は，『説明しやすいかどうか』という視点でも助言し，選ばせるようにする。説明が難しいおもちゃは避けさせる。

本時の評価

作り方を説明するおもちゃを決め，学習の見通しを持ち『材料と道具』の下書きができている。

板書例

〈後半導入〉本時から，後半の『説明書を書く』学習に入ります。

←

・びゅんびゅんごま
・絵がとび出すカード
・トロッコ
・・・
※

② 分かりやすいせつめいのしかたを考えよう
「馬のおもちゃの作り方」から
・文しょうのくみ立ては？
・「作り方」のじゅんじょは？
・入れる絵やしゃしんは？

③ ← せつめいする文しょうを書く
（せつめいのくふうをつかって）

□ ← 友だちと読み合う

◇ せつめいするおもちゃをきめよう
「作り方」が四つくらいで書けるおもちゃ

※児童の発表したおもちゃを書く。

---

1 めあて 話し合う 『おもちゃの作り方の説明書を書く』というめあてをとらえる。

「予告していたように，今度はみなさんが『おもちゃの作り方』の説明書を書いていくのです。」（めあて）
　・はい。作り方を書く『おもちゃ』も決めています。
「教科書の 46 ページのおもちゃも見てみましょう。」

> 生活科や図工の時間に，どんなおもちゃを作ったのか，もう一度ふり返ってみましょう。

> どんぐりゴマ，ビュンビュンゴマ，いろんなコマを作りました。

> 車，トロッコ，ロケットなど，動くおもちゃも作りました。

「このような，これまでに作ったおもちゃの中から一つ選んで『おもちゃの作り方』を説明します。」
　これまで，みんなで作ったおもちゃを振り返る。そして，その中から選んで書くことを伝える。

2 聞く 話し合う 学習の進め方を聞き，見通しを持つ。

【参考】 －説明するおもちゃを選ぶには－

　児童は，好きなおもちゃ，興味のあるおもちゃに目が向きやすい。しかし，その中にはパーツや作業がいくつもあり，説明が複雑になるものもある。手順が多く，長くなりそうなものは避けた方がよい。また，コマのような簡単な物でも，作り方を説明するとなると，けっこう手順は多くなる。書くおもちゃの選定に当たっては，教師の目でも見て『2年生にとって書きやすいもの』という観点で，『おもちゃ』を限定してもよい。

　このように，書きやすさも考えると，目安は教科書の『けん玉』くらいのおもちゃとなる。児童任せにせず，児童が『作り方』を説明できるかどうかも考えて助言し，決めさせたい。

「いきなり『作り方』を書くことはできませんね。これからの『学習の進め方』をお話ししましょう。」
「まず初めにすることは？」（ここで，P46 下を読む。）
　・①の『説明するおもちゃを決める』ことです。
　　同様に，②，③，④，の流れもみんなで確かめ合う。（板書参照）

おもちゃの作り方をせつめい
しよう

〈これからのめあて〉は…
「○○のおもちゃの作り方」をせつめいする
文しょうを、分かりやすく書こう

〈今日は〉
め　作り方をせつめいするおもちゃ（○○）をきめる

「生かつ」
「ずこう」　て　〔これまでにみんなで作ったおもちゃ〕
＝　　　　　　から

〈学しゅうのすすめ方は？〉
① せつめいするおもちゃをきめる。（今日）

主体的・対話的で深い学び

・授業では，全体やグループで考え，話し合う場面が多い。一方，一対一の個別の指導や相談なども，学習形態の一つである。
・ここでも，どの『おもちゃの作り方の説明書』を書けばいいのか，書きやすいのか，児童も迷うところになる。そのとき『君なら，このおもちゃはどうか。それは…』などと，その児童に応じた助言ができるとよい。クラスの人数によっては時間もかかるが，教師と児童との一対一の対話は，児童にとっても教師にとっても，取り入れたい学びのひとつの形である。

準備物

・（あれば）これまでに作ったおもちゃの実物
・児童用ワークシート DVD 収録【2下_06_03】

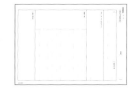

---

3 考える・書く　『作り方』を書きたいおもちゃを考え，決める。

「まず①です。説明するおもちゃを決めます。」
「これまで生活科や図工の時間に作った物から考えましょう。」 ここでも，実物を見せると効果的。

「だれに，教えたいかも考えましょう。」
　すでに『書くおもちゃ』を決めている児童もいるようが，説明の書きやすさも考えて再考させ，かえてもよいことを伝える。
・ぼくは，『ビュンビュンゴマ』の作り方。簡単そう。
　※書きやすさも考えて５種類ぐらいに限定し，提示してもよい。

これなら『作り方の説明書』が書けそうだ，というおもちゃはどれでしょうか。１つ選びましょう。『作り方』が，４つくらいで書けそうなものがいいですよ。

『ゴムロケットの作り方』がいいかな。作る順番が書きやすそうだし，飛ばして遊べるし。

個別に相談にも乗りながら，児童に応じて選定を助言する。

---

4 書く　『材料と道具』を書き出す。

「作り方を説明したいおもちゃをノート（ワークシート）に書いて，隣どうし見せ合いましょう。」
「『作り方』の説明を書くおもちゃが決まったら，まず，作るのに使う『材料と道具』は何かを考えてみましょう。そしてノート（ワークシート）に書き出しましょう。」
「書けたら，友だちと見せ合って，先生にも見せに来ましょう。」 一人ずつ，ノート（ワークシート）を持って来させる。

わたしは，『飛び出すカード』のおもちゃの説明を書きます。材料と道具は，これです。

これなら、作る順番も書きやすそうですね。材料の画用紙も『教科書くらい』と、大きさもかいておくといいですね。

　準備物（材料と道具）は，書いている本人は準備するのが当然と思っているので，抜け落ちるものがある。外からの目（教師の目）でも見て，助言する。また，ここで作らせてみてもよい。

おもちゃの作り方を せつめいしよう

第 9 時 （9/14）

本時の目標

『けん玉の作り方』を読み，分かりやすい説明のしかたに気づく。

授業のポイント

あれもこれも参考に…という指導はよくない。ここでは，『けん玉の作り方』の書き方にしぼって説明のしかたを読みとらせる。

本時の評価

『けん玉の作り方』を読み，分かりやすい説明のしかたに気づいている。

板書例

〈授業内容〉本時は，『けん玉の作り方』を読み，説明する文章を書くときの基本と具体的な工夫を

あそび方 （つかい方）	←	作り方	←	ざいりょうと どうぐ

※　　　　　　　　※　　　　　　　　※

毛糸　紙コップ　長さや　数も

①まず、
②つぎに、
③それから、
④（さいごに）、

じゅんじょを四つくらいのまとまりで

絵も

「二つの紙コップに…。」二つ（くらい）の文で

◇「馬の…」の書き方とくらべよう

書き方の同じところにたところは？

せつめいのくふうをつかって… ←

---

1 聞く・読む　本時のめあてを聞き，『けん玉の作り方』を読む。

「『作り方』を説明するおもちゃは決めていますか。」
と，説明するおもちゃ選んでいることを確かめる。

「今日は、②の『おもちゃの作り方』を分かりやすく説明する文章の書き方を考えます。」（本時のめあて）
・『馬のおもちゃ』のように，書くといいのかな。

ふじいあかねさんが書いた『けん玉の作り方』を説明した文章があります。（P48、49）この文章を読んで分かりやすく書けているところを見つけましょう。まず，先生が読んでみます。

ふつうの『けん玉』とは，違いました。

松ぼっくりと，紙コップを使います。

「もう一度，自分でも読んでみましょう。」
「みんなで読みましょう。」（斉読）

2 読む・話し合う　分かりやすく書けているところについて，話し合う。

「読んでみて，『これなら作れそう』と，思えましたか。よく分かったところを言ってください。」
・材料（の欄）を見ると，『まつぼっくり』を使うことが分かりました。こんなけん玉，初めてです。
・毛糸の止め方も，図を見るとよく分かりました。
・作り方も，大体分かりました。最後に『遊び方』も書いてあり，『馬のおもちゃの作り方』と同じです。

『けん玉の作り方』の文章を，『馬のおもちゃの作り方』の文章とも比べてみましょう。同じようなところは，ないでしょうか。

『作り方』も順番に書いてあるところが同じ。

『作り方』のところで，『まず』とか『つぎに』『それから』なんかの言葉を使っていて，順番が分かりやすい。

写真はないけれど，かわりに絵でも説明しています。

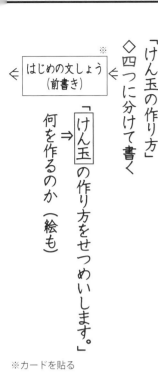

おもちゃの作り方をせつめいしよう

め「けん玉の作り方」を読んで、わかりやすいせつめいの書き方を考えよう
◇「馬のおもちゃの作り方」ともくらべよう

「けん玉の作り方」
◇四つに分けて書く

はじめの文しょう（前書き）
←

「けん玉」の作り方をせつめいします。
→ 何を作るのか（絵も）

※カードを貼る

主体的・対話的で深い学び

・国語科に限らず，何か法則的な決まりごとを教えるときには，2つ以上の材料から共通するきまりを引き出すようにする。

・ここでは，説明書の構成には，一つの形があることに気づかせたい。それには，『馬のおもちゃの作り方』だけでなく，『けん玉の作り方』の書き方も読むことによって，2つの文章に共通する『書き方の決まりごと』のようなものが，浮かび上がってくる。と同時に，「同じところは？」「違いは？」といった『対比』という見方考え方も培われ，これが深い学びとなっていく。

準備物

・構成を示す4枚のカード（第6時に使用のもの）

---

3 読む・話し合う　文章の構成を見て，4つに分けて書いてあることを話し合う。

「『馬のおもちゃの作り方』で勉強した『分かりやすい説明のしかた』が，ここでも使われていましたね。」

・おもちゃは違っても，書き方は同じみたいです。

『では，『けん玉の作り方』の文章の組み立ても見てみましょう。『馬のおもちゃの作り方』では，4つに分けて書いてありましたね。

『はじめ』（1行）と，『材料と道具』『作り方』『遊び方』の4つです。書き方は同じです。

黒板に見出しの4枚のカードを貼り，文章の構成を示す。

「この中の『作り方』は，何を作るところから，どんな順番で説明していましたか。」

・初めに，松ぼっくりの玉，その次に，球を受けるところ（Ⅲ）の作り方の順で書いてあります。

---

4 まとめ・次時の予告　4つの項目ごとに分かりやすい説明のしかたを見つけて話し合う。

「では，詳しく読んで行きましょう。最初の『はじめの文』では，何を書いていますか。」

・『まつぼっくりを使ったけん玉の作り方をせつめいします』と書いています。

「はじめに，『何の作り方を説明するのか』ということを知らせているのですね。これも工夫の一つです。」

『材料と道具』のところを読みましょう。分かりやすいな，と思ったところはありましたか。

毛糸の長さが『机の横…』と書いてあるのがいいです。

1つとか2つとか（必要な）数がちゃんと書いてある。

『作り方』も音読し，順番を表すつなぎ言葉を使う，絵（写真）も使う，気をつけることを書いておく，などの『工夫』をまとめる。『あそび方』の文についても話し合う。

「『説明のしかたの工夫』が見つかりました。これも使って，おもちゃの作り方を書いていきましょう。」

本時の目標

4つのまとまり（構成）や，作り方の順序を考えて，おもちゃの作り方の説明書（下書き）を書くことができる。

授業のポイント

書いてみると案外時間がかかる。その時間を確保する。『作り方』は，まず番号をつけさせて，手順のまとまりを意識させる。

本時の評価

4つのまとまり（構成）や，作り方の順序を考えて，おもちゃの作り方の説明書（下書き）を書くことができている。

〈時数〉個別の指導に時間をかけるなら，クラスの実情に応じて3時間扱いとしてもよいでしょう。

板書例

◇読みなおしてみよう

◇友だち、先生ともそうだんして

あそび方（つかい方）	←	作り方	←	ざいりょうとどうぐ

※ ※ ※

あそび方（つかい方）
「こんなことが　できますよ。」
「こんなふうに　つかいますよ。」

作り方
(3)（絵）をつかって
④ →
③ →
② →
① →
(2) 文しょうに
「さいごに」…
「それから」…
「つぎに」□□を
「まず」、〇〇を
(1) することにばんごうをつけて、

ざいりょうとどうぐ
・ざいりょう　と　・どうぐ
大きさ　長さ　数
〇〇センチメートル
〇〇〇くらいの大きさ
〇〇こ

（第10時）

1 めあて　4つのまとまりに分けて書くことを振り返り，『はじめ』の文を考える。

「これから，いよいよ『おもちゃの作り方』を説明する文章（下書き）を書いていきます。」（めあて）

おもちゃの作り方は，『馬のおもちゃの作り方』も『けん玉の作り方』も，4つのまとまりで書かれていましたね。そのうち，はじめに書くことは何でしたか。

『はじめの文章』でした。

何を作るのかを，はじめに書きます。はじめに，できあがりの絵もかきます。

　4つの項目のカードを黒板に貼っておくと，4つのまとまりを意識して書く内容を考えることができる。
「では，題『〇〇の作り方』と，名前を書きましょう。そして，『けん玉…』や『馬の…』の文章を見て（まねをして）『はじめの文章』を書いてみましょう。」
　ここでは，最低限，『〇〇の作り方を説明します。』のように，何の作り方の説明なのか，が書けていればよいことも伝える。

2 書く　『材料と道具』を思い出して書く。

「『はじめの文章（前書き）』の次は，何でしたか。」
　・『材料と道具』です。作るのに要るものです。

前に書いたメモも見て，作ったときに使ったものをよく思い出して書きましょう。ここで，大事なことは何だったでしょうか。

長さとか，大きさも書いておくことでした。

いくつ要るのか，数も書いておきます。長さは，センチメートルも使うといいです。

「『けん玉』なら『紙コップ，2つ』のように，数もきちんと書いておくことが大切でしたね。」
「では，2つ目の『材料と道具』を書きましょう。」
　もれ落ちがないか見て回り，助言する。

「次は，いよいよ3つ目の『作り方』です。説明の中で，いちばん大事なところです。中心ですよ。」
　※ここで，おもちゃを作らせてみるのも一つの方法。

教師と個々の児童との対話による学びができます。

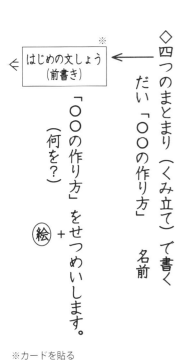

おもちゃの作り方をせつめいしよう

め「おもちゃの作り方」をせつめいする文しょうをわかりやすく書こう

◇四つのまとまり（くみ立て）で書く
　だい「○○の作り方」　名前

「○○の作り方」をせつめいします。
（何を？）

絵 ＋

はじめの文しょう（前書き）※

※カードを貼る

主体的・対話的で深い学び

・本時は，『おもちゃの作り方』の説明書（の下書き）を書く。ここで大切なのは，『ここで，どんなことを分からせたいのか。』という学びの到達点を，具体的に持っておくことである。それは，『教師の主体的な願い』であり，授業のねらいと重なる。それがないと，児童にも『主体的な学び』は生まれない。

・その到達点は，本時では，『4つのまとまりで』書く，『〈作り方〉は，4つくらいのまとまり（作業手順）で』書く，という2つになる。個別の指導も，評価もこの観点に沿って行う。

準備物

・構成を示す4枚のカード（第6時に使用のもの）

・下書き用・説明図を描く用紙　ワークシート DVD 収録【2下_06_04, 05】　または　原稿用紙

---

3 書く （第11時）
『作り方』の順番をふり返り，メモをもとに書く。

「文章に書く前に，作った順番を思い出して，番号をつけて（箇条書きに）書き出していきましょう。」

　まずは，すること（作業）を箇条書きで，番号をつけながら順番にメモさせ，確かめさせる。番号は4つぐらいまでがよい。

　できれば，ここで個々のメモを教師の目でも見て，指導する。

作る順番を書いたメモを見ながら，『作り方』を説明する文章に書き直していきましょう。順序を表す言葉もありましたね。『けん玉』では？

1番目は，『まず，』です。

2番目にすることは『つぎに』を使います。

メモの番号は残してもよいが，『まず』や『つぎに』『それから』などの言葉を使って書いてあったことをふり返る。

「このほかに，分かりやすく書く方法は？」
・文で分かりにくいところは，絵も描いておきます。

---

4 書く まとめ
『楽しみ方』や『あそび方』も考えて書き，読み返す。

【　参考　】－『作り方』の書き方について－

　1つの工程ごとに，1枚ずつカードに書かせていく方法もあるが，2年生には，順番に書いていくやり方が合うだろう。

　大切なのは，工程（手順）が多くなりすぎず，4つくらいのまとまり（段落）で書けることを目指させ，助言すること。

「では，『作り方』を，4つくらいのまとまりで文章にして書いてみましょう。」ここで時間をとり，個別指導。

組み立ての4つ目（最後）に書くことは，『あそび方』『楽しみ方』（または使い方）でした。こんなことができるということを書いておきましょう。

『やじろべえ』は，いろんな所に立たせられることを書いておこう。

『あそび方』などは，例文のように2文くらいで書かせる。
「書けたら，はじめから読み直してみましょう。」
　何人かの児童に，前で読ませて聞きあうのもよい。例になる。

おもちゃの作り方をせつめいしよう

第 12,13 時 (12,13/14)

本時の目標

書いた『〇〇の作り方』を，よりよいものに書き直し，仕上げることができる。

授業のポイント

不十分なところは，自分では案外，気づかないもの。教師や友だちなど，『外の目』でも見てもらう機会，時間をとるようにする。

本時の評価

書き誤りや不十分なところを書き直し，書いた『〇〇の作り方』を，よりよいものに仕上げることができている。

板書例

〈校正〉『〇〇の作り方』の説明を読み直して，不十分なところを修正して書いて仕上げます。

◇ 書いた「作り方」を読んでみよう
　友だちの「〇〇の作り方」も聞いてみよう

◇ 読む人に分かりやすいように
　文しょうや絵をなおして書き上げよう
　（先生，友だちともそうだんして）

・四つのまとまりで書けているか
・じゅんじょは？
・つかったことばは
　わかりやすいか　←
・絵は文と合っているか

分かりやすいかな　見なおし

ほかに字のまちがい、や。は？

1 めあて　『説明する文章を書き，仕上げる』というめあてをとらえる。

「今日は，学習の進め方の③『説明する文章を書こう』（P46，47）の学習です。前に，4つに分けて書くことや『作り方』の書き方も考えて，下書き（ノートかシートに）を書きました。それを，教科書の『馬のおもちゃの作り方』や『けん玉の作り方』のような文章に書き上げます。」

「『作り方』の説明は，書いた人には分かっていても，他の人が読んで作れなければなりません。もう一度読み直し，足りない所がないか見直しましょう。」

【『おもちゃ』を作らせてみることについて】

　ここでもう一度，前時に書いた『〇〇の作り方』に沿って，おもちゃを作らせてみて，不十分な表現に気づかせる…という学習活動もできる。しかし，すでに作ったことのあるおもちゃなので，2年生の場合は，書いた文と照らし合わせることなく，作ってしまうことが多い。また，作るための時間もかかる。『おもちゃ作り』をさせるかどうかは，クラスと児童の実情に応じて考えたい。『おもちゃ作り』を省き，仕上げの文章を書くことに集中させるのも，1つの方法である。

2 音読し見直す　書いた『説明書』を音読し，見直す。

　※ここでは『おもちゃ作り』は，させていない。

「声に出して読んでみましょう。説明で抜けていたことや，文字のまちがいはないでしょうか。」

・あ，材料を一つ書き忘れていた。

教科書の3つの『見直し（P48 下欄）』を見て，読み直しましょう。たとえば，『作り方』のところでは，『まず』や『つぎに』などの言葉は使えていますか。

順序を表すのに，番号（①や②）といっしょに，『まず』も『つぎに』も『それから』も使いました。

説明の絵も入れました。

　※作り方の順序はもともと番号でもよく，その方が分かりやすいこともある。ここでは順序を，『言葉』で意識させる。

「隣（または近く）の人にも読んでもらって，直した方がいいところを見つけてもらいましょう。」

・（友だちの文を読み）順番を1つ足した方がいいよ。

おもちゃの作り方をせつめいしよう

め 「おもちゃの作り方」を、より分かりやすい文しょうにして書き上げよう

- ◇読みかえしてみよう
- ◇声に出して読んでみよう
- ◇見なおしの虫めがねで見てみよう

主体的・対話的で深い学び

- ・『おもちゃの作り方』の説明で、中心となるのは『作り方を順序よく書き、表現できる』ということであり、その力をつけることが深い学びになる。そのため、その順序が『読んで分かるかどうか』を、先生や友だち（また、お家の人）など『外の目』でも見てもらい、対話しながら書き上げていくとよい。
- ・本時に限らず、文章を書くときには、独りよがりを防ぐ一つの手だてとして、『岡目八目』と言われるように、外の目を入れることが大切であり、これは対話の意義にも通じる。

準備物

- ・前時に書いた『○○の作り方』の、説明の下書き
- ・児童用ワークシート（第10・11時使用のもの）
- ・おもちゃを作らせるなら、各自のおもちゃ作りに応じた『材料と道具』

---

3 書く　見直したところをふまえて、正しく書き直す。

「直すところ、付け足すところが見つかったら、行の間に書き込みましょう。」

ここまで効率よくすすめ、書き直し（清書）の時間を確保する。教師は、『3つの見直しの観点』で見て回り、個別に指導する。

直したいところを、書き込めましたね。それをもとに清書して、読んでもらえる文章にしましょう。

字のまちがいも直したし、絵も1つつけ足したし、これでわかるかなあ。

図は、別紙に書いたものを流用する。説明には、基本的に写真よりも図が使われる。説明の意図を表現しやすいからである。また、写真には、印刷などの難しさもある。なお、図も『説明』のひとつなのだが、2年生では、教科書のような「見取り図」がうまく描けない児童もいる。平面図でもよしとするなど、配慮が必要。図は、ある程度の分かりにくさも許容する。

---

4 書き上げる　聞く　『説明書』を書き上げる。友だちの書いた文章を聞く。

なお、『書き直し』は、2年生では『面倒だなあ』という思いを持ちやすい。そのこともふまえて省力化してもよい。また、お家の人など、読む相手を想定して書かせるのもよい。

文章の長さは、教科書の『けん玉の作り方』の程度だと伝える。

「書き上げた人は、読み返しましょう。」

書けた『おもちゃの作り方』を、何人かの人に読んでもらって聞き合いましょう。友だちのよい説明のしかたを見つけましょう。

コースターと糸を使って作る『ビュンビュンゴマ』の作り方を説明します。（図を見せてもよい）回し方が分かると、いろんな回し方ができるようになります。『材料と道具』は、…

「今の発表の、いいところを見つけましょう。」

- ・ぼくも作ったけれど、山本君の説明はわかりやすかったです。絵も分かりやすく描いていました。

馬のおもちゃの作り方

第 14 時 (14/14)

本時の目標

書き上げた『…の作り方』の説明を友だちと読み合い、工夫されているところを中心に、感想を伝え合うことができる。

授業のポイント

書いたものを読み合うときは、友だちのよいところを見つけるとともに、友だちの目を通した自分のよいところにも気づかせる。

本時の評価

友だちの『○○の作り方』の説明を読み、書き方が工夫されているところを中心に、感想を伝えることができている。

板書例

〈まとめ〉書いたものを友だちと読み合い、これまでの学習のまとめをします。

・じゅんじょをあらわすことば
・数（数字）をつかって
・絵は？
・分かりやすく書けているところ

◇かんそうを話し合おう
※「○○がよく分かった。それは…」
「○○がわかりやすかった。」

〈ふりかえろう〉
◇できるようになったことは？

※児童の発表を板書する。

---

1 めあて 読み合う

友だちの書いた『○○の作り方』の説明を読み合う。

「がんばって、説明を書き上げることができました。今日は、学習の進め方では最後の④の『友だちと読み合おう。』という学習です。」（P49 の④を読む）

自分の書いた『おもちゃの作り方』を、友だちにも読んでもらいましょう。友だちの書いた文章も読んでみましょう。

池田君は、○○のおもちゃの作り方を、どう書いたのかな？

わたしの説明の文章、読んで分かってもらえるかな？

　読み合う形は、クラスに応じていろいろ考えられる。ここでは、まず3，4人のグループを作り、回し読みする。生活科や図工科で作ってきたおもちゃなので、どの児童も作り方の手順を知っている。分かりやすく書けているところなど、感想を伝え合う。

---

2 読み合う 話し合う

友だちの説明の工夫を見つける。

これまで勉強してきた、『説明の工夫』を思い出して、ここは、書き方を工夫しているなというところを見つけてみましょう。そして、友だちに伝えましょう。

（他の）3人とも、4つのまとまり（『材料と道具』などの項目）に分けて書いていました。

高田さんは、『まず』『つぎに』などの言葉を使っていました。順序が分かりやすかったです。

　ここで、様々なおもちゃの作り方の、様々な文章をグループで読み合うことになる。

　時間に余裕があり、作るのが簡単なおもちゃなら、友だちの説明を読みながら、実際にそのおもちゃを作り、感想を伝え合うようにするのもよい。『長さをセンチメートル（数）で表す』ことなど、作ってみて書き方の工夫に気づいたり、反対に記述の不十分さに気づいたりすることもある。

板書

おもちゃの作り方をせつめいしよう

め 「書き上げたせつめい文を、友だちと
読み合って、よいところを見つけ合おう

① （一回目）
グループで　まわし読みをする

② （二回目）←
「同じおもちゃ」の作り方を書いた
人どうしで読み合う

・四つのまとまり （くみ立て）

主体的・対話的で深い学び

・本単元でのキーワードのひとつは『順序』であり，ものを見る基本でもある。それは，物の形や構造，作り方は，『見て』分かるのではなく，『順序』を通して捉えているからである。

・漢字の筆順も同じで，筆順を学ぶ最大の理由は，文字の形を『順序』によって捉えるところにある。漢字は，『見て』だけでは書けない児童がいる。しかし『書き順（序）』を教えると，多くの児童が書けるようになる。本単元でのように，『作る』と『形』とを順序でつなぎ，言葉を通して表現するのは，深い学びとなる。

準備物

・書いてきた『○○の作り方』の説明文

---

3 読み合う 話し合う
同じおもちゃの作り方を書いた友だちの文章も読む。

【参考】　－読み合うグループの作り方について－

同じ『おもちゃの作り方』を書いた児童どうしでグループを作り，読み合うこともできる。

児童が説明する『おもちゃの作り方』には，様々なおもちゃがある。当然，書いてある『作り方』も全く異なる。だから，お互いに読み合っても，比べにくいところが出てくる。

そこで，たとえば，生活科で作った『コマ』の作り方を書いた児童どうしでグループを作り，読み合うというやり方もできる。『説明するおもちゃ（コマ）』が共通しているので，『作り方』の書き方や説明の工夫も，読み比べることができる。自分と比べてうまく書いているところ，そうでないところも分かりやすい。2回目の回し読みのグループとして，『同じおもちゃの作り方』を書いた児童どうしで読み合うのもよい。

一方，2年生では，他の人に伝える文章を書くことに，不十分さが出るのは当然でもある。その上で，これまで学習してきた順序の書き方など，いくつかの分かりやすい説明ができているかどうか，読み合うことを通して気づかせたい。

---

4 まとめ
できたことをふり返る。よい説明のしかたをふり返る。

「友だちと読み合って，自分が書いた説明の，よかったところ，ほめてもらったところをノートに書き出しましょう。」

・『作り方の順序』が分かりやすいと言ってもらえた。
・自分でも見て，説明の絵と文がうまく合っていた。

学習をふり返りましょう。まず，友だちのよい説明のしかたに気づいたことはなかったでしょうか。感想も発表しましょう。

井上さんの『飛び出すカード』，材料も順番もよく分かって，すぐに作れそうでした。

「『ふり返ろう』（P49）を読みましょう。」

4つの項目について，児童と話し合う。くどくならないように，教師が簡潔に助言しながら児童とまとめをする。

「『たいせつ』を，みんなで読みましょう。」

・順序よく書く，ということができました。

かたかなで書くことば

◎ 指導目標 ◎

・片仮名を書くとともに片仮名で書く語の種類を知り，文や文章の中で使うことができる。
・語と語の続き方に注意することができる。

◎ 指導にあたって ◎

① 教材について

　　児童は，1学期には『プール』や『リレー』など，『スポーツ』に関わる片仮名言葉を学習しています。また，『レオ＝レオニ』や『スイミー』など，外国の人名が片仮名表記になっていることも目にしています。そして，『どうも，外国に関わる言葉は片仮名で書くらしい』などと，片仮名を使うときの約束事にも気づき始めています。

　　そのような児童の気づきも生かしながら，片仮名で書くのはどのような言葉なのか，という片仮名表記の原則を，ここで教えます。また，そのことともつないで，レストランの場面(教科書)をとりあげ，片仮名で書く言葉についての理解を深めます。

　　まず，片仮名は適当に使われているのではなく，ルールに則って使われていることに気づかせます。片仮名で書く言葉としては，①動物の鳴き声　②ものの音　③外国から来た言葉（外来語）④外国の国名，地名，人名，の4つの種類があります。このルール＝原則を知ることによって，どんな言葉を片仮名で書けばよいのか，その『ものさし』を手にすることになります。そして，文を書くときにも「この言葉は，片仮名で書くのだな」などと，この原則を意識して使っていくことで身についていきます。なお，片仮名の読み書き自体が不確かな児童もいます。五十音を片仮名で書く練習も必要です。

② 主体的・対話的で深い学びのために

　　本単元は，話し合ってわかっていくという内容ではありません。基本的には教える内容です。そして，学んだ片仮名を使うときのきまりを使って，言葉集めをしたり，片仮名を使った文を作ったり読み合ったりします。そこに，主体的で対話的な学習場面も生まれるでしょう。また，この習熟的な学習活動を通して，理解も表現力も深まります。その点，『どの言葉を，片仮名で書きますか。』などの教師からのクイズ的な問いかけも，児童の興味関心を引く上で，有効な手だての一つとなるでしょう。

◉ 評価規準 ◉

知識 及び 技能	片仮名を書くとともに，片仮名で書く語の種類を知り，文や文章の中で使うことができている。
思考力，判断力，表現力等	「書くこと」において，語と語の続き方に注意している。
主体的に学習に取り組む態度	積極的に片仮名で書く語の種類を知り，これまでの学習をいかして，片仮名を使って文を書こうとしている。

◉ 学習指導計画　全2時間 ◉

次	時	学習活動	指導上の留意点
1	1	・どんな言葉を片仮名で書くのか，4つの種類があることを，教科書で調べる。 ・片仮名で書く4つの種類の言葉を集めて書く。	・①動物の鳴き声，②ものの音，③外国から来た言葉，④外国の国名，地名，人名の4種類を知らせる。 ・片仮名の文字指導も入れる。
	2	・教科書のレストランの絵を見て，片仮名で書かれている言葉を読み，書く。 ・象など，絵の中の動物がしていることを，片仮名の言葉も使って主語と述語のそろった文に書き，読み合う。	・オムレツやコーヒーなどは，もともと日本にはなく，外国から入ってきたものであり言葉（外来語）であることを説明する。 ・主述の整合や，片仮名表記など個別の指導もする。多くの児童に発表の機会を作る。

◇　『メニュー』『ケチャップ』など，片仮名での表記が不確かな児童もいます。折に触れて個別の指導も取り入れましょう。また，片仮名を書く練習も継続的に取り入れるようにするとよいでしょう。

📀 収録（画像，イラスト，児童用ワークシート見本）※本書 P102・103 に掲載しています。

かたかなで書くことば 第 ① 時 （1/2）

本時の目標
どんな言葉を片仮名で書くのかを考え，片仮名で書く言葉には，4つの種類の言葉があることを知る。

授業のポイント
『シャツ』を『しゃつ』と書くなど，4種類の片仮名言葉のうち，外来語が区別できにくい児童は多い。厳密さを求めすぎないようにする。

本時の評価
片仮名で書く言葉には，4つの種類の言葉があることを知り，片仮名で書く言葉集めができている。

板書例

① リーンリーン（虫）

② いろいろなものの音
ガラガラ　ビュービュー　ゴーン
ザーザー　トントン　ゴロゴロ
キンコン

③ 外国から来たことば
メダル　コップ　ホームラン　ボール
カーテン　ドリル　プリント　ノート
パレット　バケツ　ペン

④ 外国の国、土地、人の名前
（国）　インド　アメリカ　イラン
（土地）ハワイ　ロンドン　パリ
（人）　エジソン　スイミー

※児童が見つけた言葉も4つの欄に書きに来させる。

---

1 導入　片仮名で書く言葉を考え，本時のめあてを聞く。

「次の文を読んでみましょう。」（黒板に書く）

大たにせんしゅは、かあんとほーむらんをうちました。

- この文の言葉の書き方で，おかしいなと思った言葉はありませんか。
- 『かあん』は，片仮名で書くと思います。
- 『ほーむらん』も片仮名だと思います。

ふつうは片仮名で書く言葉があることに気づかせ，黒板にも『カーン』『ホームラン』と書きに来させる。

「では，片仮名で書くのはどんな言葉だといえますか。」
- 『カーン』のような音は，片仮名で書くと思います。
- 『ホームラン』とか，『バット』なんかも。

「片仮名で書く言葉は決まっているようですね。そんな言葉を今日は勉強していきましょう。」（めあて）

2 調べる読む　教科書を読み，片仮名で書く言葉の種類を調べる。

「片仮名で書くのはどんな言葉なのか，教科書にも書いてあります。読んでみましょう。」
　　P50を範読し，児童にも読ませる。
- （読んで）片仮名で書くのは，4つ（の種類）かな。

① どうぶつのなき声
② いろいろなものの音
③ 外国から来たことば
④ 外国の国、土地、人の名前

- どんな（種類の）言葉を片仮名で書くのですか。
- 一つは，動物の鳴き声です。ワンワンとか，ニャーンも。
- 『チュンチュン』や『ガオー』も。

「鳴き声のほかに，片仮名で書くのは何でしょう？」
- ものの音も，片仮名で書きます。ガラガラ，ビュービュー，それからゴーンという鐘の音。

「他に，思いつく音は？　何の，どんな音かな。」
- 水の流れる音はザーザー，戸をたたく音はトントン。
- 石が転がる音は，コロコロとかゴロゴロ。

ことで，発表の場を作るとよいでしょう。

かたかなで書くことば

〈め〉 かたかなで書くことばをしらべよう

大たにせんしゅは、

かあんと　→　カーン

ほーむらんを　→　ホームラン

うちました。

〈かたかなで書くことば〉＝四つのしゅるい

① どうぶつのなき声（鳥・虫も）

ワンワン　ゲロゲロ　チュンチュン

ガオー

主体的・対話的で 深い学び

・どんな言葉を片仮名で書くのか，それは話し合ってわかることではない。児童がなんとなく気づいていることを，言葉のきまりとして『やっぱり，そうなのか』と思えるように，教科書も使ってうまく伝える学びになる。きまりを知ることは，児童にとってもおもしろく，きっと興味を持つだろう。

・そのきまりをもとにして言葉を見直すと，いろんな片仮名言葉が見つかる。『この言葉も，片仮名かな。』などと，具体的に考えることが，児童が主体的に活動できる深い学びになる。

準備物

・片仮名の50音表 📀 収録【2下_07_01～02】

・練習プリント（片仮名）📀 収録【2下_07_03】

---

3 調べる 話し合う　外国の言葉や外国の国名なども，片仮名で書くことを話し合う。

「耳で聞こえる『音』『鳴き声』は，片仮名で書くのですね。一つ，きまりがわかりました。」

ほかにも，片仮名で書く言葉はありますね。どんな言葉ですか。また，まとめて言うと？

メダルやコップです。ほかにもありそうです。

まとめて『外国から来た言葉』と，書いてあります。

「メダルやコップは，もともとは外国のもので，外国の人が，昔，日本に持ってきたものなのです。」

　ここで，外来語について，簡単に説明を加えておく。

・ホームランやボールも，もとは外国の言葉かな。

・外国の，国や土地，人の名前も片仮名で書きます。

・インドとかエジソン。ほかにアメリカ，ハワイも。

・それからスイミーも。いっぱいありそうです。

---

4 調べる 書く　片仮名で書く言葉を集めて書く。

「『エジソン』って書けるかな。『エジンソ』になってないかな。片仮名のおさらいもしておきましょう。」

　片仮名50音や，ンとソ，ツとシなどを復習。

「片仮名で書く4つのなかま(種類)の言葉を集めましょう。まず，教科書の言葉を書いてみましょう。」

教室にも見つかるでしょうか。探してみましょう。

カーテン，ドリル，プリント…いっぱいあるなあ。

パレット，バケツ，ノート，ペンも。

机とか，鉛筆は片仮名ではないなあ。

音では，チャイムのキンコンとか。

　見つけた言葉も，4つの種類に分けて，書き出させる。

「見つけた言葉を，発表しましょう。」

・『外国から来た言葉』では，アウトとかセーフ，です。

　などと種類ごとに発表させる。いくつかを選び，片仮名を使ってノートに書かせる。

かたかなで書くことば
第2時 (2/2)

本時の目標

レストランの絵をもとに，片仮名で書く言葉を使って，主述の整った文を作ることができる。

授業のポイント

『チョコレート』や『ケチャップ』などの詰まる音や拗音も，機会をとらえてとりあげ，指導する。
文作りと発表に時間をとる。

本時の評価

絵の中の言葉を使って，主語・述語の整った文を作っている。

板書例

〈文法〉主語と述語については，既習でも身に付いていない児童もいます。教科書 P27 の学習を，

◇ 絵を見て文を作ろう

主語
ぞうは（が）　メニューを　見ています。

だれ
なに｝が（は）＝（かたかなことば）

述語
どうした。
どんなだ。

・ライオンは，ナイフとフォークでハンバーグを　食べています。

・わにのボーイさんが，水を はこんでいます。

〈気をつけて書こう〉
ケチャップ　スパゲッティ。　チョコレート

◇ かたかなで書くことばを見つけよう
ベッド（×ベット）　ロケット　ドーン
スタート　スーパー　コンビニ

---

1 導入 読む
レストランの場面の絵を見て，使われている片仮名言葉を読む。

「51ページの絵を見ましょう。何の場面でしょうか。」
電子黒板やパネルなどで，画像を映すとよい。

・レストランの中みたいです。おいしそうな料理がある。
・『オムレツ』とか，片仮名の言葉もいっぱい。

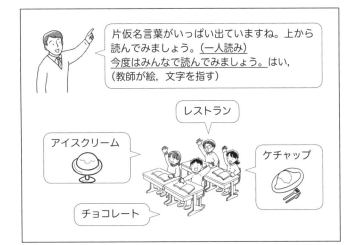

片仮名言葉がいっぱい出ていますね。上から読んでみましょう。(一人読み)
今度はみんなで読んでみましょう。はい，
(教師が絵，文字を指す)

レストラン
アイスクリーム
ケチャップ
チョコレート

「片仮名で書かれているのは，片仮名言葉の4つのなかまのうち，どれでしょうか。音かな？」
ここで，4種類の片仮名言葉をふり返る。

・どれも，外国から来た言葉だと思います。
・ケーキもコーヒーも，外国から来たものかなあ。

2 文を作る
絵の中の動物がしていることを片仮名言葉を使って文に書く。

「どれも，もともとは日本にはなかった料理や物なのです。『オムレツ』も，フランスという国から『これはオムレツという料理です』と，フランス語で教えてもらった言葉なのです。」

では，絵を見て，今度は動物がしていることを片仮名言葉も使って文に書いてみましょう。例えば，象さんがしていることは？

メニューを見ています。

「『だれは』も入れて，文に書くとどうなりますか。」
・『ぞう(さん)は，メニューを見て(選んで)います。』
「この文では，主語と述語はどれですか。」(※復習)
・主語は『ぞうは』で，述語は『見ています』です。
「このように，絵の片仮名言葉も入れて，主語と述語の入った文を作りましょう。」

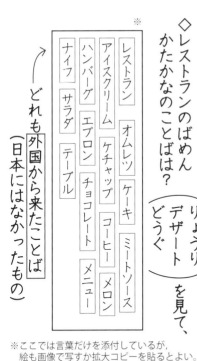

かたかなで書くことば

め かたかなで書くことばをつかって文を作ろう

◇レストランのばめん
かたかなのことばは？

（りょうり　デザート　どうぐ）を見て、

レストラン	オムレツ	ケーキ	ミートソース
アイスクリーム	ケチャップ	コーヒー	メロン
ハンバーグ	エプロン	チョコレート	メニュー
ナイフ	サラダ	テーブル	

→ どれも外国から来たことば（日本にはなかったもの）

※ここでは言葉だけを添付しているが、
絵も画像で写すか拡大コピーを貼るとよい。

主体的・対話的で深い学び

・文作りという活動を通して、片仮名で書く言葉に興味を持たせ、主体的にとり組ませたい。あわせて、料理という分野には多くの片仮名言葉（つまり外来語）が使われていることにも、気づかせる。
・作った文の発表は、互いに見せ合う対話的な学習になる。ただ『まちがいの見つけ合い』にならないように、教師が配慮する。

準備物

・教科書 P51のイラスト。電子黒板などがなければ、拡大コピーを黒板に貼る
・片仮名言葉が出ている子ども新聞や雑誌、本、DVD 収録【2下_07_04】

---

3 文を作る 読み合う　文を作り、作った文を読み合う。

「主語には＝、述語には―、片仮名で書く言葉には～～を引いておきましょう。」
　　文作りでは、『だれが』（何を）『どうした』型の文が多くなる。見て回り、2文目も作らせるとよい。

絵にない片仮名言葉も使っていいですよ。

『ライオンは、ナイフとフォークでハンバーグを食べています。』
片仮名言葉を4つも使って文が作れたよ。

『わにのボーイさんが、水を運んでいます。』
これでいいかな。

「作った文は、となりどうしやグループで回して、読み合いましょう。片仮名は使われているか、片仮名で正しく書けているかも見てみましょう。」
　　『スパゲッティー』など、促音や拗音、長音の表記についても見合わせたり教師が見て回ったりする。

4 発表する 発展まとめ　作った文を発表し、聞きあう。 片仮名で書く言葉を聞き分ける。

「前で発表しましょう。片仮名言葉は、黒板にも書きましょう。」
　　できるだけ多くの児童を指名し、前で書かせたい。また、絵にない片仮名言葉を使ってもよいこととする。

これから、先生が文を読みます。聞いて、『これは片仮名で書く言葉だな』と思った言葉を、片仮名で書きましょう。
『がまくんは、べっどで　ねていました。』

あ、わかった。
『ベッド』は片仮名だ。

　　このように、教科書や子ども新聞、読み物から、片仮名で書く言葉を見つけさせる。時間があれば、児童どうしで問題を出し合う形にもできる。
「『ろけっとが、どーんと打ち上げられました。』」
　・『ロケット』と『ドーン』が片仮名です。（書かせる）
「片仮名は、ほかにもたくさん見つかりますよ。」

DVD 収録（イラスト，児童用ワークシート見本）

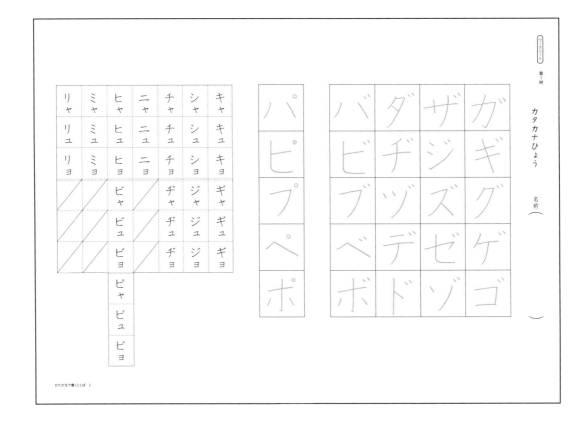

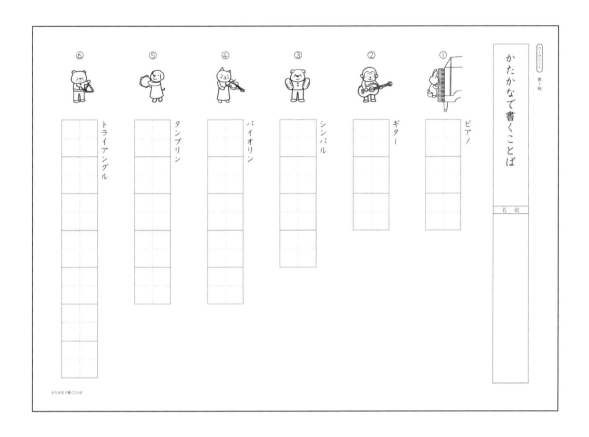

せかい一の話

◉ 指導目標 ◉

・昔話や神話・伝承などの読み聞かせを聞くなどして，我が国の伝統的な言語文化親しむことができる。
・場面の様子に着目して，登場人物の行動を具体的に想像することができる。

◉ 指導にあたって ◉

① 教材について

　津軽地方に伝わる昔話，「せかい一の話」を読み聞かせます。昔話とはもともと，人々が子どもたちに語り伝えてきたお話です。ですから，今も子どもたちは，昔話を聞くのが大好きです。そして，お話を聞く楽しみとは，耳から入ってきた言葉や文をもとに，そのときどきの人物像や情景を，頭の中に思い描くところにあります。「せかい一の話」でも，バホラバホラと飛ぶ大ワシやデカエビ，大ウミガメの姿やそれらの大きさを想像して，感心したり驚いたりして楽しむことでしょう。

　昔話には，伝えてきた人たちの願いや，教訓，戒めなどもこめられています。それとともに，驚くような話や，聞く人を楽しい気分にさせる話もあります。この「せかい一の話」も一種のほら話であり，昔の子どもたちも，きっと『ほんとう？』などと，笑い合って聞いたことでしょう。ですから，児童をいちばんよく知る教師が，児童の表情も見ながらゆっくりと語りかけるように，読み聞かせるのが理想です。

② 主体的・対話的で深い学びのために

　『お話を聞く』というと，教師から児童へと，水を注ぐような流れを思い浮かべることがあります。しかし，『聞く』という活動は，決して一方的で受動的な活動ではありません。『主体的・対話的』というのは形ではなく，児童の頭の中がどれだけ主体的に活動しているかどうかが大切なところです。児童は，きっとこれまでの知識や経験ともつなぎながら，また，想像を膨らませながらこのお話を聞いているはずです。これが，主体的に『聞く』という活動です。

　ですから，同じお話を聞いても，児童それぞれの経験が違えば，心を引かれた場面や思うことも違ってきます。友だちと感想を話し合い，同じような思いをしたところを確かめ合ったり，違いに気づいたりすることは，対話的で深い学びと言えます。あわせて，昔話を読む活動にも広げるなど，読書のきっかけにもすることができます。

◉ 評 価 規 準 ◉

知識 及び 技能	昔話や神話・伝承などの読み聞かせを聞くなどして，我が国の伝統的な言語文化に親しんでいる。
思考力, 判断力, 表現力等	「読むこと」において，場面の様子に着目して，登場人物の行動を具体的に想像している。
主体的に学習に 取り組む態度	進んで昔話の読み聞かせを聞き，学習の見通しをもっておもしろいと思ったことを伝え合うことができている。

◉ 学 習 指 導 計 画　　全 1 時 間 ◉

◇　読み聞かせは，教師がするのがよいでしょう。そのためにも『バホラバホラ』(擬音・擬態語)の読み方や間の取り方など，「せかい一の話」を声に出して読む練習もしておくと効果的です。

次	時	学習活動	指導上の留意点
1	1	・題や教科書の絵からお話を想像し，「せかい一の話」の読み聞かせを聞く。 ・お話をふり返り，おもしろいと思ったところはどこか，『－が，－するところです。』などの言い方も使って友だちと話し合う。	・昔話特有の語り口を生かし，十分な間をとるなど，語り聞かせるつもりで朗読する。 ・スケールの大きな，また上には上があるという大きさ比べが広がっていく面白さにも着目させる。どんな感想も認めるようにする。

DVD 収録（黒板掲示用地図，イラスト）

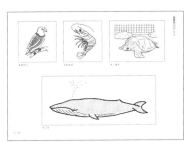

せかいーの話

第 1 時 （1/1）

本時の目標
人物や場面の様子を想像しながら「せかいーの話」を聞き，心に残った場面やできごとを伝え合うことができる。

授業のポイント
読み聞かせがカギになる。バホラバホラなどの擬音・擬態語や，『むかあしむかし』などの昔話独特の語り口に留意して，ゆっくりと語るようにして読み聞かせる。

本時の評価
人物や場面の様子を想像しながら「せかいーの話」を聞き，心に残ったことを伝え合うことができている。

板書例

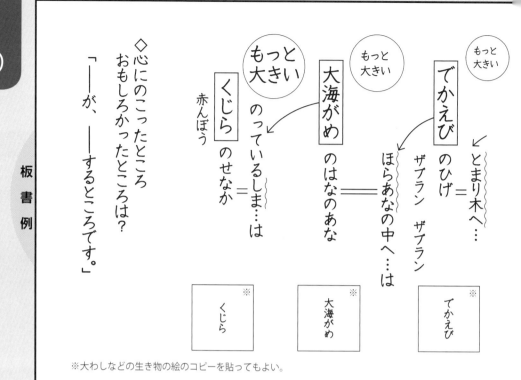

〈資料〉読み聞かせ用の絵本『せかいーの話』（きたしょうすけ／出版社：金の星社）や登場する

◇心にのこったところ
おもしろかったところは？
「――が，――するところです。」

もっと大きい
くじら のせなか

もっと大きい
大海がめ のはなのあな　＝＝＝

もっと大きい
のっているしま…は　＝

赤んぼう

大海がめ のはなのあな　――

もっと大きい
でかえび のひげ　＝とまり木へ…
ザブラン　ザブラン
ほらあなの中へ…は

↓とまり木へ…

※くじら

※大海がめ

※でかえび

※大わしなどの生き物の絵のコピーを貼ってもよい。

---

1 話し合う　どんなお話なのか，題や絵を見て想像する。

「今日は，昔話を聞きます。」（教科書を開けさせる）
　・わーい。楽しみ。早く聞きたいなあ。
「『せかいーの話』というお話です。どこの昔話かというと（日本地図を見せて，指して確かめる）ここです。青森県の津軽というところに伝わるお話です。」

お話には，動物が出てきます。教科書にその絵が出ています。何でしょうか。

鳥，大きな鳥。何という鳥かなあ。

エビとカメも出てきます。

大きなクジラも。いっぱい出てきておもしろそう。

「絵や題を見て，思ったことはありませんか。」
　・『せかいー』って，何が世界一なのかなと思いました。

聞かせる形は多様。読み手の周りに座らせてもよい。

2 聞く　想像する　『せかいーの話』の読み聞かせを聞いて，情景を思いうかべる。

絵本を使い，絵を見せながら読み聞かせるのもよい。

『せかいーの話』，どんなことが『世界一』なのでしょうね？絵を見ながら，聞きましょう。
『むかあしむかし，津軽の国の，八甲田山のてっぺんに，でっかいわしがすんでたと。』（朗読）

大木を根元から折れ飛ばすなんて，すごい大ワシ，ほんとにいたのかなあ。

でっかいことが『世界一』ということかな。

　P143・上段8行目くらいでいったん止まり，言葉や場面について，簡単に説明したり話し合ったりする。
　そのあと，『何百里』などわかりにくい言葉の説明も，そのときどきに入れながら読み聞かせをすすめる。

生き物の図鑑を，図書館で借りておくとよいでしょう。

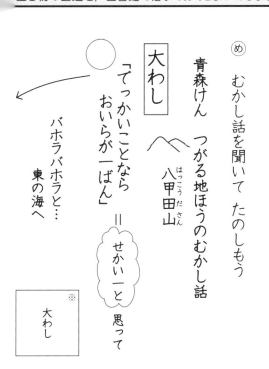

せかい一の話

め むかし話を聞いて たのしもう

青森けん　つがる地ほうのむかし話
　　　　　　八甲田山（はっこうださん）

大わし

「でっかいことなら
　おいらが一ばん」＝ せかい一と 思って

バホラバホラと…
　東の海へ

大わし ※

主体的・対話的で深い学び

・お話を聞いている児童の頭の中には，『なんて大きなワシなのだろう！』『山よりも大きいのかなあ』などの『つぶやき』が生まれている。このつぶやきは，聞いた後『おもしろいと思ったところ』を，友達と話し合う対話の場面でも生きてくる。
・また，このつぶやきは，ものごとを主体的に考えているときに生まれる内言でもある。だから，読み聞かせて考えさせることは，思考力や主体性を育てることでもある。

準備物

・掲示用日本地図（青森県の津軽地方を示す）**DVD** 収録【2下_08_01】
・動物のイラスト **DVD** 収録【2下_08_02】教科書のイラストのコピーや図鑑でもよい

---

3 ふり返り 話し合う　出てきた人物やできごとを整理し，お話をふり返る。

「どんなお話だったのか，わかりましたか。」
　　再度読み聞かせるのもよい。

「何が，どんなことが『世界一』だったのですか。」
　・『でっかさ』です。どんどん大きくなっていきました。
　・世界一でっかいのはだれか，というお話です。

でっかさ（大きさ）くらべのお話でしたね。では，初めに出てきたでっかいのはだれでしたか。また，その次は？

はじめは，八甲田山の大ワシでした。羽ばたくと，谷川の水を上（川上）に流すほど！

次はデカエビ，エビなのにワシより大きい。ひげにワシがとまれるくらい。

　その後の大ウミガメ，クジラ…と，<u>出てきた生き物の大きさも比べ合いながら</u>，登場順に板書で整理していく。大きさが強調された比べ方にも気づかせたい。

---

4 話し合う　心に残ったところ，おもしろかったところを話し合う。

「心に残ったところを話し合い，友達の考えとも比べてみましょう。」
　　スケールの大きな『大きさ比べ』や，上には上があるという話の展開の面白さにも気づかせたい。

おもしろかったところや，おもしろいと思ったわけもお話しできるといいですね。

おもしろいと思ったのは，世界一でかいと思っていた大ワシが，デカエビに出会って『あなた様にはかないません』と，降参するところでした。

そのデカエビが入った穴が，ウミガメの鼻の穴だったというところがおもしろかったです。ウミガメはどれだけ大きいのかとびっくりしました。

　教科書（P53）のように，『──が，──するところです』という言い方も教え，使わせるとよい。
　P142『自分でも読んでみよう』と呼びかけるのもよい。

x

かん字の広場 4

◉ 指導目標 ◉

・第 1 学年に配当されている漢字を書き，文や文章の中で使うことができる。
・語と語との続き方に注意することができる。

◉ 指導にあたって ◉

① 教材について

　この学習は，「数を表す言葉を使って算数の問題づくりをする」という条件のある学習です。挿絵や数を表す言葉を手掛かりに想像して，文章作りをします。絵から想像を膨らませ，どの児童にも書きやすい内容になっています。これまでに学習した漢字を想起しやすいとともに，楽しく漢字の復習ができる教材となっています。

② 主体的・対話的で深い学びのために

　この学習では，「数を表す言葉を使って算数の問題づくりをする」という条件のもと，絵や数を表す言葉から想像して文章を書きます。児童にとって，自分の体験とつなげると書きやすくなるでしょう。文作りの前に，「絵からどのようなお話を想像できますか」と問いかけ，自由にお話を想像する活動を取り入れると良いでしょう。そうすることで，文作りが苦手な児童もイメージしやすくなります。問題文作りをした後，それぞれが作った問題文を交流し合います。問題を出し合うことで，言葉や文作りに興味関心を持つことができるようになるでしょう。

知識 及び 技能	第1学年に配当されている漢字を書き，文や文章の中で使っている。
思考力，判断力，表現力等	「書くこと」において，語と語との続き方に注意している。
主体的に学習に取り組む態度	今までの学習をいかして，進んで第1学年に配当されている漢字を使って文を書こうとしている。

次	時	学習活動	指導上の留意点
1	1	・教材中の漢字の読み方を確認し，広場の様子を想像する。 ・絵の中の言葉（漢字）を使い，お話を想像して文章を書く。 ・書いた文を友達と読み合い，交流する。	・声に出してこれまでに学習した漢字を正しく読めるかどうかをチェックする。間違えたり，正しく読めなかったりした漢字は，繰り返して読む練習をするように促す。 ・挿絵から自由に想像を膨らませ，接続詞を使用して文章を書くようにさせる。
	2	・絵の中の言葉（漢字）を使い，算数の問題を作る。 ・書いた文を友達と読み合い，同じ漢字を使っても違う文ができることを理解する。	・挿絵から自由に想像を膨らませ，接続詞を使用して文章を書くようにさせる。 ・算数の問題文の型を確かめる。 ・語と語のつながりに気をつける。 ・出来上がった問題を出し合い，語と語のつながりを意識させる。

DVD 収録（黒板掲示用イラスト，カード見本）

かん字の広場 4

第 ① 時 （1/2）

本時の目標
第1学年で学習した漢字を使って，絵に合った文章を書くことができる。

授業のポイント
ペアやグループの人と挿絵からどのようなお話が想像できるかを話し合い，イメージを十分膨らませる。書く時間も十分取って，漢字の定着を図る。

本時の評価
今までの学習をいかして，進んで第1学年に配当されている漢字を使って，文章を書こうとしている。

〈時間の配分〉お話の想像が膨らみ，盛り上がるかもしれませんが，授業後半は文章を書き，読み

板書例

◇どんなものがあるかな

・六百円の おべんとう
・千円さつを もった 男の子
・五ひきの ねこ
・一本 七十円の だいこん
・九はちの 花
・花たばが 四たば
・八人の ほいくえんの 子どもたち
・二ひきの 犬
・三びきの 小犬

◇お話を つくろう

男の子は，千円を もっています。
六百円の おべんとうを かいました。
いえで おいしく たべました。

※児童の発言を板書する。

1 読む　1年生の漢字を声に出して読む。

黒板に掲示用イラストを貼る。

1年生までで覚えられなかった児童や，一度覚えたけど忘れてしまった児童もいる。読みの段階から，丁寧に取り組む。

「『六百円』は，何と読みますか。ろくひゃく…？」
・違います。「ろっぴゃくえん」です。

2 想像する　絵を見て，どのようなものが出てくるか探し，お話を想像する。

「絵をよく見ましょう。何が描いてありますか。例えば，五匹いるのは何でしょう？」
・猫です。
「そうですね。野良猫でしょうか。兄弟かな？」
　と，絵から想像を膨らませる例を教師が示す。

文章を書くための，素材を探す活動。詳しく見ている児童の意見を広めたり，想像できることを発表させたりして，できるだけたくさん見つけるようにする。

合う活動です。ほどほどで切り上げ，書く時間を多く取りましょう。

かん字の広場 4

め 一年生までの かん字を つかって、
お話をつくりましょう

※イラストの上に漢字カードを貼る。

主体的・対話的で深い学び

・挿絵からお話を考えたり，想像を膨らませたりすることは，多くの
児童にとって楽しい活動になるが，そうでない児童もいる。教師に
よる個別指導や，友達と考えたお話を交流することによって，文章
作りがスムーズに行えるようにしたい。

準備物

・黒板掲示用イラスト（教科書54ページ拡大コピーまたは **DVD** 収
録【2下_09_01】）
・漢字カード **DVD** 収録【2下_09_02】

---

3 書く　絵から想像した出来事や様子，気持ちが分かる文章を書く。

「絵から，たくさんの出来事や様子が見つかりましたね。」

これから，それぞれの場面で，どんな出来
事なのか，お話を想像して文章を書きます。
できるだけたくさんの漢字を使って，書き
ましょう。

僕は，一番下の犬の散歩について
考えるよ。『男の人が，犬を三びき
さんぽさせています。』

私は，左上のお花屋さん。
『お花やさんに，お花のう
えきばちが九はちと，花た
ばが四たばうっています。』

　書く時間を多く確保する。書くことに困ったら，隣同士や
グループでアドバイスをもらったり，質問したりしても良い
ようにする。

「早く終わった人は，作った文章のそばに文に関係のある絵
を描いたり，漢字の練習をしたりしましょう。」

---

4 読み合う　書いた文章を，隣の人やグループで読み合う。

「出来上がった文章を，隣同士で読み合いましょう。」
・犬を2匹散歩させていると，犬を3匹散歩させている男
の人に会いました。
・男の子は，千円持っています。600円のお弁当を買いま
した。家で，美味しく食べました。

グループの人とも，読み合いましょう。友達
の文章を読んで，気が付いたことがあったら，
ノートに書きましょう。

8人の保育園の子がいます。みんな赤い
ぼうしをかぶっています。

そうか。色も漢字で書けるんだ。青い
首輪の犬と，赤い首輪の犬がいます。

　交流する時間が足りないことも考えられるため，グループ
の中でノートを回して読み合ってもよい。全体での発表など，
クラスの状況に合わせて，交流の仕方を考える。

本時の目標
数を表す言葉を使って算数の問題文を作ることができる。

授業のポイント
ペアやグループの人と挿絵からどのようなお話が想像できるかを話し合い，イメージを十分膨らませる。書く時間も十分取って，漢字の定着を図る。

本時の評価
今までの学習をいかして，進んで第1学年に配当されている漢字を使って算数の問題文を書こうとしている。

板書例

〈読み取り〉「大根が5本」「保育園の先生が2人」「黄色い服の人が10人」など，教科書に文字と

◇数をあらわすことば
・六百円　・千円　・五ひき　・一本 七十円
・九はち　・四たば　・八人　・二ひき

◇さんすうのもんだいを つくろう
・男の子は、千円を もっています。
六百円の おべんとうを かいました。
いえて おいしく たべました。
　　おつりは何円ですか。　←

・犬を二ひき さんぽさせていると、
犬を三びき さんぽさせている　男の人に
あいました。
犬は、あわせて なんびきになりましたか。

※児童の発言を板書する。

---

1 めあてをとらえる　数を表す漢字を使って，算数の問題を作るというめあてをとらえる。

「前の時間に，絵からたくさんの漢字を見つけました。その中で，数を表す漢字を探してみましょう。」
・六白円，千円，五匹。たくさんあるよ。
・一本七十円は，一と七と十で3つある！

たくさん見つけられましたね。今日は，数を表す言葉を使って，算数の問題を作ります。（めあて）教科書の54ページに例が載っているので，読みましょう。

『七十円のだいこんを一本買いました。…』

これくらい，簡単だよ。僕は，もう問題ができた。

算数は苦手…私にできるかな。

「前の時間にみんなが作った文章を，少し変えて算数の問題にしていきましょう。」
　算数の問題作りは，苦手な児童もいる。最初は，前時で作った文章をもとに，クラス全体で考えていく時間を取る。

---

2 考える　前の時間に作った文章を使って，算数の問題を作る。

前の時間に中川さんが作った『男の子は，千円を持っています。六百円のお弁当を買いました。家でおいしく食べました。』という文章を，算数の問題に作り変えてみましょう。できるかな？

これなら，すぐできるよ。最後の文を『おつりは何円ですか。』にしたら，算数の問題になる。

1000-600 = 400 だから，答えは 400 円です。

「ほかにも，前の時間に作った文章で，算数の問題になりそうなものがありそうですね。自分のノートを，見直してみましょう。」
・『犬を二匹散歩させていると，犬を三匹散歩させている男の人に会いました。』は，最後に『犬は，合わせて何匹になりましたか。』という文を付けると，たし算の問題になりそう。

して記載されていない情報もあるので，児童に探させてみましょう。

かん字の広場 4

め 数を あらわす ことばを つかって、
さんすうの もんだいを つくりましょう

※イラストの上に漢字カードを貼る。

主体的・対話的で深い学び

・挿絵から考えた文章を，もう一歩進めて算数の問題にする学習となっている。漢字は得意でも，算数は苦手という児童もいる。特に，算数の問題作りは苦手としている児童も少なくない。いきなり問題作りをやらせるのではなく，まずは前時で作成した文章を元に，全体で算数の問題を考えることで，算数が苦手な児童でも作りやすい雰囲気を作りたい。また，グループや隣同士で相談することで，対話的な学習になる。

準備物

・黒板掲示用カード（第1時使用のもの）
・漢字カード（第1時使用のもの）

---

3 書く　できるだけたくさんの漢字を使って，算数の問題を書く。

では，算数の問題を，<u>できるだけたくさんの漢字を使って</u>，ノートに書きましょう。

どの数を，使おうかな。猫が五匹は，問題にするのは難しいかな。

かけ算もできそう！『保育園の子どもが，四人ずつ二列に並んでいます。子どもは，全部で何人ですか。』

　問題作りに困っている児童は，隣の人やグループで相談してもよい。また，教師からも『猫が5匹いるね。あれ？ 3匹は，どこかに行くのかな？』など，ヒントを交えた声かけをする。

「1問目が作れた人は，2問目も作ってみましょう。」
　3問程度できて時間の余った児童には，文章のそばに関係のある絵を描かせたり，漢字の練習をしたりするように指示する。

---

4 読み合う　作った算数の問題を，隣の人やグループで読み合う。

「出来上がった算数の問題を，隣同士で読み合いましょう。問題を出された人は，答えを考えましょう。」
・犬を2匹散歩させていると，犬を3匹散歩させている男の人に会いました。犬は，合わせて何匹になりましたか。
・簡単だよ！ 2+3 ＝ 5で5匹！

グループでも問題を読み合って，答えましょう。

時間がなければ，ノートを回して読み合ってもよい。

猫が，5匹います。3匹，どこかに行きました。残った猫は，何匹でしょう。

5-3 ＝ 2で，2匹です。

次は，僕の作った問題。大根が，5本売っていました。1本売れしました。残りの大根は，何本になりましたか。

・算数は苦手だけど，楽しくできたよ！
　時間があれば，授業をふり返って感想を発表させる。

かん字の広場4　113

わたしはおねえさん

全授業時間 10 時間

◎ 指導目標 ◎

◎文章の内容と自分の体験とを結びつけて，感想を持つことができる。

○身近なことを表す語句の量を増やし，語彙を豊かにすることができる。

○場面の様子に着目して，登場人物の行動を具体的に想像することができる。

◎ 指導にあたって ◎

①　教材について

　『わたしはおねえさん』と歌うすみれちゃんは，かりんちゃんという2歳の妹がいる2年生の女の子です。歌うのは『わたしはおねえさん　やさしいおねえさん　元気なおねえさん…すごいでしょ』という「自作の」歌です。2年生ながら，「おねえさんであるわたし」をうれしく，誇らしく思う気持ちが伝わってきます。そして，『おねえさんって，ちょっぴりえらくて，やさしくて，がんばるもので，ああ，2年生になってしあわせ』とも思っています。すみれちゃんは，おねえさんとは…2年生とは…と，自分なりの「（ちょっぴりえらい）おねえさん像」を持っているようです。

　やがて，妹のしたことがすみれちゃんを困らせる，ということが起こります。そのとき，このすみれちゃんの中の「おねえさん」が，泣いたり怒ったりするのではなく，おねえさんらしい「えらくて，やさしい」向き合い方をさせ，自然ないい結末に導いてくれます。こんなすみれちゃんを通して，日々こうありたいという願いやあこがれを持ち，健やかに成長していく子どもの姿が描かれています。これが主題でしょう。

　このお話を読む2年生は，学校にも慣れ1年生という「後輩」もでき，大きくなった自分をうれしく思っています。すみれちゃんと同じです。また，即興の歌を作って歌うのも，小さな子どもによくある姿です。読んでいて「なんだか，わたし（ぼく）みたい」と，すみれちゃんの姿や行動に心を寄せる箇所もあるでしょう。『自分とくらべて…』という単元名のように，自分と重ねることもしながら読んでいきます。

②　主体的・対話的で深い学びのために

　同学年のすみれちゃんの言葉や行動には，自分の分身と思えるところもあるでしょう。「うん，わかるなあ」，あるいは反対に「わたしなら…」などと，自分と同化して読むところも出てきます。主体的な読み方とは，このように自分の考えや体験とつなぎ，対話しながらすみれちゃんの姿を読んで（見て）いくことです。大切なのは，このとき頭の中でいろんな言葉が「内言（ひとり言）」として交わされることです。この頭の中での「物語との対話」が，思考力や表現力を培う深い学びとなっていきます。

◉ 評価規準 ◉

知識 及び 技能	身近なことを表す語句の量を増やし，語彙を豊かにしている。
思考力，判断力，表現力等	「読むこと」において，場面の様子に着目して，登場人物の行動を具体的に想像している。 「読むこと」において，文章の内容と自分の体験とを結びつけて，感想を持っている。
主体的に学習に取り組む態度	積極的に文章と体験とを結びつけて感想を持ち，学習課題に沿って物語の感想を書こうとしている。

◉ 学習指導計画　全10時間 ◉

次	時	学習活動	指導上の留意点
1	1	・全文を読み通し，簡単な感想の交流を通して，学習のめあてをとらえる。	・学習のめあては，（お話の内容を）『自分とくらべて，感想を書こう』とする。
	2	・場面に分け，場面ごとの主なできごとを読みとり，あらすじをつかむ。	・場面ごとの音読を多く取り入れ，それぞれの場面の様子やできごとを意識させる。
2	3	・①の場面を読み，『わたしはおねえさん』と歌うすみれちゃんのすがたを読みとる。	・２年生になって幸せと思い，いいおねえさんになろうとしている姿に気づかせる。
	4	・②の場面を読み，すみれちゃんが言ったことや，したことを読みとる。	・『えらいおねえさん』らしく，朝から宿題をしようとしたが，庭が気になりコスモスの水やりをした様子を読みとらせる。
	5	・③④の場面を読み，妹がすみれちゃんのノートに『らくがき』をしたことと，それを見たすみれちゃんの様子を読みとる。	・妹がかいたのは『お花』のつもりだったことが分かり，その『絵』をすみれちゃんは『じっと』見ていたことに着目させる。
	6	・⑤の場面を読み，かりんちゃんの絵を見て笑い，絵を消さなかったすみれちゃんの行動を読む。	・『絵』をじっと見ていたすみれちゃんの様子から，すみれちゃんの心の中を考え，話し合わせる。
	7	・『心にのこった』ことをカードでふり返り，すみれちゃんのしたことのわけを考え話し合う。	・「すみれちゃんが，ノートの絵を消さなかったのはなぜだと思うか」を考え，話し合わせる。
3	8・9	・カードの『心にのこった』ところから一つ選んで，「自分とくらべて」感想を書く。	・教科書の「かんそうのれい」を参考にさせ，書く順序や組み立て，引用文の書き方などを分からせる。
	10	・書いた感想文を，友だちと読み合い，思ったことを伝え合う。 ・学習をふり返り，まとめをする。	・「心にのこった」ところが異なるグループ，同じグループで読み合い，感想を伝え合う。 ・できたこと，よかったことを話し合わせる。

DVD 収録（黒板掲示用イラスト，児童用ワークシート見本）※本書 P121, 123, 131「準備物」欄に掲載しています。

わたしは おねえさん
第 ① 時 （1/10）

本時の目標

「わたしはおねえさん」の全文を読み，自分とすみれちゃんとを比べて読むというめあてをとらえる。

授業のポイント

1時目なので，音読を中心にする。クラスに応じて『追い読み』や交代で読むことなども取り入れ，まずは正しく読めることを目指させる。

本時の評価

「わたしはおねえさん」の全文を読み，自分とすみれちゃんをくらべて読む，というめあてをとらえている。

板書例

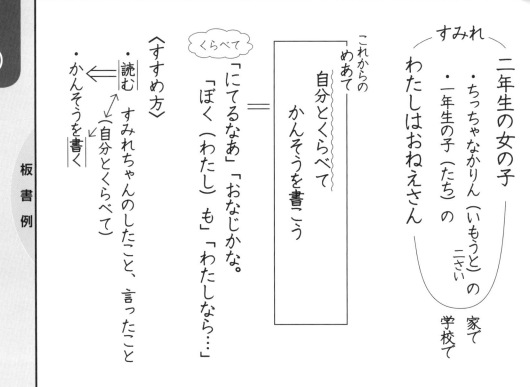

〈発表〉導入の「2年生になってできるようになったこと」は，多くの児童から発言が出ますが，

すみれ
・ちっちゃなかりん（いもうと）の 家で
・一年生の子（たち）の 学校で

二さい

わたしはおねえさん

二年生の女の子

これからの
めあて

自分とくらべて
かんそうを書こう

くらべて

「にてるなあ」「おなじかな。
「ぼく（わたし）も」「わたしなら…」

〈すすめ方〉

すみれちゃんのしたこと、言ったこと
↑
↓（自分とくらべて）

・読む ←
・かんそうを書く

---

1 導入・話し合う
2年生になって，できるようになったことを話し合う。

「これから，『すみれちゃん』というみなさんと同じ2年生の女の子が出てくるお話を読んでいきます。」

みなさんも，2年生になってもう○ヶ月になります。1年生のころと比べて，『大きくなったなあ』『1年生とは違うぞ』と思うようになったこともあるでしょう。どんなことでしょうか。

本が，すらすらと読めるようになったことです。

むずかしいたし算とか引き算とかもできるようになりました。
二重跳びも，○○回跳べます。

友だちと，けんかをしなくなったことです。

「お家でもできるようになったことがあるでしょう。」
・おふろ掃除がわたしの役目で，続けられています。

これらは，いわゆる『自分の成長』だが，ノートに書かせてもよい。ただし，あまり時間はかけないようにする。

---

2 聞く
すみれちゃんを思い浮かべて先生の範読を聞く。

「このすみれちゃんが出てくるのが，『わたしはおねえさん』というお話です。題の『わたし』とは，だれのことでしょうね。まず55ページの3行を読んでみましょう。」みんなで音読。
・『わたし』は，『おねえさんのすみれちゃん』かな。

初めに先生が読みます。みなさんも2年生のお姉さん，お兄さんらしい姿勢で聞きましょう。すみれちゃんは，みなさんと比べて『どんなおねえさん』でしょうね。

『歌を作るのがすきな　すみれちゃんが，また…』と，範読を聞かせ，目で追わせる。

「すみれちゃんもみなさんと同じ2年生です。自分と同じようなところ，似たところは，ありましたか。」
・弟が，わたしの作った『積み木の家』を壊します。すみれちゃんと同じで泣きたくなります。（など）

主体的・対話的で深い学び

・単元のめあては，すみれちゃんの言葉や行動を「自分とくらべて」読み，感想を書くということになっている。しかし，2年生では自己中心性も残り，自分を客観視できにくい児童もいる。他の人物と自分とを比べて考えられるのも，もう少しあとになる。一方，このお話の主人公2年生のすみれちゃんの言動には，共感や一体化（同化）もできるだろう。だから，「比べる」というよりも，自分と重ねて共感しながら読み，話し合う（対話する）ことが，主体的な読み方になる。

準備物

〈二年生になって〉

※本読みがすらすらと ┐
・けいさんもできる ├ べんきょう
・なわとびも   ┘
・ぎょうじ　きゅう食くばりも
・家のしごと　手つだいも

わたし ＝ おねえさん　いしい　むつみ
◇すみれちゃん
　どんな…「おねえさん」？

※児童の発言を板書する。

---

3 読む　正しく読めるよう音読する。感想を話し合う。

「では，自分でも声を出して読んでみましょう。」

各自が音読。そのあと斉読し，まずは正しく読めるようになることを目指させる。区切って指名読みをしてもよい。

「『わたしはおねえさん』の『おねえさん』は，すみれちゃんのことでしたね。」

自分で，自分のことを『おねえさん』と言っています。『だれの，おねえさん』だと，言っていましたか。

歌では『ちっちゃなかりんのおねえさん』と歌っています。だから，かりんちゃんのおねえさん。

1年生の子のおねえさん（でもある）。

自分よりも年下の子のおねえさんかな。

ここでの『おねえさん』の言葉の意味を押さえておく。

「すみれちゃんの言ったことやしていることを見て（読んで），思ったことを発表してください。同じ2年生です。自分とくらべてみてもいいですね。」

---

4 めあて　単元のめあて，見通しを確かめる。

「たとえば，歌を歌うところなんかどう思ったかな。」

・わたしもこんな歌を歌うから，似ています。
・幼稚園の妹も，機嫌のいいとき，作った歌を人形に歌ってあげています。
・妹のいたずらで怒りたくなったことは，わたしもありました。わたしは，けんかもしたけど。　など

すみれちゃんを見ていると，似ているなあ，同じだなと思うところもありましたね。このお話で，どんな勉強をしていくのか，『がくしゅう』（P68）で確かめておきましょう。大きなめあては，何でしょう。読みましょう。

『自分とくらべて感想を書こう』です。

最後に，感想を書くのかな？

「『見通し』の中の『じんぶつ』とはすみれちゃんのことですね。したことや言ったことを，自分とも比べて読んでいくのです。」と，簡単な見通しを持たせる

わたしは
おねえさん
第 ② 時 (2/10)

本時の目標

場面を分け，場面ごとの主なできごとを読みとる。

授業のポイント

場面を分けるとともに，場面ごとの音読を取り入れるなど，単元のはじめでは，読む活動を多く取り入れる。

本時の評価

場面を分けることができ，場面ごとの主なできごとを読みとる。

〈板書〉場面分けの板書は，表にしてまとめてもわかりやすいでしょう。

板書例

〈いろいろな読み方で〉音読を

⑤
・「あはは。」…たくさんわらって
けしかけて，でも　けすのをやめて…
・「何よ，これ。」
「お花」もういちどノートを
じっと，ずっと

④
・すみれちゃんが，水やりから…
「もう，かりんたら，もう。」
ぐちゃぐちゃのものを…↑

③
さて，その間に…
ノートに…かりんは…何かを

・でも，しゅくだいをはじめようと
したら…
「コスモスに水を…」

---

1 読む　　お話をふり返り，全文を読み通す。

「『わたしはおねえさん』のお話，どうでしたか。読んで『いいなあ』と思った人は？」

・すみれちゃんがやさしくてとってもいいです。歌も作るし，友だちになりたいなあと思いました。

・わたしも，『おねえさん』になったすみれちゃんの，うれしい気持ちがよく分かります。

そんな『おねえさん』のすみれちゃんの姿を思い浮かべて，みんなで初めから読んでみましょう。

「わたしはおねえさん。歌を作るのがすきなすみれちゃんが，また一つ，歌を作りました。」（と，斉読する。）

「今度は，一人で声を出して読みましょう。」（一人読み）

まだ２時目。これからの学習をすすめるために，まずはどの児童もつっかえずにすらすら読めるようになっておくことが課題であり，当面のめあてとなる。音読の機会を多くとる。

2 読む　話し合う　　場面を分ける。

このお話は，いくつかの場面に分かれています。様子や，できごとが変わるところが，場面も変わるところです。みんなで，確かめていきましょう。
先生がゆっくり読んでいきます。聞く姿勢ですよ。
『わたしはおねえさん。歌を作るのが…』

「『…すみれちゃんは，そう思いました。』…（と読み），ここまでが①の場面です。（P56からP57　終わりまで）番号を①と書いておきましょう。」教科書に書かせる。

「２つ目の場面は，『けさも，この歌を　歌っています。』からです。教科書の『けさも…』の上に，②と書いておきましょう。」

このように，場面分けは，教師が主導してすすめていく。

「では，この②の場面をみんなで読みましょう。」

板書

わたしは　おねえさん
いしい　むつみ

め
・ばめんを 分けて、できごとを たしかめよう
・じょうずに 音読できるように なろう

〈ばめんに 分けて 読もう〉＝五つ

① 歌を作るのがすきなすみれちゃんが
「わたしはおねえさん」 しあわせ

② ・けさも、この歌を…（日よう日）
「えらい おねえさんは、
朝のうちにしゅくだいを…」

※該当場面の冒頭の文を板書する。

主体的・対話的で深い学び

・「児童の主体性」は大切だが、何でも児童の話し合いに委ねてよいのではない。本時の場面分けなども、2年生では児童の意見を聞き出すと、収まりがつかなくなる。ここは、教師が『このように場面を分けます』と、示してよいところであり、児童も内心では、そのようなやり方を望んでいるのである。

・大切なのは、「どんな場面で」主体的で対話的な学びをさせるかである。ここでは、今後「人物像を読みとる」場面でこそ、主体的な意見の交流や対話をさせるようにしたい。

準備物

---

3 読む 話し合う　場面ごとの主なできごとを確かめながら読む。

この②の場面では、すみれちゃんがしようとしていたこと、したことはどんなことですか。

歌を歌って、朝から宿題をしようとしました。でも、コスモスの水やりをしてしまいました。

花を見て、気が変わったのだと思います。私もそんなことがあります。

「では、②の場面を、もう一度読みましょう。」
　　交代読み、グループで、など、多様な読み方から選んで。
「（③の場面を読み）どんなできごとがありましたか。」
・水やりしているとき、かりんちゃんが、すみれちゃんのノートに何か（落書きを）書きました。
「（④の場面を読み）ここでのできごとは、…」
　　などと、場面ごとに区切って音読し、そこは何の場面なのか、どんなできごとがあったのかを簡単に話し合い、場面分けをすすめていく。教師がまとめて板書する。

---

4 読む　場面ごとの主なできごとや様子をまとめ、あらすじをとらえる。

「場面を分けることができました。今度は、場面ごとに、列ごとに読んでもらいましょう。まず①の場面は鈴木さんの列です。立って読みましょう。」斉読
「今度は、歌のところを木村さんの列、読んでください。」
　　場面ごとに区切って読み返し、場面を意識させる。
「場面ごとに、書かれていたことやできごとを見返して、どんなお話だったかふり返りましょう。」
　　板書の場面ごとのできごとを読む。板書参照

【ここでは、場面は次のように分けている。他の分け方もある。】

① P56 はじめ～　　『歌を作るのが…

② P58L1 ～　　『けさも、この歌を…

　　P59L8 ～　　『でも、しゅくだいを…

③ P62L1 ～　　『さて、その間に、…

④ P62L7 ～　　『すみれちゃんが、…

　　P64L2 ～　　『「何よ、これ。」と、…

⑤ P66L1 ～おわり　『「あはは。」…

※②と④の場面は、さらに2つに分けることもできる。

わたしは おねえさん
第 ③ 時 （3/10）

本時の目標

①の場面を読み，『わたしはおねえさん』と思っているすみれちゃんの人物像を読みとる。

授業のポイント

「すみれちゃんは，どんな子なのか」という人物像を読みとる。その際，「この文から…こう思う」というふうに，文にもとづいた言い方をさせるよう心がける。

本時の評価

①場面を読み，『わたしはおねえさん』と思っているすみれちゃんの人物像を読みとっている。

板書例

〈音読〉時間に余裕が生まれた場合，音読をさせます。今後も，時間のあるときには，いろいろな

すみれちゃんの思う
おねえさんとは？

ちょっぴりえらくて
やさしくて
がんばるもので

ああ、二年生になって
〔おねえさんになって〕
しあわせ

◇こんな
すみれちゃんを見て

⇒

◇心にのこった
「いいな」
「どうして」

したこと
言ったこと
をワークシートに

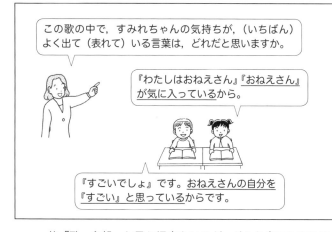

---

1 読む 話し合う　①の場面を読み，すみれちゃんはどんな子なのか話し合う。

「このお話に出てくるすみれちゃんは，どんな子なのでしょう？　お話を読んで考えていきます。」

　　　　P68 上の『がくしゅう』の『とらえよう』も，読み合う。

「まず，①の場面を読みましょう。」斉読し各自音読。

「では，『すみれちゃんは，○○です』のように，『すみれちゃんは，…』に続く言葉を考えましょう。」

・すみれちゃんは『歌を作るのが好き』な子です。

「そうですね。それは文章を読むと分かります。他にも分かるところに，まず線を引きましょう。」引く

では，『すみれちゃんは，…』に続く言葉を発表しましょう。

すみれちゃんは，『2年生の女の子』です。

すみれちゃんは，私はおねえさんと思っている子。

妹がいて，『妹のかりんのおねえさん』です。

『1年生の子のおねえさん』（でもある）と思っている。

やさしい元気なおねえさん，とも思っています。

2 読む 話し合う　すみれちゃんの歌を読み，すみれちゃんの思いを話し合う。

「歌を読んでみましょう。（斉読・指名読み）この歌は，『音楽』で習った歌でしょうか。それとも？」

・すみれちゃんが作ったすみれちゃんだけの歌です。

「では，作った歌はこの歌だけですか。それとも？」

・これまでもよく歌を作っていたと思います。1行目に『また一つ，歌を…』と書いてあるからです。」

・それに，あとでコスモスの歌も作っているから。

この歌の中で，すみれちゃんの気持ちが，（いちばん）よく出て（表れて）いる言葉は，どれだと思いますか。

『わたしはおねえさん』『おねえさん』が気に入っているから。

『すごいでしょ』です。おねえさんの自分を『すごい』と思っているからです。

　　　他『歌，全部』と言う児童もいるが，どんな意見も認める。

「すみれちゃんは，おねえさんの自分を，自分で『すごい』と思っている子なのですね。」　歌を再読する

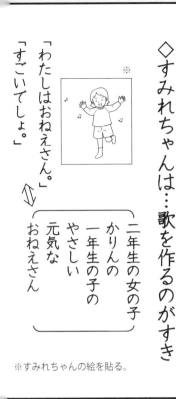

わたしは おねえさん
いしい むつみ

め ①のばめんを読んで、すみれちゃんは どんな子 なのかを考えよう

◇すみれちゃんは…歌を作るのがすき

二年生の女の子
かりんの
一年生の子の
やさしい
元気な
おねえさん

「わたしはおねえさん。」
「すごいでしょ。」

※すみれちゃんの絵を貼る。

主体的・対話的で深い学び

・児童が一度に読めて，理解できる文章の範囲は広くない。範囲が広いと話し合いをしても話題が分散し，何のことを話し合っているのか，理解できなくなる児童も出てくる。

・特に低学年では，読む範囲が広すぎると対話も成り立たない。だから，1時間の授業で読める（頭の中に入る）文章の量（容量）を考えて，授業も構想しなければならない。本時も，①の場面に限定して読み，「その場面での すみれちゃん像」を話し合わせると，互いの考えがよく分かり，対話も深まる。

準備物

・児童用ワークシート DVD 収録【2下_10_01】
・黒板掲示用すみれちゃんの絵 DVD 収録【2下_10_02】もしくは，教科書の挿絵を拡大コピー

3 読み 話し合う　文章を読み，すみれちゃんの考える『おねえさん，とは』について話し合う。

「すみれちゃんは，この歌を歌いながら思っていることは，どんなことでしょうか。書いてあるところを読みましょう。」
・『おねえさんって，ちょっぴりえらくて，… ああ，2年生になってしあわせ。』と思っています。

 そこを読むと，すみれちゃんの考えている『おねえさん』が，分かります。どんな人だと思っているのかな？

ちょっぴりえらい人。

それから，やさしくて，がんばる人です。

「だから，おねえさんは『すごい』と思っているのですね。では，どんなことが『しあわせ』なのですか。」
・2年生になって，そのすごいおねえさんになることができているから，それが『しあわせ』と思っています。

4 書く 話し合う　すみれちゃんを見て，思ったことを書き，話し合う。

「すみれちゃんとはどんな子（どんな人物）なのか，また，思っていることも分かってきました。」
「『わたしはおねえさん』と歌っているすみれちゃんを見て，みなさんはどう思いましたか。ノート（またはワークシート）に書いて，話し合ってみましょう。」
・私も歌を作ることがあるので，似ているな。
「自分と比べて思ったことを書いてもいいですね。」
　見て回り，例として数人に発表させてもよい。助言もする。

 では，書いたことを発表しましょう。

すみれちゃんは，2年生になったことをとてもうれしく思っているんだなと，思いました。それは，私も同じです。

すみれちゃんは，元気で明るい子だと思いました。そして，えらくて，やさしい2年生になろうとしています。私も2年生になって，がんばろうと思いました。

「①の場面をふり返り，音読しましょう。」指名読み。

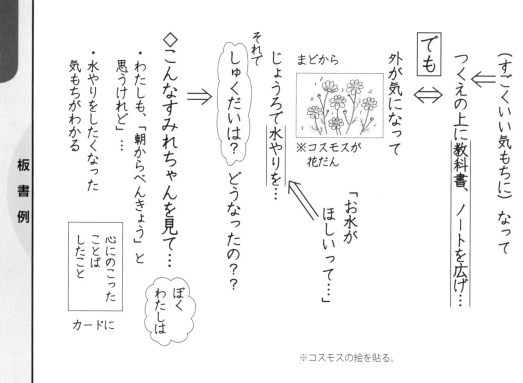

わたしは おねえさん

第 4 時 （4/10）

本時の目標
②の場面を読み，「えらいおねえさん」になろうとしている，ある日のすみれちゃんの姿（人物像）を読みとる。

授業のポイント
すみれちゃんがしたことや言ったことから，『えらいおねえさん』になりたいと思っているすみれちゃんの，がんばりについて話し合わせ（対話させ）る。

本時の評価
②の場面を読み，「えらいおねえさん」になろうとしている，ある日のすみれちゃんの姿（人物像）を読みとっている。

板書例

〈読み取り〉②の場面を読み，人物（すみれちゃん）が何をしたのか，したことや言ったことを読

（すごくいい気もちに）なって
つくえの上に教科書、ノートを広げ…
でも ⇔
外が気になって
まどから
※コスモスが花だん
「お水がほしいって…」
じょうろで水やりを…
それで
しゅくだいは？ どうなったの？？
◇こんなすみれちゃんを見て…
・わたしも、「朝からべんきょう」と思うけれど」…
・水やりをしたくなった気もちがわかる

→ ・心にのこったことば したこと
カードに

ぼく わたしは

※コスモスの絵を貼る。

---

1 読む　②場面の前半を読み，すみれちゃんのしたことに線を引く。

「すみれちゃんはどんな子なのか，②の場面ですみれちゃんのしたことを読んで，考えていきましょう。」
「②の場面（P58 〜 P61）を読みましょう。」
　・『けさも，この歌を歌っています。十月の…』斉読

「まず『ノートも広げました。』（P59 L7）までを読んで，すみれちゃんの言ったことや，したことを確かめましょう。そこに線を引きましょう。」　各自音読。
　したこと（赤線）言ったこと（青線）と，区別させてもよい。

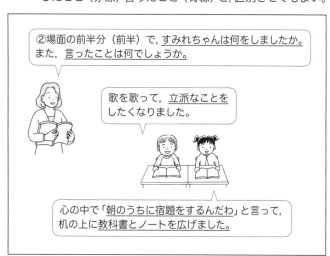

②場面の前半分（前半）で，すみれちゃんは何をしましたか。また，言ったことは何でしょうか。

歌を歌って，立派なことをしたくなりました。

心の中で「朝のうちに宿題をするんだわ」と言って，机の上に教科書とノートを広げました。

2 話し合う　すみれちゃんが宿題をしようとしたことについて話し合う。

「すみれちゃんは，何をしたのか，簡単に言うと？」
　・朝から宿題を「しようと」しました。
「宿題は，いつも朝からしているのかな。」
　・いつもはしていないと思います。初めてみたい。
「それから P59 2行目に，『同じことを　お母さんに言われると…。けれど，…すごくいい気持ちです。』とあります。読んでみましょう（斉読）。すみれちゃんはこう思っています。みなさんは，どうですか。」
　・私も，お母さんから言われるとイヤ。でも自分からするときは気持ちいい。おんなじです。など

すみれちゃんが，朝から進んで宿題をしようとしたのは，どうしてだと思いましたか。

『えらいおねえさんになって』と書いてあるので，自分が『えらいおねえさん』（になろう）と思っているから。

『えらいおねえさんは朝のうちに』と思っているから。

すみれちゃんは，がんばろうとしています。

みとり，その人物像を考え合います。

わたしは　おねえさん
いしい　むつみ

め①のばめんを読んで，すみれちゃんのした
こと　言ったことを　とらえよう

②　けさも、この歌を歌って

十月の　　　わたしは
日よう日　　　　おねえさん

◇いったこと、したことは？
←（自分から　すすんで）
「えらいおねえさんは、
朝のうちに　しゅくだいを
するんだわ。」

主体的・対話的で深い学び

・作品のテーマとも関わるが，すみれちゃんにとっての『おねえさん』とは，年長者という意味だけではない。特別な価値を持つ言葉である。だから，すみれちゃんがしたことや言ったことから「おねえさんとは，えらい人」だと考え，『えらいおねえさん』になろうとしているすみれちゃんの姿，願いに気づかせたい。それが「人物像を読みとった」ということになる。

・それには，まずその行動や言ったことは何かを明らかにし，その意味と理由を考え，話し合う（対話する）ことになる。

準備物

・カード **DVD** 収録【2下_10_03】（切って使用する）
・黒板掲示用コスモスの絵 **DVD** 収録【2下_10_04】

3 読む 話し合う　②場面の後半を読み，したことに線を引き，話し合う。

「『でも』から後を読みましょう。<u>『でも』があると？</u>」
・次に，これまでとは反対のことが書いてあります。
「どうでしょうか，みんなで音読しましょう。」斉読
・（口々に）すみれちゃんは，宿題をしなかったんだ。
「では，したことや言ったことが書いてあるところに，線を引きましょう。」　各自，音読，黙読し線を引く。

「発表しましょう。まず P59 ではどうでしょうか。」
・すみれちゃんは，外の花だんが気になりました。

そのあと，すみれちゃんの言ったこと，したことはどんなことですか。

花壇のコスモスを見て，歌を（作って）歌っています。

『コスモスに水をやらなくちゃ』と言っています。そして，庭に出て，水をやりました。

宿題は，どうしたのかなあ。忘れたのかな。

4 書く 話し合う　心に残った行動や言葉をカードに書く。

「すみれちゃんは，朝から宿題をしようとしました。けれど，コスモスの水やりをしたのですね。」

では，このようなすみれちゃんを見て，みなさんはどう思いましたか。ノート（カード）に書いて，話し合いましょう。

すみれちゃんは，えらいおねえさんになろうとして，がんばっているなあと思いました。「朝から勉強」なんて，ぼくもよく思うけれど，思うだけです。

朝から宿題をしようとしたけれど，コスモスの水やりをしました。気が変わったと思います。私にもあります。

発言に，「自分と比べて」があれば，ほめて評価する。
「では，この②の場面で，心に残ったところ（文）を，カードに書き写しましょう。」　もう一度読み返す。
・『心の中で「えらいおねえさんは，…するんだわ」と，言いました。』が，すみれちゃんらしいな。
「最後に，②の場面をみんなで読みましょう。」斉読

わたしは
おねえさん

本時の目標

③，④の場面を読み，水やりの間にあったできごとと，かりんちゃんの絵をじっと見ているすみれちゃんの様子を読みとる。

授業のポイント

ここでは『自分とくらべて』読むこともめあてになっている。「こんなとき，あなたなら？」などと，発言を促してもよい。

本時の評価

③，④の場面を読み，水やりの間に起こった出来事と，かりんちゃんの絵をじっと見ているすみれちゃんの様子を読みとる。

板書例

〈読み取り〉③と④の場面を読み，人物の様子やしたこと，言ったことを読みとります。

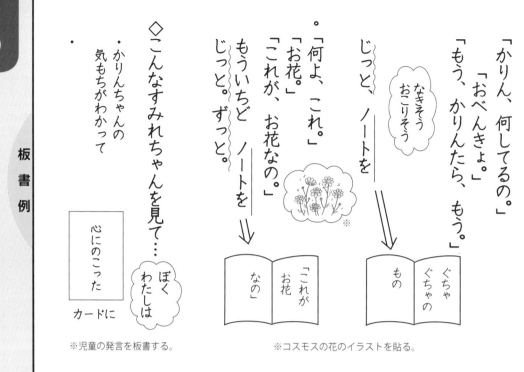

※児童の発言を板書する。　※コスモスの花のイラストを貼る。

---

1 読む 話し合う　③の場面を読み，「ちょっとしたこと」とは何かについて考える。

「③の場面を読みましょう。『さて，その間に…（P62）』からです。」③場面（P62L1～L5）を範読，斉読。
「この『その間に』とは，『何の（何をしている）間に』ということですか。」②場面後半を読み返してもよい。
　・すみれちゃんが，水やりをしている間にです。

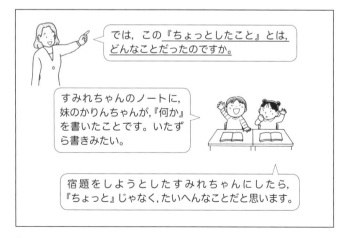

では，この『ちょっとしたこと』とは，どんなことだったのですか。

すみれちゃんのノートに，妹のかりんちゃんが，『何か』を書いたことです。いたずら書きみたい。

宿題をしようとしたすみれちゃんにしたら，『ちょっと』じゃなく，たいへんなことだと思います。

「みなさんにも，こんなできごとはありましたか。」
　・はい，宿題のプリントを弟が，くしゃくしゃにしました。
　　など，弟や妹のいる児童ならたいていこんな経験があり，このできごとにも共感できるだろう。『比べて』出し合わせてもよい。

2 読む　④場面の前半（P62L7～P64L1）を読み，したことを考える。

「このとき，すみれちゃんは何をしていましたか。」
　・コスモスの水やりです。もう終わっているかな。
「そして，どうなったのか，④の場面を読みましょう。」
　・『すみれちゃんが，水やりからもどって…』（と，斉読）

「まず，前半分（～P64L1）まで読み，ここですみれちゃんの言ったこと，したことに線を引きましょう。」
　　各自が音読（黙読）して線を引く。書き込みをさせてもよい。
「すみれちゃんが見たのは，どんなことでしたか。」
　・かりんちゃんが，ノートに何かかいているところ。

それを見たすみれちゃんはどうしたのか，言ったこと，したことを，順に発表しましょう。まず，言ったのは？

おどろいて，『かりん，何してるの。』と，聞きました。

そして『もう，かりんたら，もう。』と言って，泣きそうになり，怒りそうになりました。（気持ち）

それで，『じっと，ノートを見ていました』

主体的・対話的で深い学び

・主体的，対話的で深い学びを目指すには，まず基本的な読み取り（読解）ができていなくてはならない。ところが，そのことが案外できていないことがある。当然，対話も成り立たないか，あるいは限られたわかる児童だけでの「対話」となる。

・本時でも，③場面の『その間に』の『その』や『ちょっとしたこと』とは，何のことなのかが読めていない児童もいる。全ての児童が，主体的・対話的な学びをすすめるためには，まずこのような「土台の読みとり」をきちんとくぐらせておく。

準備物

・カード（第4時使用のもの）
・コスモスの絵（第4時使用のもの）

縦書き板書部分：

わたしは　おねえさん
　　　　　いしい　むつみ

め　③④のばめんを読み、できごと、すみれちゃんのしたこと、言ったことを　とらえる

③　さて、その間に、…へやではちょっとしたことが

（すみれちゃんのノートに
　かりんちゃんが
　何かをかき…）
（すみれちゃんが
　水やりをしている）

④　・言ったこと、したことは？
　　◇言ったこと、したことは？
　　すみれちゃんが
　　・おどろいて

---

3 読む　④場面の後半（P64L2〜P65終）を読み，したことを考える。

「さあ，こんなときみなさんならどうしたでしょう？」
　・ぼくなら，怒ります。話し合ってもよいが，簡潔に。
「かりんちゃんがかいた『何か』は，すみれちゃんにはどう見えたと，書いてありますか。」
　・『ぐちゃぐちゃのもの』です。わけの分からないもの。
「そして，『何よ，これ。』と聞きました。」
「では，ここから，④場面の後ろ半分（〜P65まで）を読んで，すみれちゃんの言ったこと，したことに線を引きましょう。」
　　線を引き，隣どうし見せ合ってもよい。

線を引いたところを，発表しましょう。

『何よ，これ。』とかりんちゃんに聞きました。

『お花』と言ったので，『お花。これがお花なの。』と言って，『かりんちゃんを見ました』

そして，『もういちど，ノートを見ました。じっと。ずっと。』今度は，『じっと。ずっと。』です。

---

4 書く　話し合う　したことや言った言葉を読んで，心に残ったところをカードに書く。

かりんちゃんがかいたものを，2回『じっと』見ています。今度は，『じっと。ずっと。』見ていますね。初めに「じっと」見たときとでは，すみれちゃんには何か，違いがあったのでしょうか。

（役割読みをさせてもよい）

今度は，かりんちゃんがかきたかったものが，お花だったことが分かって，『じっと，ずっと』見ています。

妹の気持ちを知ったすみれちゃんは，『絵』をじっとずっと見ている。

「では，このようなすみれちゃんを見て，思ったことを書いて，話し合いましょう。」
　・すみれちゃんは，はじめはきっとびっくりして，でも怒らなかった。後で『お花』と聞いて。
「④場面をもう一度読み返して，『あれ』とか『どうして』，『そうか』，『なるほど』，『いいな』など，心に残ったところ（したこと，言葉，様子）を，カードに書きぬきましょう。裏に，そこを選んだわけも書いておくといいですね。」　最後に，斉読をする。

本時の目標

⑤の場面を読み，妹の絵を見て
怒ることなく笑い出し，その後，
その絵を消すのをやめたすみれ
ちゃんの姿を読みとる。

授業のポイント

『あはは』と笑ったところ，消
すのをやめたところに，すみれ
ちゃんの人物像がよく出てい
る。また，お話の山場でもある。
ここに目を向けさせたい。

本時の評価

⑤の場面を読み，妹の絵を見て
笑い出し，その後，その絵を消
すのをやめたすみれちゃんの姿
を読みとる。

〈読み取り〉お話の山場，最後の⑤の場面を読みます。

板書例

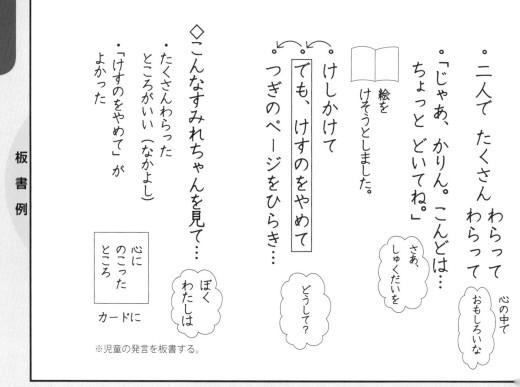

・二人で　たくさん　わらって
　わらって　わらって
　　　　　　心の中で
　　　　　　　　おもしろいな

・「じゃあ、かりん。こんどは…
　ちょっと　どいてね。」
　　　　　　さあ、
　　　　　　しゅくだいを

絵を
けそうとしました。

◇けしかけて
　でも、けすのをやめて
　つぎのページをひらき…
　　　　どうして？

◇こんなすみれちゃんを見て…
　ぼく
　わたしは

・たくさんわらった
　ところがいい（なかよし）
・「けすのをやめて」が
　よかった

心に
のこった
ところ

カードに

※児童の発言を板書する。

---

1 ふり返る
読む　⑤の場面を読み，『あはは』と笑った
ことについて話し合う。

「④の場面では，かりんちゃんがすみれちゃんのノートに，『お
　花』の絵をかいてしまいました。」
「『じっと。ずっと。』それを見ていたすみれちゃんは，どう
　したのか，今日は，次の⑤の場面を読みます。」
　　　P66　L1から終わりまでを範読，斉読。

・すみれちゃんは『あはは。』と笑いだしました。
・そして，すみれちゃんは，怒らなかった。

すみれちゃんが，かりんのかいたものを見て，
『あはは』と笑い出したわけも書かれています。
どこにどう書かれているのか，線を引きましょう。

2行目から4行目の，『コスモスに
なんか，ちっとも見えない　ぐちゃ
ぐちゃの絵が，かわいく見えてきた
のです。』というところです。

　　『見えてきたのです。』の『のです』は，ここではわけを表す
　　言い方になっている。

---

2 考える
話し合う　『…絵が，かわいく見えてきた…』
すみれちゃんについて考え話し合う。

『かわいく見えてきた』というのは，どういうことなのかな？
すみれちゃんの気持ちを想像してみましょう。それまで
『じっと，ずっと』見ていましたね。

かりんちゃんがコスモスの『お花』をかい
ているつもりだったと分かって，かわいく
なったと思います。『ああ，そうだったのか』
という（納得の）気持ち。

『じっと。ずっと。』見てい
るうちに，かりんちゃんの
かきたかった気持ちを，考
えることができたから。

　　　板書でも一連の流れを示して手がかりとさせる。（板書参
　　照）

・『ぐちゃぐちゃのもの』にしか，見えなかったときは，『も
　う，かりんたら，…』という気持ちだったけれど，今は（か
　りんにとっては）『お花』だった，と分かったから，か
　わいいと思えるようになった。
　　ここで，『おべんきょ』⇒『お花』⇒『（コスモスの）お花』
　と，ずっと姉のまねをしているかりんの行動を，読み返すの
　もよい。

わたしは おねえさん

いしい むつみ

め ⑤のばめんを読み、すみれちゃんのしたことと
言ったことを とらえよう

◇すみれちゃんのしたこと、言ったことは

・もういちど、ノートを見ました。

じっと。
ずっと。

（このあいだに）
ぐちゃぐちゃの絵が
かわいく見えてきたのです。（わけ）

⑤
（そして）←
「あはは」とわらいだし
（だから）←

🔍 主体的・対話的で 深い学び

・ふつうなら怒ってしまうところで，『あはは』と笑うすみれちゃん。妹の『お花の絵』を消さずに，次のページを開いたすみれちゃん。ここに人物像が表れている。すみれちゃんは『何をしたのか』を，まずみんなで読みとり，主体的な読みの出発点にする。（ここが不十分だと，対話も成り立たない。）

・その上で，そんなすみれちゃんをどう見たのか，思ったのかを話し合う。これが自然と「自分とくらべて」という読み方になり，児童それぞれの多様な深い読み方にもつながっていく。

準備物

・カード（第4時使用のもの）

---

3 書く   したこと，言ったことに線を引き，心に残ったところをカードに書く。

「そのあと，すみれちゃんはどうしたのかな。したこと，言ったことが書かれているところに，線を引きましょう。」

　　一人読み，線を引く。

 線を引いたところを発表しましょう。思ったことも，つけ加えていいですよ。

『ふたりでたくさんわらってわらって，…』楽しそう，ほんとは仲がいいんだ，と思いました。

『こんどは，ねえねがお勉強するから，ちょっとどいてね。』と言っていすに座りました。かりんちゃんもすなおだね。

『すみれは，…絵を消そうとしました。でも，消すのをやめて…次のページを開きました。』どうして，消すのをやめたのかな。わかるような気もするな。

「では，この中から『心に残った』ところを，カードに書きましょう。1枚に1つのことを書きます。」

---

4 書く 話し合う   「すみれちゃんを見て思うこと」を書き，話し合う。

「『心に残ったところ』を，少し発表しましょう。」

・『ふたりでたくさん笑った』ところです。
・『絵を消そうと』したけれど『消すのをやめて…』というところです。すみれちゃんの気持ちがなんとなく分かり，「いいな」と思ったからです。

「同じところを，カードに書いた人は？」多く挙手。

 妹のかりんとたくさん笑って，最後にはその絵を消すのをやめました。このようなすみれちゃんを見て，自分はどう思ったのか，書いて話し合いましょう。

　　ノートに書いて，発表。

 けんかになるところなのに，ふたりで笑ったところがとてもいいなと思いました。すみれちゃんがかりんちゃんの気持ちを分かってあげたからです。やっぱり「おねえさん」だなと思いました。

 このあと，すみれちゃんは気持ちよく宿題をしたと思います。

「⑤の場面の出来事をふり返って，音読しましょう。」

本時の目標
かりんちゃんのかいたノートの
『絵』を，すみれちゃんが消さ
なかったのはなぜかを考え，話
し合うことができる。

授業のポイント
カードの『心にのこった』とこ
ろの発表は，効率よくすすめる。
また，お互いに同じところを選
んでいることにも気づかせる。

本時の評価
かりんちゃんのかいたノートの
『絵』を，すみれちゃんが消さ
なかったのはなぜかを考え，話
し合うことができている。

〈読み取り〉「心にのこったこと」をふり返り，「ふかめよう」（P69）として，すみれちゃんが，

板書例

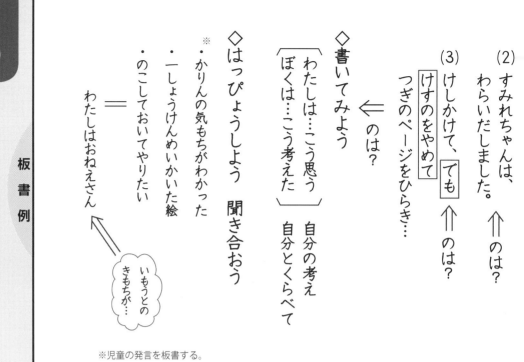

(2) すみれちゃんは，
わらいだしました。 ⇑
のは？

(3) けしかけて，でも ⇑
けすのをやめて のは？
つぎのページをひらき…

◇書いてみよう ←
のは？

わたしは…こう思う 自分の考え
ぼくは…こう考えた 自分とくらべて

◇はっぴょうしよう 聞き合おう

・かりんの気もちがわかった
・一しょうけんめいかいた絵
・のこしておいてやりたい
＝
わたしはおねえさん

※児童の発言を板書する。

いもうとの
きもちが…

---

1 ふり返る 音読　全文を音読でふり返り，『心に残った』
ところを話し合う。

「すみれちゃんはどんな子で，どんなことを言ったりしたり
したのかを読んできました。『心にのこった』ところをカー
ドにも書いてきました。今日は，その『心にのこった』と
ころを，話し合ってみましょう。」
「まず，音読して，初めからふり返りましょう。」
　　音読も上達してきている。役割読みなど，多様な読み方で。

『心にのこった』ところで，まず，「なるほど！」
「いいなあ」「ぼく（わたし）も」などと思った
（共感した）ところは，どんなところだったでしょ
うか。

『わたしはおねえさん』と，歌を歌って
いたところが心にのこりました。

『おねえさんって，ちょっぴりえらくて…
２年生になって幸せ』が，わたしと同じで
した。

「同じところをカードに書いた人は，いますか。」
　　お互いどこに心を引かれたのかを，効率よく知り合わせる。

---

2 ふり返る 話し合う　「どうして」などと『深め』，
考えるところを話し合う。

カードに書いた『心にのこった』ところで，
「あれ」とか「どうして」などと，もう少し
考えてみたいところはなかったでしょうか。

カードを見直させる。

『じっと，ノートを見ていました』のところ。

『すみれちゃんは，わらい
だしました』のところ。

同じところを
選んだ人はいま
すか。

挙手させる。
多い。

『…消すのをやめて，すみれ
ちゃんは，つぎのページをひ
らきました。』のところです。
どうしてかな。

「教科書の 6P8，P69 の上の『ふかめよう』のところを読み
ましょう。３つの問いが出ていますよ。」
　　（みんなで）『すみれちゃんが，つぎのようにしたのはなぜ
　　だと思いますか』などと，３つの問いを斉読。
　　　『それで，じっと，ノートを見ていました。』などと読む。

「みなさんの『どうして』のカードと同じところですね。考
えていきましょう。」

板書 (縦書き)

わたしは　おねえさん

いしい　むつみ

め　「心にのこったところ」を考え、ふかめよう

```
心に
のこった
ところ
```

「わたしも」
「いいな」「なるほど」
「どうして」

〈ふかめよう〉

◇すみれちゃんがつぎのようにしたのは？

(1) それでじっとノートを見てしましました。

```
（　　）のは、
なぜだと
思ったか
```

主体的・対話的で深い学び

・「このときのすみれちゃんの気持ちは，どんな気持ちですか。」「すみれちゃんが…したのは，なぜですか。」という発問の仕方があるが，このような問い方ではなく「…は，どんな気持ちだと（あなたは）思いましたか。」「…したのは，なぜだと（あなたは）考えますか。」という問い方がよい。

・つまり，主体である読み手を主語にして，読み手（児童）の考えを問うのである。すると，互いに「『私は，』○○だから，こう思う」という主体的な対話がすすめられ，学びも深まる。

準備物

・これまで書いてきた「心にのこったところ」のカード（児童各自）

---

3 考える・書く

3つ目の『…けすのをやめて…』を，自分はどう考えたのか話し合う。

【「ふかめよう」という学習とその課題】

　3つの問いのうち『じっと見ていました』や『わらいだしました』などのわけは，これまでの①〜⑤の場面ごとの読みとりのときに，その都度話し合ってきた。ここでは，そのときに十分深めきれなかった課題にしぼって話し合う。ここでは『…消すのをやめて，…』の問いだが，クラスに応じて他の問いをとり上げる。いずれにしろ，まずは文章にもどる。

　「ここで，3つ目の『…消すのをやめて…』はなぜか，⑤の場面から考えます。わらったあとのすみれちゃんのしたことやその様子を，まず音読でふり返りましょう。」
　　　⑤場面を役割読み，一人読み。

文をもとに，ノートに自分の考えを書きましょう。はじめ，すみれちゃんはどうしようとしたのでしょうか。

はじめ『けそうとしました。』でも『消しかけて』やめました。

だから，残しておきたかったことがわかります。

---

4 話し合い・読む

『…けすのをやめて，…つぎのページを』について話し合う。

「では，すみれちゃんがしたことを読んで，確かめましょう。」
（このようなゆれる心の表現は，何度も音読）

・『…絵を　けそうとしました。けしかけて，でも，けすのをやめて…つぎのページを…』

・消そうと思ったけれど，やめて（わざと）残した。

消さなかったのは？　自分の考えを発表しましょう。

妹のかりんちゃんが，すみれちゃんのまねをして，『おべんきょ』したり，『（コスモスの）お花』をかいたりしたことがわかって，「絵」がかわいく見えたからだと思いました。

妹が一生懸命描いた「絵」だから，残しておきたいと思ったと，私は思いました。

すみれちゃんは「ちょっとどいてね。」と，やさしく言っています。妹のことを考える「やさしいおねえさん」になったからだと思いました。わたしも，そんな風になりたいな。

「『絵』を消さなかったすみれちゃんの気持ちを，いろいろ考えることができました。音読しましょう。」

わたしは おねえさん

第 8,9 時 (8,9/10)

本時の目標
カードから，いちばん「心にのこった」ところを選び，自分と比べて感想を書くことができる。

授業のポイント
「自分とくらべて」は，児童なりの体験があればよいが，難しいこともある。すみれちゃんと自分の考えを比べ「わたしなら」という書き方も認めていく。

本時の評価
カードからいちばん「心にのこった」ところを選び，自分と比べて感想を書くことができている。

〈作文〉「心にのこった」ところを一つ選び，感想を書きます。感想文の組み立てや引用文の書き方は，

板書例

◇かんそうを書こう
（かんそうのれい）

（はじめ）
・わたしは、……のところが心にのこりました。
① 心にのこったところはどこか

（中 つぎに）
・なぜかというと（それは）……からです。（一年生が…）
② 心にのこったわけ（自分とくらべたこと）

（おわり）
・そんなすみれちゃんを見てわたしは、…
③ 今思っていること言いたいこと

（第8時）

1 めあて 「心にのこった」ところを，一つ選んで感想を書く。

「これまで，『心にのこった』ところをカードに書いて話し合ってきました。これから，その中でもいちばん心に残っていることをひとつ選んで，感想を書きます。「わたしも」とか「ぼくなら」などと，自分と比べて考えたところもあるでしょう。」

まず，これまで書いてきたカードを並べて，読み返しましょう。『これも，入れたい』ということが出てきた人は，カードを書き足しましょう。

絵を消さなかったところがいちばんよかった。やさしい，おねえさんらしいすみれちゃんだと，よくわかるところだから。えらい！

『…もういちど，ノートを見ました。じっと。ずっと。』のところがよかったな。妹のことを『じっとずっと』考えているすみれちゃんがいい。いいおねえさん！

2 話し合う 「自分とくらべて」書くことも考える。

いちばん心に残ったことが選べましたね。心に残ったわけも，カードの裏に書いておくといいですね。ところで，このすみれちゃんの出来事とよく似たことがあったなあ，という人はいませんか。

・はい。ぼくも，弟が〇〇したとき…

などと簡単に出し合ってもよいが，簡潔に。後は感想文で。

「感想も，そんなときの自分と比べて書くといいですね。『私は…』『私も…』『私なら…』などという言葉を使うと，比べて書きやすくなります。」（板書）

【「自分とくらべて 書く」にあたって】

　幼い兄弟姉妹がいる児童なら，おもちゃの取り合いなど，このお話のような兄弟間でのトラブルはよくあり，その経験を通して成長もしていく。大切なのは，ここでのすみれちゃんのように，相手の気持ちを考え，少し自分を抑えることを学んでいるところである。つまり「おねえさん」になっていく。このような自分の成長をふり返り，比べることができる児童もいるだろう。一方，兄弟のいない児童の場合，1年生との関わりがあるとはいえ，体験を比べることには難しさがある。配慮も必要になる。

130

「かんそうのれい」をもとにして確かめます。

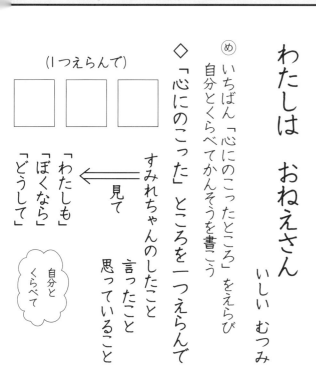

わたしは　おねえさん
　　　　　いしい　むつみ

◇「心にのこった」ところを一つえらんで
　　　　　　　　思っていること
　　　　　　　言ったこと
　すみれちゃんのしたこと
　　　　見て　←
　「わたしも」
　「ぼくなら」
　「どうして」

（自分とくらべて）

め　いちばん「心にのこったところ」をえらび
　自分とくらべてかんそうを書こう

（１つえらんで）

[ ] [ ] [ ]

主体的・対話的で深い学び

・ここでは,「自分とくらべて　感想を書く」ということになっている。一方,このお話は一人の元気な２年生の,小さな出来事を通しての成長のひとこまのお話,として読める。児童も,自然と自分と重ね,すみれちゃんの姿や行動に心をよせて読む。つまり,無意識のうちに「自分と」重ね,比べている。

・「自分とくらべて」を難しくとらえずに,「わたしも」「わかるなあ」などと,共感できたところを柱にして書かせてもよい。それも,自分を通した主体的な読みであり感想と言える。

準備物

・書いてきたカード
・書き足すときの新しいカード（第4時使用のもの。必要な児童に配る）
・原稿用紙 DVD 収録【2下_10_05】

---

3 読む 調べる　「かんそうのれい」で,感想文の書き方を確かめる。

「では,感想文はどのように書けばいいのか,教科書の「かんそうのれい」(P69)を読んでみましょう。」　各自一人読み,斉読。

まず,書き方を見てみましょう。はじめの４行『わたしは,～のこりました。』までは,何を書いていますか。

『わたしが』心にのこったところは,どこなのかを,はじめに書いています。

そのあとの『なぜかというと,』は,心にのこったわけを書いています。

1年生の子との出来事も書いています。

「１年生の子との出来事と比べています。そして,自分がどう思ったのか,感想を書いているのですね。」
「それから,「わたしは,…」や「それで,…」のような,お話の題名やお話から写した文章(引用)には,かぎかっこ(「」)をつけます。なぜなら,…」説明する

---

4 書く （第9時）　「心にのこった」ところについて選んだわけや感想を書く。

「感想文の書く順序,組み立てが分かりました。「心にのこった」ところの書き方も分かりました。自分のしたことや考えとも比べて,書き始めましょう。」

はじめに,いちばん「心にのこった」ところはどこなのかを書くのでしたね。「かんそうのれい」を見て,書くのもいいですよ。

わたしは,「わたしはおねえさん」を読んで,「(心に残った文・引用)」というところが心に残りました。

このように,まずはまねをするのもよい

「はじめの文章が書けたら,そこを選んだわけを,「それは」や「なぜかというと」という言葉を使って書いていきましょう。このとき,自分の出会ったことや考えと比べて感想が書けるといいですね。」

　『自分とくらべて』が難しい児童もいる。個別に話を聞き出すこともできるが,自分の気持ちを書かせるだけでも感想になる。

わたしはおねえさん　131

本時の目標

書いた感想を友だちとも読み合い, 同じところや異なるところに気づき, 伝え合うことができる。学習をふり返りまとめをする。

授業のポイント

「自分とくらべて」という感想の書き方も大切だが, 「わたしはおねえさん」という, お話本来のテーマに関わる感想も取り上げ, 話題にできるとよい。

本時の評価

書いた感想を, 友だちと読み合い, 同じところや異なるところに気づき, 伝え合うことができている。

板書例

〈まとめ〉書いた感想を読み合い, 読んで思ったことを伝え合います。　学習のまとめをします。

ぼく, わたしとくらべて　同じ?
　　　　　　　　　　　　　ちがう?

「心にのこったところ」は?
「心にのこったそのわけ」は?

◇ ふりかえろう
　□ 心にのこったことばは?
　□ 自分とくらべて
　□ 今まで読んだお話の中で

〈よかったこと　できたこと〉
※
・かんそうを書くことができた
・友だちと読み合えた
・すみれちゃんのお話がよかった
　　おうえんしたいな
・自分とくらべることができた
・音読がうまくなった

※児童の発言を板書する。

---

1 読む　書いた感想を読み合う。

　書かれた感想文は, 前もって教師が目を通しておく。「どの子が」「どの場面の」「どの文を」選んでいるのか, を中心に, その人数や選んだわけについてもとらえておく。読みあうグループを作るときの参考材料にもなる。

「まず, 『心にのこったところが違う』4人 (6人) のグループで, 感想を読み合いましょう。」

> ぼくは, 『「あはは」…わらいだしました。』のところだけれど, 田中さんは, 最後の「つぎのページを…」が心に残ったんだな。

> 吉田君は「じっと, ずっと。」のところを選んでいる。私と違うけれど, そのわけは似ているな。

・安田さんは, ぼくと違うところを選んでいて, すみれちゃんの作った歌が心に残った, と書いていました。そのわけは, ぼくも「なるほど」と思いました。

　話し合ったこと, 感想は, 全体の場でも出し合うようにする。

2 読む　同じところを選んだ子どうしでグループを作り, 感想を読み合う。

「人によって『心にのこった』ところは, 違うのですね。どうしてそこを選んだのか, そのわけも話し合えました。『わたしも』とか『わたしは』などと, 聞いて思ったことも伝えてあげるといいですね。」

> 『心にのこった』ところが同じだった人もいます。こんどは, 同じところを選んだ人どうしがグループになって, 読み合いましょう。

グループを作る。

> ぼくは『けすのをやめて…』のところを感想に書いたけれど, 木村君も同じところを書いている。選んだわけは, どんなことだろうな。

　このように, こんどは「心にのこった」ところが同じをもとにしてグループを作る。「じっと…」や「消すのをやめて…」のところが多いだろう。読みあい, 感想を話し合う。

・「あはは」のところは小林さんと同じ。でも小林さんは, 自分と妹との出来事も書いていました。

┌─────────────────────────────────────┐

わたしは おねえさん

いしい むつみ

⊗
・かんそうを友だちと読み合おう
　　　　　　　　聞き合おう
・学しゅうをふりかえり、まとめをしよう

◇かんそう文を読み合ってみよう
「心にのこった」ところが
① ちがう人どうして
② 同じ人どうして

└─────────────────────────────────────┘

主体的・対話的で深い学び

・授業とは，もともと主体的で対話的なものである。本時でも，感想を読み合い，互いの考えを知り合うこと自体が対話的な学びと言える。ここで大切なことは，対話を通してこれまで気づかなかったことに気づき，「そうだったのか」と，新しく何かがわかったと思えることである。一方，対話に見えても，そこに「わかる」ということがなければ，「対話的な学び」とはならない。だから，感想の読み合いも児童任せにせず，ぜひみんなに聞かせたい感想は，教師が提示して，聞かせるようにする。

準備物

・前時に書いた感想文

3 聞く 話し合う　感想をみんなで聞きあい，思ったことを話し合う。

「グループで読んで，みんなの前でも読んでほしいな，と思った感想はありましたか。」あれば指名，読ませる。
「『いいな』と思った感想について『○○さんの感想がよかった。それは…』と書いて，発表しましょう。」
　　時間をかけず，簡単に済ませる。省いてもよい。

みんなの前でも，読んでみたい人はいますか。」また，先生が聞いてほしいな，という感想もあります。古田さん，木村君，小山さん，前で読んでください。

わたしは「半分ぐらい，泣きそうでした。もう半分は，怒りそうでした。」のところが心に残りました。それは，ぐっと我慢しているおねえさんのすみれちゃんの気持ちがよく分かるからです。私も妹といるときに，そんな気持ちになることがあります。

　感想の中には，ぜひ児童全員に聞かせたい感想もある。
　その場合，教師が指名しみんなの前で読ませる。それは，「みんなで学ぶ」という学習場面を作ることにもなる。

4 まとめ　「ふりかえろう」も参考にして，できたことをまとめる。

　まとめとして，いくつかの感想文をプリントしておき，それを読み合い，いいところを話し合う，というやり方もできる。
「学習のまとめをしましょう。69ページの「ふりかえろう」を読んで，できたこと，よかったことを確かめておきましょう。」書かせてもよい。発表させ聞きあう

「心にのこった」ところや言葉を，カードと感想文に書くことができました。「いいな」と言ってくれました。

すみれちゃんも2年生なので，このお話を読むと「わたしも」と思うところがいっぱいあって，自分とも比べて，気持ちもよく分かりました。

お話がよかった。歌を歌って妹思いのおねえさんのすみれちゃんが好きです。これからどうなるのかなあ。

「70ページの本も，2年生くらいの子が出てくるお話です。読むと，きっと「私も」と思いますよ。」
　　読書への誘いとして，機会を見つけ一つ読み聞かせるとよい。

お話のさくしゃになろう

◉ 指導目標 ◉

◎　自分の思いや考えが明確になるように，事柄の順序に沿って簡単な構成を考えることができる。

○　身近なことを表す語句の量を増やし，文章の中で使うことができる。

○　文章に対する感想を伝え合い，自分の文章の内容や表現のよいところを見つけることができる。

◉ 指導にあたって ◉

①　教材について

　　児童は，よく空想の世界に遊びます。基地づくり，お人形遊び，男の子の「たたかい」などはその典型です。そこで児童は話の主人公に，また登場人物の一人となって活躍します。本単元は，そのような架空の世界での出来事を考え，ひとまとまりのお話に書くという学習です。「作者」になって，教科書の絵も手がかりにして，主に「中」にあたる出来事や展開を考え，最後にはできた「作品」を読み合います。

　　ここで指導することとして，順序と構成があります。思いついたことを，ただ書き並べてもお話にはなりません。「はじめ」「中」「おわり」といったまとまりと組み立て（構成）を考え，その形に沿って書くとお話らしくなることに気づかせます。それに，架空の話であっても，それなりにつじつまが合っていなければなりません。「はじめ」では人物や場面の設定が，「おわり」では結末の締めが必要なことも分からせます。

　　これまで，「お手紙」や「スイミー」を読んでいます。とくに「スイミー」は「はじめ」「中」「おわり」のまとまりや「話の山」がわかりやすく，お話作りの参考になります。また，児童に人気のヒーローものや冒険ものも，似た展開といえます。

　　「作者になる」には，ストーリーを考えることのほかに，適切な言葉を選んだり会話文を使ったりするなどの，目配りも必要です。語彙の豊かさも求められ，総合的な学習と言えますが，それが苦にならないような配慮が必要です。不十分さはあっても「そのお話，おもしろいね」と，まずは主体的に楽しく取り組めるようにします。

②　主体的・対話的で深い学びのために

　　「がくしゅうのすすめ方」として，書く前に，考えたお話をペアで説明し合う活動が設定されています。誰かに話すことによって，イメージが豊かにふくらみ，明確になっていくのはよくあることです。対話的な学びと言えます。ただ，互いに否定的な対話にならないようにすることや，児童によってはペアの相手を考えること，またペア以外の複数にすることも考えるなど，実情に応じた指導者側の配慮も求められます。

◉ 評価規準 ◉

知識 及び 技能	身近なことを表す語句の量を増やし，文章の中で使っている。
思考力，判断力，表現力等	「書くこと」において，自分の思いや考えが明確になるように，事柄の順序に沿って簡単な構成を考えている。 「書くこと」において，文章に対する感想を伝え合い，自分の文章のよいところを見つけている。
主体的に学習に取り組む態度	事柄の順序に沿って粘り強く構成を考え，学習課題に沿って物語を書こうとしている。

◉ 学習指導計画 　全10時間 ◉

次	時	学習活動	指導上の留意点
1	1	・学習の，めあてと見通しを聞く。 ・お話を作る上で，まとまりに分けて書くことと出来事が大切なことを話し合う。	・お話には「作者」がいることを意識させる。 ・「スイミー」の3つのまとまりを意識させ，めあては「まとまりに分けてお話を書こう」とする。
2	2	・お話に登場する人物の名前や性格，人柄を考え，友だちとも教え合う。	・教科書の絵をもとにするという，大枠は決まっている。場面設定も絵をもとに考えさせる。
	3	・お話づくりの中心となる「出来事・事件」を考え，ペアで教え合う。	・教科書の「できごとのれい」や，既習の物語も参考にさせ，まずノートに書かせてみる。
	4	・既習の話も参考にしてお話の「おわり」を考え，メモに書いてまとめる。	・どう終わるのか，いわゆる「オチ」を考える。『よかったな』と思える終わり方を基本とさせたい。
	5・6	・「はじめ」「中」「おわり」に書くことを考え，カード（用紙）に整理して書く。 ・カードにまとめたお話を友だちにも聞かせ，その感想や意見を交流する。	・「はじめ」「中」「おわり」のそれぞれに書くことを，教科書の『文例』も参考にして確かめ合う。 ・友だちの意見をもとに，書いたものを読み直し，カードに書き足したり直したりさせる。
	7・8	・様子がよく分かるように書くには，どうすればよいかを考え，話し合う。 ・「はじめ」「中」「おわり」のまとまりに沿ってお話を書きすすめる。	・カードをもとに，3つのまとまりを意識させて書かせる。会話文を入れる，主語を明確に，「と言いました。」以外の言葉を使う，などの工夫をさせ，個人指導も行う。
	9	・書いた話を読み返し，まちがいや直すところを修正し，題をつけて仕上げる。	・会話文を使うなど書き方の工夫と，表記のことなど，推敲の観点を示す。題名もつけさせる。
3	10	・書いたお話を友だちと読み合い，おもしろかったところを伝え合う。	・何人かに前でも読ませて，聞き合う場を作る。学習のまとめでは，教師からも評価する。

※第9時と第10時はまとめていますが，別の時間と考えてください。

📀 収録（画像，イラスト，児童用ワークシート見本）※本書P150・151に掲載しています。

本時の目標

お話の作者になって，お話を作るというめあてをとらえ，お話は3つの「まとまり」でできていることに気づく。

授業のポイント

スイミーを手がかりに，お話には組み立て（パターン）があることと，「出来事」が必要なこと，この2つを意識させ，「難しそう」を「できるかも」に変えたい。

本時の評価

お話の作者になってお話を作るというめあてをとらえ，お話には3つの「まとまり」があることに気づいている。

板書例

〈導入〉お話の「作者」になって，「はじめ」「中」「おわり」のまとまりに分けて書く，というめあてを

お話のさくしゃになろう

めあて
そして
まとまりに分けて
お話を書こう ｛はじめ 中 おわり

〈そのために〉

◇おこるできごと（じけん）を考える
・川にながされて…
・あなにおちて…
・あなにおちて…

※

〈学しゅうのすすめ方〉

④←③←──②←①

絵を見て、お話を考える
まとまりに分けて、お話をせつめいする
お話を書く
みんなで読み合う

※教科書の挿絵のコピーを貼るのもよい。

---

1 振り返る 話し合う お話には，「作者」がいることを話し合い，めあてをとらえる。

「前に，『スイミー』というお話をみんなで読みました。覚えていますか。」 お話について，簡単に話し合う。

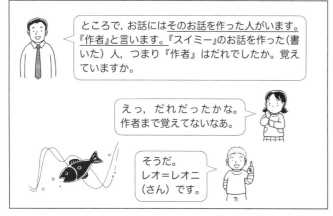

ところで，お話にはそのお話を作った人がいます。『作者』と言います。『スイミー』のお話を作った（書いた）人，つまり『作者』はだれでしたか。覚えていますか。

えっ，だれだったかな。作者まで覚えてないなあ。

そうだ。レオ＝レオニ（さん）です。

話には作者がいることに，あらためて気づかせ確かめる。
「『お手紙』の作者は，だれでしたか。」
・（教科書を見て）アーノルド＝ローベルです。
「これからする勉強は，みなさんがこの『作者』になって，お話を作るという勉強です。作ったお話は，友だちに聞いてもらいましょう。」（学習のめあて）
・えーっ，難しそう，できるかな。でも，おもしろそう。

---

2 振り返る 話し合う 『スイミー』のお話は，3つのまとまりでできている。

「そこで，お話の作り方もここで勉強します。スイミーのお話をふり返ってみましょう。スイミーの始まりは，どうでしたか。」
・スイミーも，赤い魚たちもなかよくくらしていました。

それが始まりで，お話の『はじめ』です。でも，その『はじめ』のあと，何か（事件・出来事）が起こりましたね。

まぐろにおそわれました。

そして，スイミーだけが助かって，海の底へと…

「そんな出来事が起こるところが，お話の『中』です。そして，最後の『おわり』にはどうなりましたか。」
・みんなで大きな魚を追い出しました。よかった！
「このように，『スイミー』という話は，『はじめ』『中』『おわり』という3つのまとまりでできていたのです。他のお話も，だいたいそうなのですよ。」

とらえさせます。

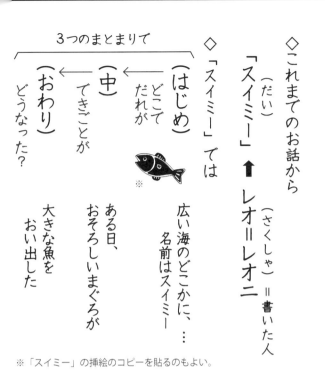

◇これまでのお話から

「スイミー」　→　レオ＝レオニ
（だい）　　　　（さくしゃ）＝書いた人

◇「スイミー」では
広い海のどこかに、…
名前はスイミー

3つのまとまりで

（はじめ）　どこで　だれが
ある日、おそろしいまぐろが

（中）　できごとが
大きな魚をおい出した

（おわり）
どうなった？

※「スイミー」の挿絵のコピーを貼るのもよい。

🔍 主体的・対話的で深い学び

・作家の仕事がそうであるように，話を作り（創り）出すという活動自体が，主体的なものである。

・一方，児童の頭は柔らかい，発想も豊かと，よく言われるが，必ずしもそうではない。「こうでなければ…」などと，型にはまった考えをしていることも多く，それは経験の少なさからもきている。だから「お話作り」でも，独創性を求めすぎず，少しでもよいところを見つけ，「それ，とてもおもしろいよ」などと励ますことが，主体性を育てることになる。

準備物

・P71の3枚の絵のコピー　（黒板貼付用）
・スイミーの「はじめ」「中」「おわり」にあたる挿し絵のコピー　（黒板貼付用）

---

3 考える 話し合う　教科書の3枚の絵を見て，お話でおこる出来事を考え，話し合う。

「『スイミー』みたいなお話が作れるといいね。それには，この3つのまとまりを考えるとよさそうです。」
「では71ページを読み，めあてを確かめましょう。」
・『まとまりに分けて，お話を書こう』『お話のさくしゃになろう』　と斉読して板書。
「これが，これからのめあてです。」　リード文も読む。
「お話作りで大切なのは，そこでおこる出来事（事件）を考えることですね。スイミーでは『まぐろにおそわれる』という出来事がありました。そこで，…」

（P71の3枚の出来事の絵を提示して）

お話作りをしている男の子が，何かおもしろい『出来事』を考えていますよ。どんなお話でしょうか。

川をどこかへ流されていきます。どこへ？

ねずみが穴に落ちるという事件かな。そこへ，だれかが助けに来るとか。

---

4 読む 次時予告　「学習のすすめ方」を読み，お話を作る手順を確かめ合う。

「絵の他にもおもしろい出来事が考えられそうです。」
「『わたしはおねえさん』では，どんな出来事がありますか？」
・妹のかりんが，ノートにらくがきをしました。
「他にも，お気に入りの話や出来事はありましたか。」
題名と，そのお話での出来事とを軽く出し合うとよい。

出来事を考えて，楽しいお話を作りましょう。では，どうやって作っていくのか，「がくしゅうのすすめ方」を見て，順番を確かめましょう。まず，はじめは？

はじめは『絵を見て，お話を考える』ことです。1

2は『まとまりに分けて，お話を説明する』

次の3で，『お話を書いて…』

最後の4では，『みんなで読み合う』

「お話では，出来事の他にも考えることがあります。」
・題とか，出てくる人とか，場所とかも。
「次の時間は，そんなことも考えていきましょう。」

本時の目標

絵をもとにして，お話に出てくる人物の名前や人柄，特徴などを考え，その大体を決めることができる。

授業のポイント

人物の名前や性格，特技などは，お話の展開によって変わってくるので，これからも想像を広げるようにする。構想のメモを書く時間を十分とる。

本時の評価

絵をもとにして，お話に出てくる人物の名前や人柄，特徴などを考え，その大体を決めることができている。

〈対話〉お話の中に登場する人物の名前や人柄などを考え，話し合います。

板書例

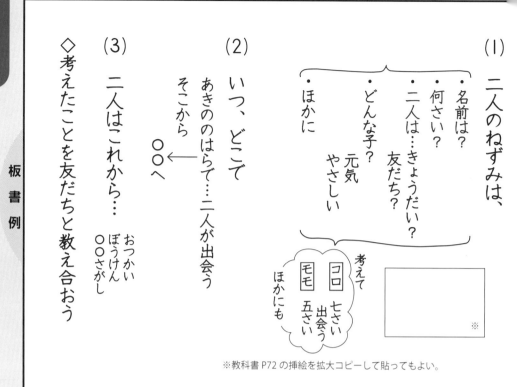

(1) 二人のねずみは、
・名前は？
・何さい？
・二人は…きょうだい？
　　友だち？
・どんな子？
　　　　元気
　　　　やさしい
・ほかに

考えて
コロ　七さい
モモ　五さい
　　出会う
ほかにも

(2)
・ふたりの名前です。
いつ、どこで
あきのはらで…二人が出会う
そこから
○○へ　←

(3)
二人はこれから…
　　おつかい
　　ぼうけん
　　○○さがし

◇考えたことを友だちと教え合おう

※教科書 P72 の挿絵を拡大コピーして貼ってもよい。

---

1 めあて 話し合う　お話の「人物」は，教科書の絵のねずみとすることを話し合う。

「お話を作るには，そこでおこる『出来事』を考えることが大切でした。今日は『見通し』の①の，『絵を見て，お話を考える。』勉強です。」

出来事のほかにも，お話を作っていくには，考えなければならないことがありますね。例えば，『スイミー』なら？

出てくる人（人物）を考えます。スイミーとか赤い魚とかまぐろとか。

スイミーだけが黒いことや，することも考えます。

「まず，出てくる人ですね。72 ページを見ましょう。そこにお話のもとになる『絵』が出ています。」

「出てくる人を『（登場）人物』と言います。ここでは，その絵の２匹のねずみを，主人公としましょう。」

・二人は友だち？　兄弟かな。お母さんと子かな。絵の人物について，少し話し合うのもよい。

2 話し合う　人物の名前や人柄なども考える。

「この二人（２匹）の人物について考えておくことは，何でしょうか。教科書で調べましょう。」読む

・ふたりの名前です。
・どんな人物か，ということです。　　　P72 を見る。

まず，名前が要りますね。名前もみなさんが考えていいのです。教科書での名前は，何かな。また，自分ならどんな名前にしますか。

教科書では「ねず子」と「ねずた」です。ねずみだから「ねず」をつけたのかな。

わたしなら「ぽん子」と「ちゅう太」がかわいいな。

「名前の他，どんな人物なのかも考えておきます。『ねず子』『ねずた』は，教科書ではどんな子かな。」

・『ねず子』は元気な子，『ねずた』はやさしい子です。
　名前が決まると親近感もわき，これからおこる事件や出来事も発想しやすくなる。体や特技など特徴も考えさせるとよい。

お話のさくしゃになろう

め　出てくる人ぶつについて考えよう

① 絵を見てお話を考える

〈考えることは?〉
・人ぶつは?　どんな人ぶつ
・いつ　どこ
・これからすることは

```
          「スイミー」では
          スイミー
          およぎがはやい
          海の中
          みんなで魚になる
```

◇絵を見て　　　　人ぶつを考えよう
◇二人のねずみ　← お話の中心になる

主体的・対話的で深い学び

・児童は，よく荒唐無稽な「うそ話」を作って楽しんでいることがある。そのとき，そこには必ず話す相手，つまり聞き手がいることが重要である。そして，話の内容も，聞き手の反応によって，ころころ変わっていくのがふつうである。

・このように，児童の話というのは，話しているうちに，書いているうちに，変わるものである。本時では，人物の設定などを，まずは人（ペア）に話してみる。それは，対話を通して，想像もふくらむことが期待できるからである。

準備物

・人物カード（児童用ワークシート 💿 収録【2下_11_01】）
・教科書 P72 挿し絵の拡大コピー（黒板貼付用）

---

3 話し合う　絵を見て，いつ，どこで（場所）も考えに入れることを話し合う。

「人物の名前や，どんな子なのか（人柄）もこれから考えていきましょう。」

　ここでは『ねず子』『ねずた』にしておく。児童は，それぞれに名づけてよく，人柄も変えてよいことを伝える。

二人の人物が出てくることが分かりました。絵を見て他に分かることはないでしょうか。（場面設定など）

コスモスやえのころぐさもあるから，秋かな。（季節）

秋の野原で遊んでいるみたい。仲よし。近くに川があって，遠くに森と山があります。（場所）

二人とも，かばんを持っています。何か入っているのかな。

「お話を考えていくのに，「いつ」，「どこ」も決めて（場面の設定）おかないといけませんね。」
「二人はどこから来て，何をしようとしているのでしょうね。これも，考えていくことです。」

---

4 書く・話し合う　人物の名前など，考えたことを，二人の組で教え合う。

「では，この二人の名前と，どんな人物だと考えたのかをワークシートに書きましょう。また，この絵を見てお話できることも書いておきましょう。」

　人物名，人柄，場面の様子は簡単なメモでよい。

ワークシートに書いたことを，二人組のペアで教え合いましょう。

ぼくは，冒険が好きで，元気な五歳の「コロコロ」と物知りで七歳の「タムタム」にしました。二人は，きょうだい。川むこうの町へおつかいに行くところです。

二人は友だちで，ピクニックに来ている。

※ペアの組み方は，前もって教師が決めておく。
「考えが変わったことや，付け足したいことが出てきた人は，ワークシートに書いておきましょう。」
　どんな設定をしているのかを見て回り，つかんでおく。
「次の時間は，出来事を考えましょう。」次時予告

本時の目標

お話の中で，どんな出来事が起こるのかを考えて書くことができる。

授業のポイント

「出来事を考える」というのは，どんどん思いつく子と，そうでない子との差も出やすい。教師が回って読み，それぞれのよいところを見つけてほめるようにする。

本時の評価

お話の中で，どんな出来事が起こるのかを考えて，書くことができている。

板書例

〈振り返る〉お話作りの中心となる「出来事・事件」を考えます。今までに学習した物語にたくさん

〈できごと（じけん）は〉
読む人が おどろいたり
ふしぎに思ったりするような

たとえば
・なにかを見つける
  ・かがみ
  ・おしろ
  ・ユーホー
・どこかへ出かける ・山 ・川 ・町へ
・だれかと会う ・あたらしい人ぶつが ・ふしぎな人 ・てき
・こまったことがおこる ・あぶない

◇おこるできごとを書いてみよう
◇友だちに話してみよう ←
「このできごと、どうかな？」

---

1 めあて 話し合う お話の中でおこる出来事を考える，というめあてをとらえる。

「ふたりの人物の名前も考えました。次に考えることは？」
　・おこる出来事です。事件です。
「そうです。今日はお話の中で起きること，出来事を考えましょう。もう考えているかな？」 めあて
「『スイミー』での出来事は，まぐろにおそわれるという事件でした。そしてスイミーが活躍しました。」

『ミリーのすてきなぼうし』のお話では，どんな出来事があったのか，ふり返ってみましょう。

ミリーが，想像しだいで何にでもなる『ぼうし』を手に入れたことです。

それをかぶって，いろんな人の，いろんなぼうしを見つけました。

「出来事は，『不思議なぼうし』を手に入れたことですね。こんな出来事を考えるのです。」

---

2 話し合う 出来事を考えるヒントを読み話し合う。

「他にも，これまで読んだお話や，知っているお話の中の出来事で，思い出したものはありませんか。」
　・『浦島太郎』では，かめを助けるという出来事がありました。
　　昔話など，知っている話での出来事を出し合ってもよい。
「どんな出来事を考えればよいのか，教科書を読んでみましょう。ヒントが出ていますよ。」
　・『読む人が，おどろいたり，不思議に思ったりする出来事』です。（P72『○どんなできごとがおこるか』）

『できごとのれい』も出ています。1つ目は『・何かを見つける』という出来事ですね。例えば，どんなことを思いつきますか。

パワー光線が出る鏡を穴の底で見つける。

古い家かお城を見つける。そこにいるのは，何かな。

草むらで，UFOを見つける。宇宙人もいる。

ヒントが詰まっているので，振り返ってみましょう。

お話のさくしゃになろう

め お話の中でおこる
できごとを考えよう

「スイミー」では…ある日、まぐろが
ミサイルみたいに…

「ミリーのすてきなぼうし」では…
なににでもなれる
ぼうしを手に入れて…

「うらしまたろう」では…かめをたすけて…

ほかのむかし話では…

 ## 主体的・対話的で深い学び

・「人のまねはいけません」などとよく言われる。一面，正しいのだが，それを児童に求めすぎないようにする。
・本時は，お話の「出来事」を考える。しかし，児童みんなが「独創性」があるわけではない。本人は意識していなくとも，たいていは読んだ話，聞いた話，アニメの話などの「出来事」と似たよったものになる。また，それでよい。むしろ，人の考えをとり入れたり，まねができたりする能力こそ評価したい。まねをするには，対話と主体性を必要とするからである。

準備物

・人物カード（第2時に書いたもの）
・「中」のカード（児童用ワークシート DVD 収録【2下_11_02】）
・教科書 P71 の絵の拡大コピー

---

3 書く　出来事の見つけ方を話し合い，考えた出来事を書いてみる。

「他にも，出来事を考える『れい』が出ています。」

『例』が3つ出ていますね。それは，どんなことなのか，読んで思いついたことを，発表しましょう。

2つ目の，『どこかへ出かける』というのは，例えば，二人が探検みたいなことをするとか。

『困ったことがおこる』は，『わたしはおねえさん』で，かりんちゃんがノートに落書きしたようなこと。

3つ目は，『だれかと会う』スイミーが海の底で，くらげサンゴの林を見て，元気になったようなことかな。

「このうち，どれかとどれかを組み合わせてもいいですね。『どこかに出かけて，誰かと出会う』とか。」

「では，出来事を考えてノート（ワークシート）に書きましょう。難しければ，71 ページの絵を見てもいいですよ。」
　考えて書く，というメインの活動になる。時間を確保する。

---

4 話し合う また，書く　二人組のペアで，考えた出来事を教え合い，メモを修正する。

「何人かの人に，読んでもらいましょう。」
　難しく考えすぎて，筆が動かない，という児童もいる。何人かの文をとり上げて，書きにくい子へのヒントとする。2，3人でよい。下書きなので思いついたことをどんどんメモさせる。
「敵とか，新しい人物が出てくる出来事を考えた人もいますね。考えたことをペアで教え合いましょう。」
　ペアは隣どうしでもよいが，教師が配慮して決めておく。

わたしは，71 ページの絵を見て，出来事を考えました。『ねず太たちが遊んでいると，突然不思議なあなに落ちてしまいます。よく見ると，あなの底には小さなとびらがあって，そこから誰かが…（とお話を聞かせる）

おもしろいなあ，ネコが来ることにしてもハラハラしそう。

　友だち（ペア）の発想を借りる，まねをする，もよしとする。
「書いた出来事の付け足しや，直しをしましょう。」

本時の目標

お話の「おわり」を考え，メモにまとめることができる。

授業のポイント

「おわり」は，当然前の「出来事」に続く話となる。まずはそれに続く話を考えさせ，思いついたことをどんどん書かせ，あとから選ばせるとよい。

本時の評価

お話の「おわり」を考え，メモに書きまとめることができている。

板書例

〈対話〉教科書に掲載されているお話以外にも，好きな本や漫画，アニメなどのお話の「おわり」

「いなばの白うさぎ」　うさぎはもとの体に

◇お話の「おわり」とは…「どうなるの」から

読んだ人が

「うまくいったなあ」　いいかんじ
「よかったな」　なるほど
「ほっとした」　なっとく

と思えるように

◇できごとは、どうなるのか、その「おわり」を考えて書いてみよう

◇友だちに話してみよう

※
・食べものをもって帰る
・なかまをつれて帰る
・たおしたてきとなかよくなる

など

※児童の発言を板書する。

---

1 めあて 話し合う 『出来事』を聞き合い，「おわり」を考えるというめあてを聞く。

「前の時間には，『出来事』を考えました。少し，発表してもらいましょう。」

書いた『出来事』は，全体でも聞き合う機会を持つとよい。
発表者を決めておき，何人かを指名する。多すぎないように。

「今日は，こんな『出来事』のあとどうなったのかを考え，お話の『おわり』を考えましょう。」 めあて

これまで習ったお話では，どのように終わっていたでしょうか。終わり方をふり返ってみましょう。例えば，『スイミー』では，どうでしたか。

スイミーが『ぼくが目になろう』と言って，みんなで大きな魚を追い出した。

うまくいって，もとのように平和になりました。

「赤い魚たちが食べられた，という『出来事』のあと，スイミーの知恵によってもとの海に戻ったのです。」

---

2 話し合う お話の終わり方をふり返り，「おわり」方を考える。

「他のお話では，どんな終わり方でしたか。」

・「お手紙」では，悲しんでいたがまくんが，最後にお手紙をもらって喜びました。よかったです。

・一年生のときに読んだ「いなばの白うさぎ」では，毛をむしられたうさぎがオオクニヌシに助けてもらい，もとどおりの体になって，よかったです。

お話の『おわり』は，どのお話も，大体どんな感じになっていますか。

スイミーでは，大きな魚を追い出して『ああ，よかったなあ』という感じです。

「○○戦隊」では，最後に悪者がやっつけられて，平和がもどる。すっきりして気分がいい感じ。

困ったことが起こっても，うまくいった，という感じ。

「かさこじぞう」のような昔話でも，「おわり」には正直者が報われ「めでたし　めでたし」となることが多い。

を話し合ってもよいでしょう。

お話のさくしゃになろう

め 「中」につづくお話の「おわり」を考えよう

「中」での できごと（じけん）
←
が、は、
どうなるのかな

「おわり」で どうなったのか（けつまつ）を書く
←
どうなるのかな

〈これまでのお話の「おわり」〉

「スイミー」
（みんなで）大きな魚をおい出した。
そして、もとの海に…。

「お手紙」
お手紙を…
がまくんは とてもよろこびました。

主体的・対話的で深い学び

・「独創性」を求めすぎないようにする。確かに，発想が豊かで，おもしろい話を考える児童もいる。それはそれで「とてもいいよ。おもしろい」と評価してあげればよい。しかし，それは「単元の目標」ではないことをふまえておく。

・むしろ，「お話は，おもしろくなければならない」などと，固く考えることなく，肩の力を抜いて書く雰囲気を作る。それが児童の主体性を大切にすることにもなる。まだ，構想の段階であり，あとから修正もできることを伝えておく。

準備物

・「おわり」のカード DVD 収録【2下_11_03】

---

3 書く
「出来事」に続く「おわり」のお話を考えて書く。

「すると，お話の『おわり』というのは，読んで，『うまくいったな』『よかったなあ』『ほっとした』などと，いい感じや気持ちになるところのようですね。」

「おわり」全てがそうではないが，ここではそうしておく。つまり，それまでの緊張が緩和されるのが「おわり」＝オチ

では，『出来事』を読み返して，読んだ人が『いい感じ』『いい気持ち』になるような「おわり」方を考えて，続きを書いてみましょう。

友だちになったたくさんのねずみを連れて帰る，というのはどうかなあ。

怪獣と戦ってやっつけたあと，家来にして連れて帰る。怪獣もなついて仲よくくらした。で，どうかな。

思いつくことが難しい児童もいる。その場合，児童の様子も見て，早めにペアでの教え合いに入ることも考える。

---

4 話し合う 書く
考えた「おわり」の話を，友だちとペアになって教え合う。

「こんどはペアになって，考えた『おわり』のお話を友だちと教え合いましょう。」

二人で聞き合って『こうしたらどうかな』と思ったところや，『いいな』と思ったところも教え合いましょう。

『二人でたくさんの食べ物を集めて，お家に持って帰ると，みんな喜んだ』という「おわり」にしたけど，どうかなあ？

いい「おわり」だと思う。食べ物って何なのかも分かるといいな。いもとか，くりとか。

「話し合ったことをもとにして，読み直しましょう。そして，書き直したり付け足したりしましょう。」
「『出来事』と同じように『おわり』方も，またこれから変えていっていいのですよ。」 次時予告をする

お話の さくしゃになろう 第 5,6 時 (5,6/10)

本時の目標
「はじめ」「中」「おわり」の順にまとまりを考えて，お話をカードに書き，友だちにも説明することができる。

授業のポイント
お話を友だちに聞いてもらう，という活動では，ペアという形にこだわらず，クラスの児童の様子にあわせて，話しやすい形や組み合わせを考えたい。

本時の評価
「はじめ」「中」「おわり」の順にまとまりを考えて，お話をカードに書き，友だちと説明し合うことができる。

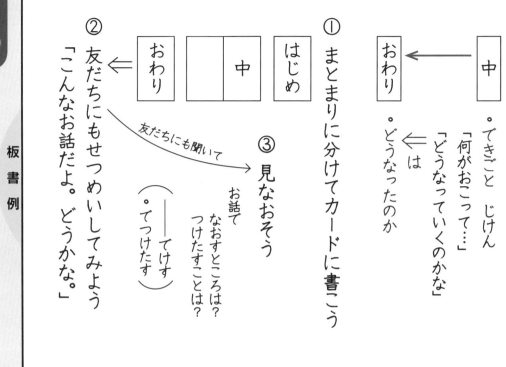

〈対話〉考えたお話について話し合う場面では，批判的にならないよう，不思議だな，知りたいと

板書例

中
・できごと　じけん
「何がおこって…」
「どうなっていくのかな」

おわり
・どうなったのか
← は

① まとまりに分けてカードに書こう

はじめ ／ 中 ／ おわり

② 友だちにもせつめいしてみよう
「こんなお話だよ。どうかな。」

友だちにも聞いて

③ 見なおそう
お話でなおすところは？つけたすことは？
（てけす・てつけたす）

---

1 めあて 「はじめ」「中」「おわり」の順にまとまりを考えよう。

「これまで，お話の始まり（はじめ）や，出来事，そして「おわり方」（結末）を考えてきました。」
「今日は，お話を「はじめ」「中」「おわり」の３つのまとまりに分けて書いて，友だちに説明します。」
　　　「がくしゅうのすすめ方」（P71）では，②の段階になる。
「『はじめ』『中』『おわり』に分けると言っても，それぞれ何を書いたらいいのかが，難しいですね。」

『はじめ』に，いきなり『ねず子が穴に落ちました』と書いていいでしょうか。読む人は分かるかな？

※こういう書き出しもあるが，ここでは採らない。

『ねず子』って誰だか分からないから，ねず子はだれなのかを始めに書いた方がいい。

どんなときに，何をしていて落ちたのか分からない。

「そうですね。『はじめ』にいきなり『落ちた』という『出来事』が出てきてもよく分かりませんね。」

2 読む 書く 「はじめ」「中」「おわり」に書く事柄は何かを確かめて書く。

「では『お話を説明するときの例』（P73）を見てみましょう。「はじめ」「中」「おわり」に書く事柄が出ています。『出来事』はどこに書いていますか。」
・『中』です。ここにおこる出来事を書きます。『ふくろうのおじいさんに出会う』とか『落ちる』とか。

では，『はじめ』には，どんなことを書いていますか。

出てくる人物の紹介です。元気なねず子と，やさしいねず太が出てきます。

それから，『木の実をさがしに行く…』というお話の始まりも『はじめ』に書きます。

「スイミー」の始まりと，似ています。

「『中』『おわり』には何を書いていますか。」
・『中』は，出来事です。いちばん長いところです。
・『おわり』は『スイミー』みたいに，最後にはどうなったのか，ということを書きます。

思ったところに注目させるようにしましょう。

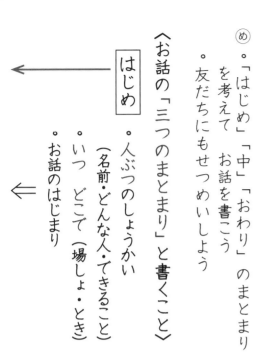

お話のさくしゃになろう

- ㊙「はじめ」「中」「おわり」のまとまりを考えてお話を書こう
- 友だちにもせつめいしよう

〈お話の「三つのまとまり」と書くこと〉

はじめ
・人ぶつのしょうかい（名前・どんな人・できること）
・いつ　どこで（場しょ・とき）
・お話のはじまり

🔍 **主体的・対話的**で**深い学び**

・ここでも、「はじめ」「中」「おわり」に書いたことを友だちに話す、という活動がある。しかし、聞いた友だちからは、必ずしもいいアドバイスがもらえるわけでもない。むしろ、誰かに話すことによって、話した児童自身がいろんなことを思いつくところに価値がある。つまり、聞いてもらえるだけで、「あ、ここはこうしよう」などと別の考えが浮かんだり、考えがまとまったりもする。これも、対話的な学びの一つの形である。

準備物

・人物カード（第2時使用のもの）
・「はじめ」のカード 📀 収録【2下_11_04】）
・「中」「おわり」のカード（第3,4時使用のもの）

---

3 書く・話し合う　「はじめ」「中」「おわり」に分けてお話を書き、説明し合う。

「では、考えたお話を『はじめ』『中』『おわり』に分けて、カード（用紙）に書きましょう。」

　話し合うための素材なので、まだ完成形の文章にしなくてもよい。書くのは、教科書の例のように簡単な文で分けて書く。ここに時間をかけ、教師は個別の指導をして回る。

「考えたお話を、説明し合いましょう。『おもしろいな』と思ったところを言ってあげましょう。分かりにくいところ、知りたいところは質問しましょう。」

> 火を吹く恐竜と戦うところが、迫力があっておもしろいな。どうやって倒したのか、そのことが書いてあるといいな。

> 落とし穴に誘って落とすことにするつもりだけど、どうかな。

> ねずみだから、知恵を使うワザがいいな。

---

4 書く　友だちと話し合ったことをもとにカード（用紙）を書き直す。

　「おもしろくない」などと、批判的な話し合いにならないよう、発言に「こうしたら」を添えさせるなど、配慮する。

「話し合ってみて、どうでしたか。」

・『中』の出来事がおもしろいって、言ってくれました。
・吉田君の考えで、「おわり」方を変えました。

> 友だちと話し合って、直したいところや書き足したいところが出てきたら、直しましょう。」
> 「消すところは、消しゴムを使わず、線で消しましょう。付け足すことには、○をつけて、別の行に書き足しましょう。

> 鳥にさらわれて離れた二人が、また最後に会うという「おわり」にしようかな。

「出来事のあらすじもはっきりしてきました。3つのまとまりをもとにして、次の時間はお話を文章に書いていきます。」
　　　次時予告

お話の さくしゃになろう

第7,8時 (7,8/10)

本時の目標
「はじめ」「中」「おわり」のまとまりで書いた下書きをもとに，お話をくわしく書くことができる。

授業のポイント
書いているうちに話もふくらむだろう。そのための書く時間を確保する。

本時の評価
「はじめ」「中」「おわり」のまとまりで書いた下書きをもとに，お話を詳しく書き上げることができている。

〈工夫・対話〉会話文を使うなど，様子をくわしく書く工夫について話し合い，「はじめ」「中」

板書例

その
ために

書き方をくふうしよう 三つの くふうを

(1)
「ふたりはどうして…」
「すぐやるぜ。」
「ぼくが目になろう。」

話したことを「かぎ」をつかって

(2)
ねず太が答えると
おじいさんは、…
ふたりのかばんは、

（主語）
だれが 何が を はっきり書く

(3)
と答えました。
とたずねました。
教えました。

（言いました。）は つかわずに、

◇まる（。）てん（、）かぎ（「 」）を正しく
つかって

ふくろうのおじいさんは◎…
ふたりはどうして…
とたずねました。◎

「 」の文は 行をかえて

---

1 めあて書く 「くわしくお話を書く」というめあてをとらえ，「はじめ」を書く。

「今日から，『学習のすすめ方』の『③お話を書こう』の学習になります。これまで考えてきたお話を，くわしく文章にして書くのです。」 めあてを伝える。
「どんなふうに書いていくといいのか，書き方が74ページに出ています。『お話の例』も出ています。」

> まず，『はじめ』はどう書けばいいのか，書くことはどんなことでしたか。（振り返る）

> 『人物の紹介』と『お話のきっかけ（出だし）』でした。名前や場所，いつのこととか。（設定）

> 『スイミー』でも，名前とスイミーの特徴が書いてありました。

> 『例』の『秋の木の実をさがしに…』のように，話の始まりを書きます

「それから，お話の『題』も考えていきましょう。」
「では『はじめ』のカードを見ながら，それを詳しくしてお話の『はじめ』を書きましょう。」 見て回る

---

2 話し合う 「中」の書き方について「れい」を参考にして話し合う。

「書けた人に，読んでもらいましょう。」 2～3人指名。
　『はじめ』だけはみんなで書き，要領をつかませる。
「次はお話の中心，『中』の出来事を詳しく書きます。」

> 『お話の例』を読んでみましょう。例の書き方で，『いいな』と思ったところは，ありませんか。

> 新しい人物（ふくろう）が出てきて，何か始まりそう。

> かぎかっこ（「 」）を使って，ふくろうやねず太が言った言葉を，そのまま書いているのがいい。

「『お手紙』でも，かぎかっこを使った会話文がたくさん出てきました。みなさんも，どこかで「 」を使うようにしましょう。」 書き方の条件として伝える。
「それから，『お手紙』でも『かえるくんは』とか，『がまくんが』という言葉がたくさん出てきました。このように，『だれが…だれは，何をした』のかが分かるように書くといいのです。」

「おわり」のまとまりを考えてお話を書き上げます。

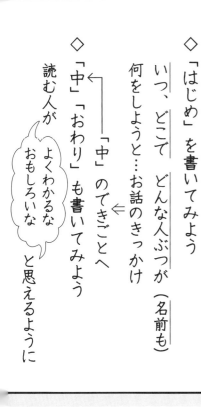

お話のさくしゃになろう

め 「はじめ」「中」「おわり」に分けて、お話をくわしく書こう

ようすがよくわかるように「はじめ」「中」「おわり」に分けて、お話をくわしく書こう

◇ 「はじめ」を書いてみよう
いつ、どこで どんな人ぶつが（名前も）
何をしようと…お話のきっかけ

　　──「中」のできごとへ←

◇ 「中」「おわり」も書いてみよう

　　読む人が
　　　よくわかるな
　　　おもしろいな
　　　と思えるように

主体的・対話的で深い学び

・いよいよお話を書くにあたって，どのように書けばその場面の様子がうまく表せるのか，その方法（3つ）も学ばせる。そのひとつに会話文を入れるということがある。それにより臨場感も生まれる。もちろん，もともと会話文を使って書ける児童もいる。しかし，多くの児童は教えられて使うようになり，使うことによってその効果も実感していく。それは，教師との対話（教え）を通して「こうすれば，うまく書けるのか」と気づかされることでもあり，それが一段深い学びにもなっていく。

準備物

・「はじめ」「中」「おわり」のカード（第3～6時に使用のもの）
・原稿用紙 **DVD** 収録【2下_11_05～07】

---

3 話し合う　様子をくわしく書くための工夫について調べ，話し合う。

「『れい』でも，『ふくろうのおじいさんは，…』のように，たずねた人が分かるように書いていますね。」
　・『主語と述語に気をつけよう』でも，習いました。
　　次に，P74上「話すことをあらわすことば」を読む。
「それから，『…と言いました。』と書きたいときには，『言いました』の他の言葉を使ってみましょう。『れい』には，『…とたずねました。』や『…と答えました。』のような言葉が使われていますね。」

このように，詳しく書くときに気をつけることが3つあります。まとめておきましょう。1つ目は？

人物の言った言葉を，「　」を使って書く。

2つ目は，「だれが」「だれは」「何が」をきちんと書く。

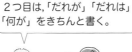
3つ目は，「と言いました」は使わずに，（できるだけ）他の言葉を使って書く。

---

4 書く　（第8時）　「中」から「おわり」の話をくわしくして書く。

「それから，前に習ったかぎかっこ（「　」），まる（。），点（，）も，正しく使いましょう。」
「では，3つのことに気をつけて，『はじめ』『中』『おわり』の順にくわしく書いていきましょう。」
　　　　個別の指導に入る。例として児童の書いたものを読み上げる。
「『はじめ』は，うまく『中』につながっていますか。」
「平野さんは，うまく会話文を使っていますよ。」

【「中」の文例　－部分－】（「はじめ」は略）

　まいごになったモモ（ねずみの名前）は，どこへ行ったのでしょうか。コロがよんでいると，すずめのチュンがとんできて，
「モモちゃんなら，川のむこうにいたよ。ちゅん。」
と教えてくれました。コロが川のわたり方を考えていると，こんどはみつばちのブンがやってきました。そして，耳のそばで
「あっちの方へ行くといいよ。小さな竹のはしがあるから。」

「書き終わったら，声に出して読んでみましょう。」
　　　次時の予告（推敲・清書の予定）をする。

お話の さくしゃになろう

第 9,10 時 (9,10/10)

本時の目標

書いたお話を読み返し，表記や言葉の誤りを正しく書き直す。友だちとお話を読み合い，感想を伝え合うことができる。

授業のポイント

推敲，清書には案外時間がかかることを念頭においてすすめる。グループで読み合うだけでなく，何人かが全体の前でも読み，みんなで聞くという場面を作る。

本時の評価

書いたお話のわかりにくいところや書き誤りを書き直している。友だちとお話を読み合い，感想を伝え合うことができている。

板書例

☆だいじな 題 をかんがえよう 絵 もいれて

め 友だちと読み合って、いいところを教え合おう

第10時

読んで

ここがいいな
おもしろいよ
よく考えているな

ひとこと
かんそう
話し合って

□はる

ふせんに書いて

〈まとめ〉
◇「まとまりに分けて」書くことができた
◇ てきたことは？ よかったことは？
◇ みんなで聞き合おう ○○さん ○○くん

(第9時)

1 推敲 — 書いたお話を読み返し，よりよい表現にして清書する。

「次の時間は，作ったお話を読み合います。それで，今日は読み返してよりよい文章にしていきます。」

「まず，『3つの工夫』を覚えていますか。」（振り返る）
　　　P75 の『たいせつ』を読み，見直す中身を確かめ合う。

「この3つの他に，字のまちがいや漢字で書く言葉，かぎ（「　」），丸（。）や点（，）の使い方も見直します。まず今の文章を直したり，足したりしましょう。」
　　　推敲する事柄を，あれもこれもと注文しすぎないように。

モモをさがしているところは「おーい，モモ，どこだあ。」と，呼んでいる言葉を入れようかな。

「あなに落ちました。」というのはだれなのかが分からないから「ちゅう太が」と入れよう。

かぎ（「　」）は行を変えて（改行して），書き直そう。

まる（句点）や点は，ぬけていませんか。見直しましょう。

2 書く（清書） — 原稿用紙に書き直し（清書），題も考えて書く。

「では，新しい原稿用紙に正しく書きましょう。」

「『はじめ』『中』『おわり』の行のはじめは，1マス空けて書きます。話のまとまり（段落）だからです。」

「友だちが読みやすいように，字もていねいに書きましょう。」
　　　いわゆる「清書」だが，大切な学習活動。
　　　教師は見て回り，表記をはじめ推敲の見落としに気づかせる。

最後に，大事なことが残っています。何でしょうか？そうです，題を決めることです。読んでみたいな，と思うようないい題が考えられるといいですね。もう考えた人もいるでしょう。長い題名でもいいのですよ。

「スイミー」や「お手紙」のような短い題にしようかな。

「ちゅう子とちゅう太，きょうりゅうのせかいへ行く」でどうかなあ。

「まとまりごとに，絵も描けるといいですよ。」
　　　絵は，自由課題としてもよい。絵に凝りすぎないように。

と読み合い，感想を交流します。また，まとめをします。

お話のさくしゃになろう

第9時

め　お話を読みかえし、読みやすく書きなおそう

◇見なおすところは…

(1) よくわかる書き方になっているかな?
　　① 「」をつかって
　　② 「○○が」「○○は」（と言いました。）
　　③ （できるだけ）はつかわずに

(2) 「○○が」「○○は」（と言いました。）はつかわずに（できるだけ）
　　まとまりのはじめは、一ます下げて

(3) まる（。）てん（、）かぎ（「」）のつかい方は?

□←ねず子とねず太は、一ます下げて

🔍 主体的・対話的で深い学び

・作品を書き上げたあと，まとめとして教師から評価の言葉を聞く。これが大切な学習活動の一つになる。児童間での感想の交流も一つの評価ではある。しかし，大人（教師）の視点から，「何を」評価するのかが重要で，それが学びを深める。

・評価で大切なことは，ただ「よかったよ」ではなく，「目標に照らして」その達成度を具体的に伝える，ということである。ここでは，「まとまりに分けて…」を目標としたので，まずはそれが到達できたことを，教師が評価の言葉として伝えたい。

準備物

・「はじめ」「中」「おわり」の下書き（第7,8時に使用のもの）
・原稿用紙（清書用 DVD 収録【2下_11_08】，イラスト付き用 DVD 収録【2下_11_08】）
・付箋

（第10時）

3 読み合う
書いたお話を，友だちと読み合う。一言感想を付箋に書く。

「これまで『3つのまとまり』を考えてお話を書いてきました。今日はそれを読み合って，おもしろいな，いいなと思ったところを伝え合いましょう。」
「読んでよかったところを話し合ったあと，（記名した付箋に）一言感想を書いて，貼ってあげましょう。」
　　クラスの実態に合わせたグループを作り，読み合いに入る。

山下さんの「ぽん子のぼうけん」，昔カラスにさらわれた兄さんを見つけて出会うところが，おもしろかった。

小川君の「わけのわからない山」（題）の「はじめ」を読むと，ふしぎなことが起こりそうで，続きを読みたくなったよ。

「みんなの前でも読みたい人はいますか。また，みんなで聞きたいお話があったら言ってください。」
　　教師から指名する方がよい場合もある。何人かに読ませて全体で聞き合う場面も設け，みんなで学ぶという意識を持たせる。

4 まとめ
読み合った感想を話し合い，学習のまとめをする。

「お話を読み合って，聞き合って，思ったことやよかったことはありましたか。」
　・付箋の感想に「…がおもしろい」と，書いてもらえました。こんなお話を，これからも作ってみたいなと思いました。
　・お話の書き方が少し分かりました。「はじめ」「中」「おわり」の3つを考えて，書くことができました。

はじめのめあてを覚えていますか。『まとまりに分けてお話を書こう』というのが，めあてでした。ふり返って，この3つのまとまりで書けたなあと思う人は手を挙げましょう。（挙手）これができたらゴールイン。

「はじめ」で名前とか場所を考えました。「中」では事件を考えるのがおもしろかったです。

　「ふりかえろう」もまとめの参考にするが，難しければ軽く。書いたお話は文集にする，展示するなどクラスに応じて。

💿収録（児童用ワークシート見本）

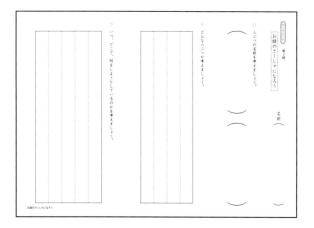

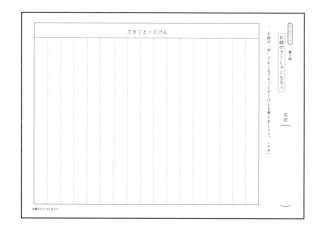

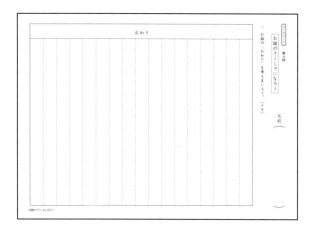

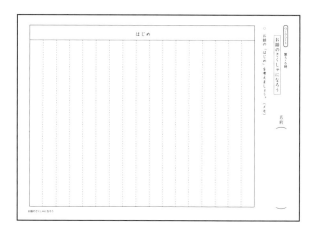

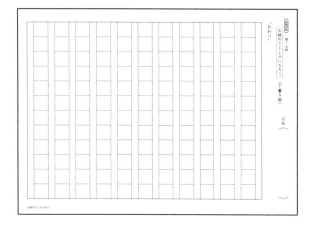

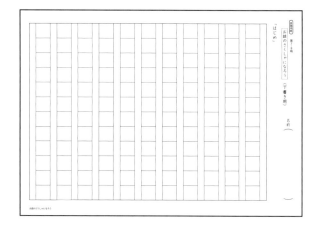

150

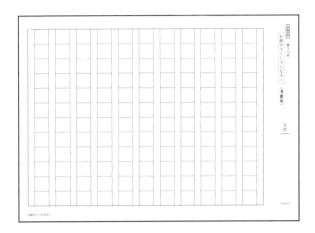

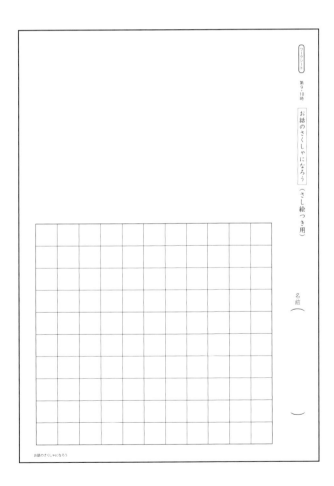

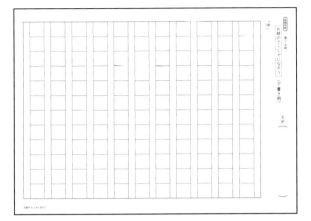

冬がいっぱい

全授業時間 2 時間

◉ 指導目標 ◉

・言葉には，事物の内容を表す働きがあることに気づく。
・経験したことや想像したことから書くことを見つけることができる。
・冬を感じる言葉を探し，経験を文章にして表すことができる。

◉ 指導にあたって ◉

① 教材について

　『秋がいっぱい』に続いて，動植物を中心に冬の自然に関わる言葉を集め，知り合う学習です。また，冬の自然から題材を見つけて，簡単な文章を書きます。冬は，生き物の少ない季節ですが，目を向ければ冬特有の植物や野菜，小動物も見つかります。

　『きせつのことば』では，これまでにも春，夏，秋と，それぞれの季節の自然に関わる言葉を知り，増やしてきています。子どもは（大人も）ツバキやマガモなどの実物は，案外知りません。しかし，つばきやまがもといった言葉を知ることによって，実際の自然の中でも「これが，つばきなのか」などと実物とつながり，見えるようになるものです。教科書のイラストや画像は，その手がかりになります。

　冬と言えば雪。おなじみの『ゆき』の詩も読みます。この詩は，昔から冬のうたとして親しまれてきた楽しい歌です。なお，『わたぼうし』などの表現は，説明も必要です。

　また，冬の自然の言葉を使って文章を書きますが，その際，児童それぞれの実体験にもとづいて，見たことやしたことを具体的に書かせるようにします。

② 主体的・対話的で深い学びのために

　本単元は，これまでの『きせつのことば』のように，生活科での自然観察と関連づけてすすめるのがよいでしょう。言葉を知るだけなら，図鑑や画像を使うのが効率的です。しかし，教室を出て，冬の自然の中で「あれが，ひいらぎ」「この花はさざんか」などと実物とつないで，時間をかけて言葉を知っていくことが，小学生にふさわしい主体的な学び方だと言えます。また，野外では児童の関心も広がり，いろんな木々や小動物にも目を向けるでしょう。児童どうしの対話や教え合いもごく自然に生まれます。野外は，教室とはまた違った，児童が主体となれる学びの場です。

　あわせて，低学年では言葉と数で自然をとらえることを大切にします。大きさや形，色，動き，枚数や本数などを，言葉と数で表現することを通して，観察力や認識力が高まります。

知識 及び 技能	言葉には，事物の内容を表す働きがあることに気づいている。
思考力，判断力，表現力等	「書くこと」において，経験したことや想像したことから書くことを見つけている。
主体的に学習に取り組む態度	積極的に言葉のはたらきに気づき，学習課題に沿って経験を文章に表そうとしている。

◉ 学習指導計画　　全 2 時間 ◉

次	時	学習活動	指導上の留意点
1	1	・冬の自然を歌った『ゆき』を読んだり歌ったりする。 ・教科書の冬を感じる言葉を読み，まわりの自然やくらしの中からも，冬の言葉を見つけて書く。 ・見つけた言葉を発表し，知り合う。	・『あられ』『枯れ木』など，『ゆき』の中の，『冬の（自然の）言葉』にも気づかせる。 ・生活科でも，クラスで『冬のしぜんのかんさつ』をしておくと，共通の体験となり，冬の言葉も見つけやすい。 ・見た場所など，具体的に語り合わせる。
	2	・冬を感じたときの様子やできごとを思い出して，短い文章に書く。 ・書いた文章を読みあい，交流する。	・教科書の例文を読み，書き方の参考にさせる。いつ，どこで，見たこと，など具体的な事実を思い出させるように，書く援助をする。 ・全体の前で発表し，簡単な感想など述べ合う。

◇生活科の自然観察と関連づけて，指導計画を考えると効果的でしょう。

📀 収録（画像，児童用ワークシート見本）

冬がいっぱい

第 ❶ 時 （1/2）

本時の目標
くらしの中から，冬の自然に関わる言葉を見つけ，知り合うことができる。

授業のポイント
生活科の時間に「冬の自然観察」を行っておくと，児童の経験をもとに実感にもとづいた話し合いができる。

本時の評価
くらしの中から，冬の自然に関わる言葉を見つけ，知り合うことができている。

板書例

〈導入〉ここでは，初めに「ゆき」の歌を持ってきて，そこから冬のイメージを広げるようにしています。

◇冬をかんじることば

はながさく
＝ゆき

虫や鳥
生きもの
　みのむし
　まがも　はくちょう

花や
実
　さざんか　つばき　せんりょう
　ひいらぎ　ゆず　うめ
　すいせん　ポインセチア
　ピラカンサ

そのほか

やさい
くだもの
　はくさい　だいこん　みかん

ゆき　あられ　つらら

◇見つけた冬を書く　話す
（いつ　どこで
　なにを…見つけたもの）

・かまきりのたまご　・ゆず
・きんかん

---

1 読む（歌う）
冬と言えば，雪。
「ゆき」の詩を読む，歌う。

「『冬』と言えば思い浮かぶものは，何でしょう。」
　・冬休み　・お正月　・お餅　・雪も

雪も，冬のものですね。こんな歌を知っていますか。教科書を開けましょう。『ゆき』という歌（詩）です。

聞いたことのある歌です。

知っていまーす。

　　教科書の歌詞を見ながら，曲を聴かせてもよい。
　　教師が歌って聞かせると，児童も喜ぶ。
「みんなで，歌ってみましょう。」
　・ゆーきや　こんこ　あられや　こんこ…
「『雪』のほかにも，冬の言葉は出て来なかったかな。」
　・『あられ』です。　　・『枯れ木』も，かな？
「どんな景色が，目に浮かびましたか。」
　・あたり一面，雪が積もっている。でも楽しそう。
　　『わたぼうし』『はながさく』の様子も，話し合う。

---

2 読む・書く
教科書の，冬の言葉を読む。
ノートにも書く。

「雪のほかにも，冬だなあと思うものがあるでしょう。自然のものではどんなものを知っていますか。」
　・冬は，ミカンや干し柿をよく食べます。焼き芋も。
　・花屋さんでクリスマスの赤い花(ポインセチア)を見ました。
　　　関心や話題を，冬の生き物や植物へと向かわせる。
　・赤い実（ピラカンサの実）を，鳥が食べていました。

教科書にも，冬に見られる生き物や，花や実の絵が出ていますね。読んでみましょう。（音読）見たものはあるかな？

『みのむし』見たことがあります。

『さざんか』は，学校にもあります。

『まがも』って，池にいた鳥かな。

　　絵をおさえながら，『みのむし』などと読んでいく。
「出てきた言葉を，なかまわけしてノートに写し書きしましょう。『まがも』は鳥ですね。」（板書参照）

1と2，3の活動は，入れ替えてもいいでしょう。

冬がいっぱい

㋕　冬をかんじることばをあつめよう

《冬といえば…？》お正月？　ゆき？

ゆき

ゆきや　こんこ

あられや　…

ふっては

わたぼうし…

かれき…　＝ゆき

※「ゆき」の歌詞を板書する。ディスプレーに映してもよい。

🔍 **主体的・対話的で深い学び**

・自分の見つけた『冬を感じたもの』を，互いに交流する活動は，対話的な学習活動として児童の視野を広げる。また，『○○ちゃん，鳥のことよく知ってるなあ』などと，児童どうしをつなぐ。それは，発表を通して，児童のくらしぶりや何に目を向けているのか，つまり主体性が見えることでもある。

・それぞれの児童の個別の体験とともに，共通の体験もあるとよい。その点，本時の前に『生活科』として，みんなで学校付近の自然を見て回っておくのがよい。対話も深まる。

準備物

・冬の自然の生き物の画像 📀 収録【2下_12_01〜10】

・児童用ワークシート 📀 収録【2下_12_11】

3 考える / 書く　見つけた『冬を感じたもの』を思い出して書き出す。

「先生は，枯れたススキの草原でこんなものを見つけました。カマキリの卵です（見せる）。卵で冬を越して，春になると中から赤ちゃんカマキリが出てくるのですよ。」

見せるものは，大根，白菜など，カマキリの卵以外のものでもよい。実物を見せて注目させる。

今度は，みなさんが見つけた『冬らしいな』と思った（自然の）ものを，ノートに書き出してみましょう。

白菜とか大根も，冬の野菜かな。

ゆずを入れた『ゆず湯』にも，入ったよ。

「『生活科』の観察で，見つけたものもありましたね。」

生活科の『冬の自然観察』で見つけたものも思い出せるよう，個別に問いかけるなど援助する。

4 発表 / 話し合う　見つけた冬の自然を発表して聞きあう。

冬の自然の発表は，グループで，または全体で行う。全体なら，みんなの前で話すよい機会となる。

また，できるだけその子の体験にもとづいたとらえ（見聞きしたこと）を添えて，話させたい。

では，みなさんが見つけた冬（の自然）を発表しましょう。場所やいつ見たのかなど，見たときのこともお話ししてください。

城山自然公園の木に，たくさんのミノムシがぶら下がっていました。

家のきんかんの木にたくさん実がなっていました。食べると甘くて，ちょっとすっぱい。

「発表を聞いて，尋ねたいことはありますか。」

『どこで見たの？』とか『何色でしたか？』などと，簡単な尋ね合いを通して，交流を図ったり，感想や良かったところを述べ合ったりするのもよい。

冬がいっぱい

第 ② 時 （2/2）

本時の目標

冬を感じたときの経験を，文章に書くことができる。また，それを読み，感想を述べ合うことができる。

授業のポイント

その子なりに，目や手など五感でとらえた事実が書けるよう，教師が児童に応じて聞き出しやアドバイスをする。

本時の評価

冬を感じたときの経験を，文章に書くことができる。また，それを読み，感想を述べ合うことができる。

板書例

〈教材〉地域によって，冬をイメージするものは違ってきます。クリスマスやお正月など，全国共通の

思い出したことは？
思ったことは？

〈カードに書く〉

（だい）

（文）

絵

はくさい ← 冬のことば
見つけたもの ・どこで なにを
わかったこと 知ったこと
・思ったことも

・文のおわりは「…ました。」「…でした。」に

◇カードを読み合おう
はっぴょうを聞く

※
・「ポインセチア」
・「ゆず」
・「つらら」
・

※児童の書いたカードの題を板書する。

---

1 ふり返り 話し合う

冬を感じたものを見つけたときの様子やできごとを思い出す。

「冬を感じる言葉を探して，見つけましたね。どんな言葉があったでしょうか。」振り返り

・初めて知ったマガモとか，ツバキもありました。

> 今日は，『あ，冬だなあ』と思ったときの様子や、それを見たときのできごとを思い出してみましょう。

> この前，雪が降ったとき，兄ちゃんと雪だるまを作りました。

> じいちゃんの畑で，だいこんを抜かせてもらいました。太かったです。

・琵琶湖へ行ったとき，カルガモを見ました。
・ふーん，エミちゃんは，鳥のことよく知ってるね。
　このように，発言が対話に広がるのもよい。

「どれも，冬を感じた言葉ですね。今日は，このような冬の自然の言葉を見つけたときのことを，文章に書いて読み合いましょう。」めあてを伝える。

---

2 読む 話し合う

教科書の例文をみんなで読み，書き方の参考にする。

「教科書（P76）にも，『冬のお話』の文章が載っています。読んでみましょう。」一人読み・斉読

「何のことを書いていますか。」

・白菜のことです。　・ミカンのことです。

> 白菜やミカンのことでは，どんなことを書いていますか。

> 白菜を畑で見たことを，書いています。初めて知ったことも書いています。

> ミカンを食べて，思ったことも書いています。

「『どこで』見たのか，また，そのときにわかったことや思ったことも書いていますね。」

　文末は『…ました。』『…でした。』（過去形）で書かせると，実際にあったできごとが書きやすい。

　いずれも１，２文の短い文章。題も『はくさい』や『みかん』など，冬を感じた言葉にしている。

行事も含め，イメージを膨らませるようにしましょう。

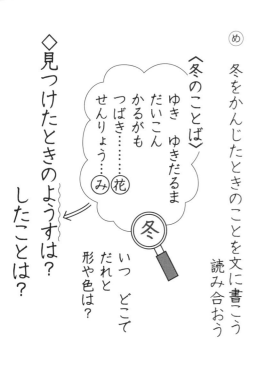

冬がいっぱい

め 冬をかんじたときのことを文に書こう
　　　　　　　　　　　　　読み合おう

〈冬のことば〉
ゆき　ゆきだるま
だいこん
かるがも
つばき………花
せんりょう……み

冬 🔍
いつ　どこで
だれと
形や色は？

◇見つけたときのようすは？
　　したことは？

主体的・対話的で深い学び

・書くことは，主体的な出力でもある。書くことを通して，自然やくらしをとらえるアンテナが磨かれ，感度のよいものになっていく。本単元のように，意識的に自然に目を向けさせるのも大切なことである。よく見て書いてみて，またよく見るようになり，改めて自然の面白さに気づく児童も多い。
・友だちの書いた文章を読み合うことは，対話的な学びになる。書いた文章を通して，友だちが何のどんなことに目を向けているかがわかり，友だちへの理解も深まる。

準備物

・カード **DVD** 収録【2下_12_12】

3 書く　冬を感じたときのことを思い出して，文章に書く。

「ノートに文章を書いたら，次にカードにきれいに書いて読み合います。カードには，絵も入れていいですよ。題には，何か冬の言葉をつけましょう。」

花屋さんで，ポインセチアを見たときのことを書こうかな。真っ赤できれいだった。題は『ポインセチア』。

畑を見ると，秋にまいたエンドウの芽が出ていたなあ。春になって，実ができるのが楽しみ。

『…きれいでした』では，伝わらないことも教える。よく思い出せない児童には，そのものの形や色，数，見た場所などを，教師が聞き出してやるとよい。また，具体的な事実が書けているところをほめて回る。
　カードを配り清書させる。簡単な絵も添えさせてもよい。できた子には2作目を書かせてもよい。

4 読み合う　書いた文章を友だちと読み合う。

「友だちは，どんな冬を見つけたのでしょう？　書いたカードは，隣の人と（またはグループ内で回し読み）交換して読み合いましょう。」

代表の子に，全体の前で発表させるのもよい。
「前でも，発表してもらいましょう。」できれば数人

題は『ポインセチア』です。『日曜日に，お母さんと花屋さんで，ポインセチアを見ていると，お店の人が『いい色でしょう。でもこの赤いのは，花ではなくって，本当は葉っぱなんだよ。』と教えてくれました。』

「いいなと思ったところや感想も言いましょう。」
・ポインセチア，今もさいていますか。
　　カードは掲示板に貼り出し，読み合えるようにする。

ねこのこ　おとのはなびら　はんたいことば

全授業時間 2 時間

◉ 指 導 目 標 ◉

・詩を読んで，感じたことを共有することができる。
・語のまとまりや言葉の響きなどに気をつけて，音読することができる。

◉ 指 導 に あ た っ て ◉

① 教材について

　『詩の楽しみ方を見つけよう』というタイトルは，めあてとも重なります。この『詩の楽しみ方』としては，ひとつは詩の音読，もうひとつはお気に入りの詩を選び，カードに書いて紹介し合うという，二つの活動を行うようになっています。

　まず，1時目は『ねこのこ』『おとのはなびら』『はんたいことば』の3つの詩を読みます。何が書かれているのか，また感じたことを話し合います。それを踏まえて，詩の読み方を工夫し音読します。詩を一つ選んで，思い浮かんだことも交流します。

　2時目には，友だちにも読んでほしいなと思う詩を探して，それをカードに視写し，紹介します。その際，選んだ理由やおもしろいと思ったところも書き添えさせます。

　ただ，実際に図書室に行って，あれこれと詩を探してそれを視写し，さらに渡して読み合うという活動を行うのは，時間的にも厳しいでしょう。ここは，クラスの実態に合わせて，指導者の工夫も必要なところです。例えば，教師からいいなと思う詩，読ませたい詩をいくつか準備して，そこから選ばせるのも一つのやり方です。要は，『詩の楽しみ方』として，児童が『詩っていいな，おもしろいな』と思えるような学びであることが大切です。そして，それは，やはり児童にふさわしい良い詩に多くふれさせることにつきるでしょう。

② 主体的・対話的で深い学びのために

　『何が書いてあるの？』『この詩の，どこがいいの？』など，案外，児童には，詩の世界が読み取れていないことがあります。感想を交流するにも，詩の内容（何が）と，表現（どう書かれているか）をとらえた上でないと，実のある対話にはなりません。

　『ねこのこ』なら，子猫のいろんな姿態が，擬態語と擬音語でうまく表現されているところに，この詩の良さと面白さがあります。対話もこのような詩の世界をとらえ，深めるためのものです。また，そこには教師の教材解釈と，どの言葉や表現に着目すればよいのかという導きも必要で，それが児童を詩の世界にいざなう手立てになります。

知識及び技能	語のまとまりや言葉の響きなどに気をつけて，音読している。
思考力，判断力，表現力等	「読むこと」において，詩を読んで感じたことを共有している。
主体的に学習に取り組む態度	詩を読んで感じたことを積極的に共有し，学習課題に沿って詩を紹介している。

● 学習指導計画　　全2時間 ●

次	時	学習活動	指導上の留意点
1	1	・『詩を楽しむ』というめあてを聞く。 ・『ねこのこ』など，3つの詩を読み，それぞれの詩の特徴ある言葉，表現をもとに，イメージしたことや思ったことを話しあう。 ・紹介する詩を探すことを呼びかける。	・めあてとともに，音読と詩を選んで紹介するという具体的な内容を伝える。 ・詩の言葉から，ねこの子のしぐさやピアノから出る『音のはなびら』などを想像させて，それをもとに音読につなぐ。
		ここに、子どもたちが紹介したい詩を探す期間（1日〜1週間程度）を設けるようにした。	
2	2	・選んだ詩を，カードにていねいに視写する。また，良かったところ，気に入ったところも簡単な文にして付け加えて書く。 ・友だちと，またグループで交換して読む。	・詩の本などにしおりを挟ませておくか，ノートなどに書き写させて，準備させておく。 ・グループや全体で，詩と感想の交流も行う。 ・展示し，みんなが読めるようにしてもよい。

【参考】　−2時目の，紹介する詩を探す活動について−

○ 「詩の楽しみ方を見つけよう」として，2時目には友だちに紹介したい詩を探すことになっています。しかし，「指導に当たって」の欄でも触れましたが，二年生という実態に照らして，また時間的にも，2時目だけで全員が詩を探して書くということは，現実には難しいところです。そこで，1時目と2時目の間に『詩を探す期間』を設けるという指導計画を考えました。この期間の日数は，児童の様子や学習の予定に合わせて決めます。児童は，選んだ詩を準備して2時目に臨みます。

○ 次に，児童は何をもとに詩を選べばよいのか，ということも大切です。教科書の『この本，読もう』も参考にさせますが，「あとは，図書室で」とか「自分で，自由に」というだけでは，とまどう児童も出てきます。自分であれこれと探して見つけてくる子はいますが，そうでない子，援助の必要な子もいるからです。そのため，選ぶもとになるものは，児童任せにしない方が確かです。当たり外れのないやり方として，次のような方法が考えられます。

① 教師が詩集などから読ませたい詩をいくつか選んでコピーし，プリントして配布しておく。

② 教材会社などから出ている『○年の詩(詩集)』などを人数分そろえておき，1時目のあと貸し出し，そこから選ぶようにさせる。よい詩が多く載っていて，学校で揃えておくのもよい。

💿 収録（児童用ワークシート見本）

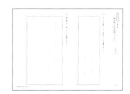

詩の楽しみ方を見つけよう
第 ①② 時 (1,2/2)

本時の目標
「ねこのこ」など3つの詩を読み，内容や言葉の響きに気をつけて音読できる。また，お気に入りの詩を紹介することができる。

授業のポイント
1時目は，詩の言葉をもとに話し合えるような問いかけをする。『どう思いましたか』などのあいまいな問いは，話し合いになりにくい。

本時の評価
詩の内容や言葉の響きに気をつけて音読できている。また，お気に入りの詩を選んで視写し，紹介することができている。

〈時間配分と活動〉1時目の終わりに，2時目までに詩を探す期間を設けることを児童にも伝えます。

板書例

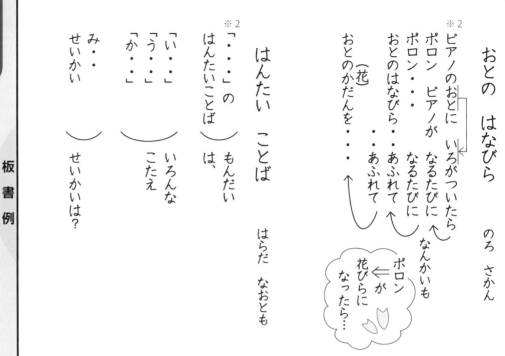

※2
はんたいことば
「・・・」の
は、

「い・・・」
「う・・・」
「か・・・」

はんたい　ことば
　　　　　　　はらだ　なおとも

もんだい
いろんな
こたえ

み・・・
せいかい
せいかいは？

おとの　はなびら
　　　　　　　のろ　さかん

ピアノのおとに　いろがついたら
ポロン　ピアノが　なるたびに
ポロン・・・　　　なんかいも
おとのはなびら・・あふれて
おとのはなびら・・あふれて
（花）　　　　　・・あふれて
おとのかだんを・・・

ポロン　が
花びらに
なったら…

※2 教科書の詩を板書する。

---

1 導入 詩を読む
めあてを聞く。
『ねこのこ』を読み，話し合う。

「みなさんは詩を読むのは，好きですか。いいなと思った詩，好きな詩はありますか。」
　　ここで，好きな詩について，軽く話し合ってもよい。

> 『詩を楽しむ』という勉強をします。音読をしたり，『いいな』と思う詩を，カードに書いて渡したりします。詩の贈り物です。

めあてを伝える。

> まず，3つの詩を読んでみましょう。『おもしろいな』『いいな』と思ったところも話し合ってみましょう。

> 『ねこのこ』おもしろそう。

「ひとつ目は『ねこのこ』。先生が読みますよ。」
　　まず教師がいい朗読を聞かせる。そのあと一人読み。
「ねこのこ（猫の子）の姿や，何かしている様子が目に浮かびましたか。また，音は聞こえてきましたか？」
　　・『ごろごろ』は甘えてる。のどを鳴らしているのかな。
　　・『ちりん』は，首につけた鈴の音だと思います。

---

2 読む 話しあう
詩の言葉をもとに，書かれている情景を想像し，話し合う。

「様子がわかる言葉（擬態語）はないでしょうか。」
　　・『ゆうゆう』は，あくびの様子です。　・『つん』も
「『子猫らしいな』と思ったところは，どこかな？」
　　・『よばれて　つん』『ミルクで　にゃん』がかわいい。
　　　以上の話し合いは，全体のほかグループや隣どうしでもよい。
「子猫の姿や仕草を想像して，音読してみましょう。」
　　斉読したあと各自音読，あと2，3人に指名読み。
「つぎは『おとのはなびら』という詩を読みます。」
　　『ねこのこ』と同様，範読，一人読み，斉読など。

> ピアノが鳴っていますね。何回鳴っているのでしょう。また，ピアノが鳴ると，どんなことがある（おこる）のですか。

> 2回かな？ポロン，ポロン。

> 『なるたびに』だから，何回も鳴っているんじゃないかな。

> 『ポロン』は色がついた花びらで，音の花びらだから，そのあたりが，はなびらでいっぱいになります。

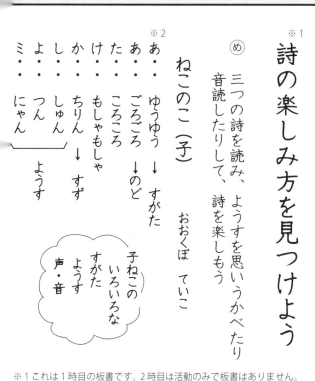

※1 これは1時目の板書です。2時目は活動のみで板書はありません。

詩の楽しみ方を見つけよう

※1
三つの詩を読み、ようすを思いうかべたり
音読したりして、詩を楽しもう

ねこのこ（子）
おおくぼ ていこ

あ・・・ゆうゆう → すがた
あ・・・ごろごろ → のど
た・・・ころころ
け・・・もしゃもしゃ
か・・・ちりん → すず
し・・・ちりん → すず
よ・・・つん しゅん
ミ・・・にゃん

※2

子ねこの
いろいろな
すがた
ようす

声・音

主体的・対話的で深い学び

・詩は理屈ではない。もちろん『何が』『どう』書かれているか，その詩の基本的な世界は，みんなで読みとっておかなければならない。しかし，『この詩のどこがどう面白かったのか』『なぜよかったのか』など，理屈っぽい話し合い，対話にはならないように気をつける。児童もそんな問いにはうまく答えられず，『全部いい』『なんとなく』などと答えてしまう。それは，かえって児童を詩から遠ざけてしまうことになる。話し合うなら，具体的な詩の中の言葉をもとにして，話し合うとよい。

準備物

・（2時目）詩を書き写すカード 📀 収録【2下_13_01〜02】（両面印刷して使用）

---

3 読む 音読する

詩を一つ選んで感想を書く。
次時の予告。

すべて仮名で書かれているのも，花びらのイメージと重なる。ピアノの音と，花びらがあふれ出てくるイメージで音読する。

「3つ目の詩は『はんたいことば』です。」音読
「尋ねているの(問題)は，『何の』反対言葉ですか。」
　・『うれしい』の反対言葉は何？と，聞いています。
「答えはいくつですか。どう書いてありますか。」
　・『いしれう』『うれしくない』『かなしい』の3つ。
「みなさんが思ったのは，どの答えと同じかな？また，いちばんおもしろいと思った答えはどれかな。」
　などと話し合う。『みんな正解』も楽しく深いオチ。

気に入った詩を1つ選んで，思ったことやいいなと思ったところ（感想）を書いて，話し合いましょう。

私は，『ねこのこ』がかわいくて好き。

また，何人かに気に入った好きな詩を音読させる。次時の予告をし，好きな詩を探すことを呼びかける。

---

4 書く 交流 （第2時）

お気に入りの詩を書き写して，
友だちと交換する。

【紹介する詩を探し，選ばせるために】

2時目までに，友だちに紹介したい詩を探すように伝えておく。ここでカギになるのは，児童にどうやってその詩を探させるのか，その手立てだといえる。

ここは，指導計画ページの『参考』欄のように，教師の指導性を活かしてすすめる。そして，①詩を選ぶための一定期間を設ける，②その間に個別の援助もする，③詩を選ぶ材料は児童任せにせず，教師が用意する，この3つに留意して，詩を選ばせるようにする。

選んできた詩を，まず何人かの人に読んでもらいましょう。では，このカードに選んだ詩をていねいに書き写しましょう。絵も書き足してもいいですよ。そして，後ろにその詩のどこが良かったのか，また，読んで思ったことも書き足しておきましょう。

ぼくは，まどみちおさんの詩。やさしいところがすき。

書けたカードは一定期間掲示し，あとは交換させる。

にたいみのことば，はんたいのいみのことば

◉ 指導目標 ◉

・言葉には意味による語句のまとまりがあることに気づく。

◉ 指導にあたって ◉

① 教材について

　2年生も後半になると，語彙も次第に増え，その中には似た意味や反対の意味の言葉があることにも気づき始めています。本単元では，言葉には，そのような類義語や反対語（対義語）があることを学習します。そして，ある言葉の類義語や反対語を考えることを通して，言葉にはまとまり（つながり）があることに気づかせます。

　漢字や言葉の学習をするときにも，『この言葉の類語は何だろう？』『反対語は何かな？』などと考えるのは，言葉の力をつける上で大切なことです。意味による語句のまとまりを考えることにより，派生的に語彙を増やしていけるからです。

　国語辞典にも，類 や ⇔，反 などの記号で載せられています。類義語や反対語がわかると，その言葉の意味もわかりやすくなるからです。また，類義語を知っていると，文章の表現もより的確で豊かなものになります。『話す』『言う』『語る』『述べる』などは，似た意味の言葉ですが，違いもあります。文脈に応じて，より適切な言葉を選び，使い分けることによって言葉の感覚も磨かれますが，その初歩をここで学びます。

　ただ，『似ている語』や『反対語』がわかるには，もとの言葉の意味と使い方がわかっていなくてはなりません。『似ている』言葉や『反対の』言葉を見つけるのは案外難しく，あいまいなところもあります。2年生では，厳密さにこだわらず，『およそ似ている』『およそ反対』も認めてよいでしょう。また，反対語を考える際には，『立つ』⇔『座る』のように，動きが可能なものは動作化させてみるのも一つの方法です。

② 主体的・対話的で深い学びのために

　児童も，『○○の反対言葉は，なあに』などといった言葉遊びをする時期です。2年生の児童にとって，似た意味や反対の意味の『言葉さがし』は，楽しんで取り組める活動になります。『この言葉は，ほかの言葉に言いかえられないかな』などと，すすんで，また主体的に取りくめるでしょう。友だちとも相談するなど，対話的な学習場面も考えられます。そのこととも関わって，『似た言葉の組』『反対の言葉の組』を考えて作る活動も，発展的で深い学びと言えます。

◎ 評価規準 ◎

知識及び技能	言葉には，意味による語句のまとまりがあることに気づいている。
主体的に学習に取り組む態度	進んで，言葉には意味による語句のまとまりがあることに気づき，学習課題に沿って似た意味の言葉や反対の意味の言葉の組を作ろうとしている。

◎ 学習指導計画　全2時間 ◎

次	時	学習活動	指導上の留意点
1	1	・『言う』や『しばる』などと，似た意味の言葉を考える。 ・『立つ』や『大きい』の反対の意味の言葉は何かを考える。 ・同義語や反対語を考える問題をする。	・『言う』と『話す』など，言葉には似た意味の言葉があることに気づかせる。 ・『立つ』と『座る』などは，反対の意味の言葉であり，また『脱ぐ』のように，複数の反対語を持つ言葉もあることに気づかせる。
	2	・類義語や反対語を考え，言葉の組ができることを話し合う。 ・『似た意味言葉』と『反対言葉』の組を考え，書いて発表する。	・『うけとる（と）もらう』で，類義語の言葉の組ができることに気づかせる。 ・教科書「ことばのたからばこ」のことばを参考に（もとに）して，言葉の組を考えさせる。

◇　本指導計画では，1時目で「類義語」と「反対語」の両方をとりあげ，2時目でそのような言葉を集めたり「言葉の組」を作ったりする活動としています。一方，1時目で「類義語」と「その言葉の組」作り，2時目で「反対語」と「その言葉の組」作りを行う指導計画も考えられます。

◇　また，教科書に合わせて『似た意味の言葉』→『反対の意味の言葉』の順にとり上げています。しかし，児童は『反対の意味の言葉（反対言葉）』の方に，より興味を持つこともあります。児童の関心に応じて，『反対の意味の言葉』を先に取り上げるのもよいでしょう。

◇　児童が集める『似た意味の言葉』や『反対の意味の言葉』には，厳密にはそうだとは言えない言葉も含まれています。基本的にはそれも認め，言葉に応じて教師が『正しくは，○○という言葉だよ』などと，教えてやるとよいでしょう。児童が作る『言葉の組』についても同様です。

◇　「似た意味の言葉」などの用語は正しい表現なのですが，児童には長くてわかりにくく，使いにくい言葉です。そのため，授業では『似た意味言葉』や『反対言葉』などと，簡潔な言い方にかえて，『学級内用語』として使うのもよいでしょう。

◇　『類語辞典』『類語活用必携』（三省堂）など，類義語を調べるための辞典もあり，よく使われています。文章を書くときだけでなく，本単元のような言葉の学習の教材研究にも役立ちます。

DVD 収録（黒板掲示用イラスト見本）

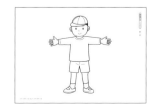

にたいみのことば，はんたいのいみのことば

第 1 時 （1/2）

本時の目標
言葉には，似た意味の言葉や反対の意味の言葉があることがわかり，意味による語句のまとまりがあることに気づく。

授業のポイント
言葉には，類義語や反対語があることに気づかせ，そのことに興味を持たせたい。教師が動作化してみせるのもその一つの手立てになる。

本時の評価
言葉には，似た意味の言葉や反対の意味の言葉があることがわかり，意味による語句のまとまりがあることに気づいている。

〈対話〉教科書の例「しばる」の類義語は，2年生には少し難しい言葉です。隣同士やグループで

板書例

・新聞紙をひもでしばる（くくる）にたいみのことば

・うつくしい星空をながめる（きれいな）※2 ＝にたいみ

〈はんたいのいみのことば〉※1

◇先生がすることは？

・先生が（① すわる ）↑はんたいの
　　　　　（② 立つ ）↑いみのことば

・（① 出る ）↑ ・（① 大きい ）↑
　（② 入る ）↑ 　（② 小さい ）↑

◇「ぬぐ」のはんたいことばは？

・ぼうしを（かぶる）※3 ↕ ぬぐ ↕ ふくを（きる）

　ズボンを（はく）↕ ↕ くつを（はく）

※3　イラストを掲示するとわかりやすい。

1 導入 話し合う （　　　）に入る言葉を考え，『似た意味の言葉』を知る。

教科書は，まだ開けさせない。文を板書して（　）に入る言葉を考えさせる。（あれば，教科書の絵のコピーも）

大きな声で、友だちに（　　）。

「ノートに書いた言葉を発表しましょう。」数人まで
　・『言う』だと思います。
　・『話す』でもいいと思います。
　　ほか，『伝える』『さけぶ』『よぶ』『語る』など。
「教科書（P80）を読みましょう。」音読
「『言う』の代わりに『話す』を使っても，同じような意味ですね。この2つは，『似た意味の言葉』と言えます。今日はこのような言葉の学習をします。」

2 問題を考える 教科書（P80下）の問題を読み『似た意味の言葉』を考える。

「『似た意味の言葉』は，ほかにもあります。教科書にも出ています。（P80下）読んで考えましょう。」

新聞紙をひもでしばる。

「考えた言葉を発表しましょう。」相談させてもよい。
　・『新聞紙を，ひもで「くくる」。』です。
　・どちらの言葉でも，文の意味はほとんど同じです。
「次の，『うつくしい』と似た意味の言葉も，考えて書きましょう。」書かせて発表。
　・『きれいな』星空でも意味は通じます。
　・言葉を置きかえてみて，意味が通じたら同じ意味だね。

相談してもよいでしょう。

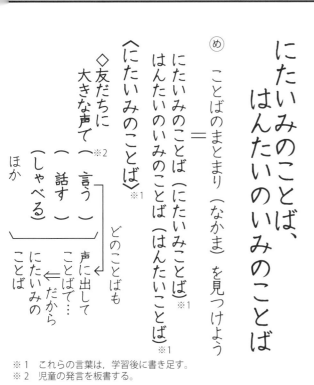

に た い み の こ と ば 、
は ん た い の い み の こ と ば

め　ことばのまとまり（なかま）を見つけよう

にたいみのことば（にたいみのことば）※1
はんたいのいみのことば（はんたいのことば）※1

〈にたいみのことば〉※1
◇友だちに
大きな声で

　　（言う）※2
　　（話す）
　　（しゃべる）
　ほか

　　　　どのことばも
　　　　声に出して
　　　　ことばで…
　　　　→だから
　　　　にたいみの
　　　　ことば

にたいみの
ことば

※1　これらの言葉は，学習後に書き足す。
※2　児童の発言を板書する。

主体的・対話的で深い学び

・児童は，いつも「今日は，どんな新しいことを教わるのだろう」という気持ちで授業にも臨んでいる。そんな児童に対して，「はい，教科書の〇〇ページを開けて…」という授業の始まりでは，児童の期待感ともずれてしまう。

・児童は，興味を持ったことに対して，主体的に臨める。ここでは，問題や教師の動作も取り入れているが，それも本時の授業に興味を持たせるための，ひとつの手だてといえる。

準備物

・黒板掲示用イラスト **DVD** 収録【2下_14_01】

3　話し合う　『反対の意味の言葉』もあることを話し合う。

まず，板書して，注目させ問いかける。（板書参照）

これから，先生がすることをよく見て，（　　）の中に入る言葉を考えてください。

先生は，何をするのかな？

先生が　①（　　）
先生が　②（　　）

問いかけたあと，教師は，まず①（椅子に）座る②立つ，2つの動きをして見せ，2つの言葉を考えさせる。

「わかったかな。文を写して書き入れましょう。」
・①は，（すわる）（すわった）です。
・②は，（立つ）（立った）だと思います。

「この『座る』と『立つ』は，似た意味の言葉ですか。この2つの言葉は，何と言えばよいでしょうね。」
・似た言葉ではなく，『反対の（意味の）言葉』です。

　そのあと，同様に教師が教室を出入りして，『出る』と『入る』という『反対語』にも気づかせるとよい。

4　話しあう　まとめ　『反対の意味の言葉』がいくつもある言葉を考える。

「このような反対の言葉は，ほかにもありそうです。教科書（P81）に出ている言葉は何でしょうか。」
・『大きい』と『小さい』です。意味が反対です。

　教科書を読み，『似た意味の言葉』だけでなく『反対の意味を表す言葉』の組もあることをまとめる。

では，『脱ぐ』の反対は，どんな言葉でしょうか。

『脱ぐ』の反対は，『着る』です。服を脱いだあと，着るからです。

でも，ズボンなら『はく』といいます。

靴も，『はく』の方がいいです。

同様に，ぼうしなら『脱ぐ』⇔『かぶる』となる。

「『脱ぐ』のように，反対の言葉がいくつもある言葉もあります。教科書（P81 下）で調べましょう。」

　なお，『脱がない』などの言葉は，反対語ではないことを説明し，問題②を考える。話し合ってまとめる。

本時の目標

『似た意味の言葉』や『反対の意味の言葉』の組を作ることができる。

授業のポイント

やり方を示す1，2の活動は簡潔にすすめ，3，4の『言葉の組作り』に時間をかける。
『反対』や『似ている』は厳密さを求めず，『およそ』でよい。

本時の評価

『似た意味の言葉』や『反対の意味の言葉』の組を作ることができている。

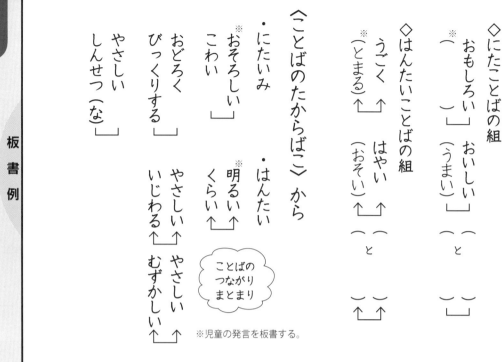

〈指導〉反対語や類義語がなかなか出てこない児童もいます。教師によるジェスチャーや教室内にある

板書例

◇にたことばの組
　おもしろい「　」おいしい「　」
　※（　　　）※（うまい）（　）
　　　　　　　　　　　　と

◇はんたいことばの組
　うごく↑　　はやい↑
　※（とまる）↑（おそい）↑
　　　　（　）（　）（　）
　　　　と

〈ことばのたからばこ〉から

・にたいみ
　※おそろしい「　」
　こわい「　」
　おどろく「　」
　びっくりする「　」
　やさしい「　」
　しんせつ（な）「　」

・はんたい
　※明るい↑
　くらい↑
　やさしい↑
　いじわる↑
　やさしい↑
　むずかしい↑

ことばの
つながり
まとまり

ことばの
つながり
まとまり

※児童の発言を板書する。

---

1 ふり返る　似た意味の言葉や反対の意味の言葉をふり返る。

「問題です，わかるかな。『手紙をうけとる』の『うけとる』と，似た意味の言葉は，何でしょうか。」
　・はい，『もらう』だと思います。
「では，『走る』と，似た意味の言葉は？
　・『駆ける』かなあ。

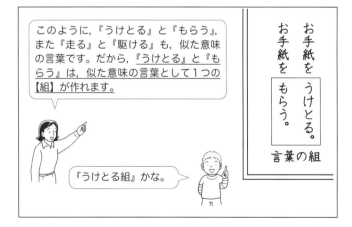

このように，『うけとる』と『もらう』，また『走る』と『駆ける』も，似た意味の言葉です。だから，『うけとる』と『もらう』は，似た意味の言葉として1つの【組】が作れます。

『うけとる組』かな。

お手紙を
うけとる。
お手紙を
もらう。

言葉の組

「では，『初め』の反対の意味の言葉は何でしょうか。」
　・『終わり』です。『おしまい』もかな。
「すると，反対の意味の言葉でも【初め』『終わり】のように，『言葉の組』が作れますね。」

2 めあて 話し合う　『似た意味の言葉の組』『反対の意味の言葉の組』を考える。

今日は，このような，似た意味の言葉の組，また反対の言葉の組を考えて作ります。
例えば，『おもしろい』と似た意味の言葉の組を作るには，どんな言葉を持ってきますか。

うーん，『ゆかい』？『おかしい』かな。『おもしろい』と『おかしい』は，『似た意味言葉の組』になります。

　『反対の意味の言葉』という言い方は正しいのだが，2年生には長すぎて使えない。ここでは，『反対（の）言葉』や『似た（意味）言葉』などと，短く縮め言いやすくして使っている。

「ほかに，こんな『似た言葉の組』を作れますか。」
　・『おいしい』と『うまい』でも，組が作れそう。
「『反対言葉の組』は，思いつきませんか。」
　・『動く』と『止まる』は，反対言葉の組になります。
　・『はやい』と『おそい』でも，1つの組ができます。
「『言葉の組』，なかなかうまく作れていますよ。」

ものを指さすなどして，個別にヒントを与えてもよいでしょう。

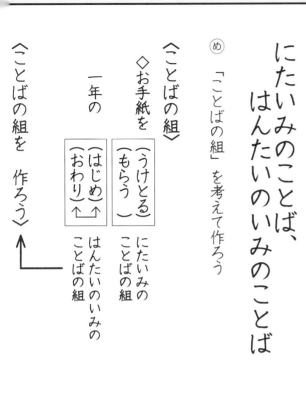

にたいみのことば、はんたいのいみのことば

め 「ことばの組」を考えて作ろう

〈ことばの組〉
◇お手紙を
　一年の

（うけとる）
（もらう　）↑ にたいみの ことばの組

（はじめ）
（おわり）↑ はんたいのいみの ことばの組

〈ことばの組を　作ろう〉

主体的・対話的で 深い学び

・言葉には，類義語や反対語があることがわかると，次はそのような言葉を自分で探し，見つける活動につなぐ。つまり，入力した知識を使って，今度は主体的に言葉に働きかけさせる。本時の『言葉の組』を考える活動も，この主体的な出力に当たる。入力⇒出力の両面によって，学びもまた深いものとなる。

・そして，『言葉の組作り』を難しく思う児童がいれば，「自分で考えなさい」ではなく，教師は対話を通した援助をしたい。しかも「自分でできた」と思わせられれば，なおよい。

準備物

・教科書P161「ことばのたからばこ」のページを電子黒板などで提示する。

3 考える 書く 「ことばのたからばこ」を見て『言葉の組』を考えて作る。

「このように，似た意味，反対の意味の『言葉の組』を作ります。使う言葉は，教科書の『ことばのたからばこ』のページ（P161）に出ている言葉をもとにしてみましょう。」
・『明るい』とか『おどろく』とか，言葉がいっぱい。
「この『明るい』で，言葉の組を作れますか。」
・【明るい・暗い】で，『反対言葉の組』がつくれます。

このページを見ると，『似た意味言葉』の組も作れそうですね。ノートに書いてみましょう。

【『おどろく』と『びっくり（する）』】で，『似た意味言葉』の『言葉の組』ができそう。

【『こわい』と『おそろしい』】も，似た意味言葉。

考えた『似た意味言葉』『反対言葉』の組をノートに書かせる。また，児童の書いた言葉も2，3紹介しヒントにさせる。ここは，個人指導が大切。

4 発表する まとめ 書き出した『言葉の組』を発表し，聞き合う。

『似た意味言葉』よりも【安心（と）心配】など『反対言葉』の組の方が作りやすいこともある。
「できた『言葉の組』は，となりどうしや近くの友だちどうし見せ合いましょう。」

前でも，発表してもらいましょう。まず，『反対言葉』の組から。

『やさしい（優しい）』と『いじわる』です。

ぼくも『やさしい（易しい）』だけど，【易しい（と）難しい】の組ができました。

・『やさしい』の反対言葉もいろいろできるなあ。
「次は，『似た意味言葉』の組を発表しましょう。」
・【やさしい（と）親切】【易しい（と）簡単】です。
「このように，言葉にはなかま（まとまり）がありそうですね。」

かん字の広場 5

◉ 指導目標 ◉

・第 1 学年に配当されている漢字を書き，文や文章の中で使うことができる。
・語と語との続き方に注意することができる。

◉ 指導にあたって ◉

① 教材について

　この学習は，「主語と述語のつながりに気をつけて，公園の様子を書く」という条件のある学習です。挿絵や数を表す言葉を手掛かりに想像して，誰が何をしたのかを明確にした文章作りをします。馴染みのある公園の風景を描いた絵から想像を膨らませ，どの児童にも書きやすい内容になっています。これまでに学習した漢字を想起しやすいとともに，楽しく漢字の復習ができる教材となっています。

② 主体的・対話的で深い学びのために

　文作りの前に，「絵からどのようなお話を想像できますか」と問いかけ，自由にお話を想像する活動を取り入れると良いでしょう。そうすることで，文作りが苦手な児童もイメージしやすくなるでしょう。その際，「誰が，何をした」のか主語と述語のつながりを明確にするよう，指導します。できあがった文章を隣同士やグループで読み合うことで，対話的な学びになります。

　また，文章の中で適切に既習の漢字を使うことができていることを，教師からも褒めるようにしましょう。できていない児童へは，繰り返しの練習を促します。そうすることで，児童の漢字への学習意欲が高まり，主体的な学習へとつながります。

知識 及び 技能	第1学年に配当されている漢字を書き，文や文章の中で使っている。
思考力，判断力，表現力等	「書くこと」において，語と語との続き方に注意している。
主体的に学習に取り組む態度	今までの学習をいかして，進んで第1学年に配当されている漢字を使って文を書こうとしている。

◉ 学習指導計画 　全２時間 ◉

次	時	学習活動	指導上の留意点
1	1	・教科書の絵を見て，公園の様子や人物の行動を想像したり，漢字の読み方を確認したりする。	・声に出して，これまでに学習した漢字を正しく読めるかどうかをチェックする。間違えたり，正しく読めなかったりした漢字は，繰り返して読む練習をするように促す。
	2	・公園の様子を文で書く。 ・書いた文章を友達と交換し，読み合う。	・挿絵から自由に想像を膨らませ，接続詞を使用して文章を書くようにさせる。 ・主語と述語のつながりを意識させ，文作りができるようにする。

📀 収録（黒板掲示用イラスト，カード見本）

かん字の広場 5

第 1 時 （1/2）

本時の目標
絵にある公園の様子を見て想像を広げ，1年生で習った漢字を正しく読み，書くことができる。

授業のポイント
ペアやグループの人と挿絵からどのようなお話が想像できるかを話し合い，イメージを十分膨らませる。書く時間も十分取って，漢字の定着を図る。

本時の評価
今までの学習をいかして，進んで第1学年に配当されている漢字を使って文を書こうとしている。

〈時間の配分〉「かん字の広場」も5回目となり，漢字を使った活動に慣れてきた児童も多いでしょう。

板書例

◇公園は どんな ようすかな
・木の 上に ねこが いる。
・下から ねこを よぶ 男の子が いる。
・左は 出口、右は 池を あらわす かんばん。
・男の子たちが あなから 出たり入ったり している。
・力もちの お父さん。
・竹うま 名人の 男の子。
・かけ足の 女の子 二人。
・青空の 下で 休む おじいちゃん。

◇お話を そうぞうして つくって みましょう
・木の上のねこは、下りられなくなった。木の下で、ねこをよんでいる 男の子は かいぬしさんて、しんぱいしている。

※児童の発言を板書する。

1 読む　1年生の漢字を，声に出して読む。

「教科書の82ページを見てみましょう。2年生で最後の『漢字の広場』です。」
・1年生の漢字なら，もうバッチリ覚えたよ。

まず，1年生で習った漢字を，声に出して読みましょう。

黒板にイラストを掲示し，漢字カードを1枚ずつ貼って読んでいく。

「あおぞら」「うえ」「した」

「ひだり」「みぎ」

全員で，読み方の確認をテンポよく進める。1年生までで覚えられなかった児童や，一度覚えたけれど忘れてしまった児童もいる。読みの段階から，丁寧に取り組む。

2 話し合う　絵を見て，どんな人が，何をしているのか話し合う。

絵から，公園のどんな様子が分かりますか。

木の上に猫がいます。下で男の子が，猫を呼んでいるみたい。

女の子が二人，かけっこをしている。

ピクニックに来ている家族がいます。お父さんは，とても力持ちです。

おじいちゃんが，青空の下で休んでいます。

次時の，漢字を使った文章を書くための素材探しになる。いろいろな想像をさせて，文作りへつなげたい。でたらめな思いつきにならないよう，絵をよく見て発表させる。

・竹馬に乗っている子がいる。
・名人って書いてあるから，きっとすごくうまいんだね。

かん字の広場 5

⊕ 一年生までの かん字を つかって、お話をつくりましょう

※イラストの上に漢字カードを貼る。

🔍 主体的・対話的で深い学び

・1年生の漢字が苦手な児童は，まだ多くはないはずなので，2年生の間にきちんと復習をして，完全に身に付けさせたい。そのためにも，読みの段階から丁寧に進めていく。

・教科書の絵から見つけたことを話し合う活動では，細かいところをよく観察して，意外な発見をする児童もいる。思いついたことをどんどん発表させ，児童同士の想像力を膨らませたい。

準備物

・黒板掲示用イラスト（教科書54ページ拡大コピーまたは **DVD** 収録【2下_15_01】）

・漢字カード **DVD** 収録【2下_15_02】

---

3 想像する 話し合う　公園の様子から想像したことを話し合う。

絵から，たくさんのことが見つかりました。それぞれの場面で，どんな出来事なのかお話を想像してみましょう。

猫は木の上に上ったけど，下りられなくなったんだよ。きっとあの男の子が飼い主さんで，すごく心配しています。

男の子は，竹馬の名人です。女の子が，それを見てほめています。

文章にするお話を，できるだけたくさん考える。慣れてきたら，ペアを組んで思いついたことを話し合わせてもよい。

・青空が広がっています。すごく天気がいい。
・土管の中に入っている男の子は，かくれんぼをしているのかな。

---

4 書く　1年生の漢字を，正しく書く。

82ページに出てきた1年生で習った漢字を，ノートに書きましょう。

青空，上，下，右…全部書けるよ。簡単。

書き順を間違わないようにしなくちゃ。右と左では書き順が違うんだ。

次時での文章作りをするため，正確に書けるように指導する。早く書き終わった児童は，空いているところにくりかえし練習させるとよい。机間巡視して，書き順も指導する。

「次の時間は，今みなさんが思いついたお話を，漢字を使って文にします。しっかり練習しておきましょう。」

かん字の広場 5

第 ② 時 （2/2）

本時の目標
主語と述語のつながりに気を付けながら，1年生の漢字を使って，公園の様子がわかる文を書くことができる。

授業のポイント
前時で，文作りのための案出しをしている。話し合ったことを簡単に振り返り，文を書く時間を多く取るようにする。

本時の評価
主語と述語のつながりに気を付けながら，1年生の漢字を使って，公園の様子がわかる文を書こうとしている。

板書例

〈文法〉主語と述語は，まだ理解しきれていない児童もいます。クラスの実態に合わせて，教科書

主語…だれが（は）、何が（は）
述語…どんなだ、何だ

（れい）　男の子は、竹うまの名人です。

男の子＝主語
名人です＝述語

◇　主語　と　述語　のつながりに気をつけて、文を書きましょう

おじいちゃんは、シートの上で休んでいます。

カもちの　お父さん　は、子ども二人をもち上げています。

男の子　は、木の上にいるねこに、下りてくるように言っています。

二人の女の子　が、公園をかけ足で走っています。

---

1 読む　　教科書の例文を，声に出して読む。

「教科書82ページの例文を，音読しましょう。」
・『男の子は，竹馬の名人です。』何人かの児童に音読させる。

この文の，主語と述語はどれかわかりますか。

主語と述語って何だったかな。

主語は『誰が』を表す言葉だよ。だから，『男の子』が主語です。

じゃあ，述語は，『竹馬の名人です』かな。

「そうです。主語は，『誰が』『何が』を表す言葉です。述語は，『どうした』『なんだ』を表す言葉でした。」
　　　主語と述語がわからない児童が多いときは，教科書27ページを振り返りながら教師が説明する。

「今日は，この主語と述語のつながりに気を付けて，公園のようすを書きましょう。」めあて

2 確かめる　　主語と述語のつながりに気を付けて，文の作り方を確かめる。

「前の時間に，公園の様子から想像したことを話し合いました。公園の様子を，例の文のように『誰がどうした』『何がどんなだ』という主語と述語をはっきりさせて，文を作りましょう。」

では『猫』を主語にすると，どんな文ができますか。述語は何かも，発表してください。

猫が，木の上にいます。述語は，『います』です。

猫は，男の子を見下ろしています。述語は，『見下ろしています』です。

「そうですね。主語と述語のつながりに気を付けて文を書くと，人物がしたことや，様子がよくわかります。」

　　　ここでも，主語と述語がわからない児童がいる場合は，教科書27ページを振り返る。

27 ページ「主語と述語に 気をつけよう」を振り返りましょう。

かん字の広場 5

め 一年生までの かん字を つかって、
公園のようすを書こう

※イラストの上に漢字カードを貼る。

主体的・対話的で深い学び

・主語と述語は文法の基礎だが，2年生になって初めて出てきた文法で，まだ身についていない児童も多い。この時間では，既習の漢字を書けるようにするとともに，主語と述語を意識して文を書く（読む）ことも身に付けさせたい。
・書くことが苦手な児童もいるので，教師は机間巡視して個別指導をするとともに，ペアやグループで相談して書くようにすると，対話的な学習になる。

準備物

・黒板掲示用カード（第1時使用のもの）
・漢字カード（第1時使用のもの）

3 書く　主語と述語のつながりに気を付けて，公園の様子を文に書く。

 それでは，主語と述語のつながりに気を付けて，公園の様子を文に書きましょう。習った漢字を，2個以上使って書いてください。

使用する漢字の個数を具体的に示すと，目標が明確になる。

私は，おじいちゃんを主語にして文を作ろう。『おじいちゃんは，シートの上で休んでいます。』漢字も2個使えたよ。

僕は，お父さんのことを書こう。漢字もたくさん使いたい。『力もちのお父さんは，子ども二人をもち上げています。』やった！6個も漢字を使った！

　書く時間を多く取るようにする。文を書くことが苦手な児童には，教師が個別にアドバイスをしたり，隣同士で相談したりしてもよい。

4 発表する 読み合う　書いた文を発表する。読み合う。

 書いた文を，発表しましょう。発表を聞いた人は，主語と述語は何かを考えてみましょう。

僕は，『男の子は，木の上にいるねこに，下りてくるように言っています。』という文を作りました。

主語が『男の子』で，述語は『下りてくる』…じゃなくて『言っています』かな。

私は，『二人の女の子が，公園をかけ足で走っています。』という文にしました。

主語は『二人の女の子』で，述語は『走っています』です。

　クラスの実態に合わせて，全体での発表やグループでのノートの回し読みなど，交流の仕方を考える。
　『シートの上』『もち上げる』など，同じ漢字でも，人によって違う使い方をしていることにも気づかせる。

「主語と述語のつながりに気を付けて，習った漢字を使って，たくさんの文を書くことができました。」

おにごっこ （じょうほう）本でのしらべ方

◎ 指導目標 ◎

◎ 読書に親しみ，いろいろな本があることを知る。

◎ 文章を読んで感じたことや分かったことを共有することができる。

○ 文章の中の重要な語や文を考えて選び出すことができる。

◎ 指導にあたって ◎

① 教材について

　おにごっこは，だれもがしたことがあり，とくに低学年では定番とも言える遊びです。ここではまず，このおなじみのおにごっこについて書かれた「おにごっこ」（森下はるみ）を読みます。遊んだ経験ともつないで読むことができ，「へえ，そんな意味があったのか」と，おにごっこを見直すことができるでしょう。

　児童は，「高おに」や「色おに」など，おにごっこにはいくつかのあそび方（種類）があることは知っています。そして，そのそれぞれに遊び方（ルール）が決まっていて，それに則って遊んでいます。しかし，そのようなあそび方をする（ルールがある）理由については，ほとんど意識せずに楽しんでいます。「おにごっこ」は，おにごっこのおもしろさとつないで，そのようなあそび方をする「わけ・意味」に，改めて目を向けさせてくれます。それを，段落のまとまりごとに読みとっていきます。

　「おにごっこ」では，その「わけ」が、問いかけの文を提示し，事例で答えるという形で説明されています。このような説明のしかたや読み方もここで学習します。その際，「だいじな言葉に気をつけて…」という「目標」も一つの手がかりになります。「話題の提示」「説明」「まとめ」という説明文らしい三部の構成にも気づかせます。

② 主体的・対話的で深い学びのために

　後半は，広げる学びとして，おにごっこや他の遊びについて書かれた本を読みます。そして，児童自身が，そこで知ったあそび方や面白さを説明するという学習にすすめます。それは，遊びについて視野を広げるとともに，「説明のしかた」を考え，分かりやすく伝えるという主体的で対話的な学びと言えます。

　遊びは，子どもの最大の文化です。おにごっこに限らず，遊びには多くのバリエーションがあります。それは，まさに子どもが主人公（主体）となり，なかまとの対話の中で生み出してきたという，創造性の表れです。「がくしゅう」の「まとめよう」に，「あなたなら，どんな工夫をつけ足しますか」という言葉があります。これも，児童が主体的に考え，新しい遊びを生む問いかけとしてとらえることができます。

知識 及び 技能	読書に親しみ，いろいろな本があることを知っている。
思考力，判断力，表現力等	「読むこと」において，文章の中の重要な語や文を考えて選び出している。 「読むこと」において，文章を読んで感じたことや分かったことを共有している。
主体的に学習に取り組む態度	文章を読んで感じたことや分かったことを進んで共有し，学習の見通しを持って，本を読んで分かったことを説明しようとしている。

◉ 学習指導計画　全12時間 ◉

※2次と3次の二つの学習内容がありますが、二つを関連づけることにはあまりこだわらなくてもよいでしょう。

次	時	学習活動	指導上の留意点
1	1	・ふだんの遊びについて話し合うとともに，遊びの本も見わたして，めあてをとらえる。	・めあては，「だいじな言葉に気をつけて読み，分かったことを知らせよう」とする。
		後半（第3次）の学習に向け，ここで「遊びを紹介した本」を読むことをすすめておく。	
2	2	本時から「おにごっこ」を読みすすめる。 ・全文を読み通して段落ごとに番号をつける。 ・①段落を読み，二つの「問い」を読みとる。	・①段落での次の「二つの問いかけ」を課題として，②段落以降を読み進めさせる。 ○「どんな遊び方があるのか」 ○「なぜ，そのような遊び方をするのか」
	3	・②段落を読み，「にげてはいけないところを決める遊び方」のおもしろさを読みとる。	・めあての「だいじな言葉」とはこの問いに答える言葉や文であることに気づかせる。
	4	・③段落の「にげる人がつかまりにくくなる」遊び方，④段落で「おにが増えていく遊び方」のおもしろさを読みとる。	・おにごっこは，より楽しく遊びために工夫され（続け）てきたことに気づかせる。
	5・6	・⑤段落を読み，「おには手をつないで…」の遊び方と，そうするわけを読みとる。 ・⑥段落は「まとめ」であることを話し合う。	・「問い（話題）」「説明」「まとめ」の三部の組み立てと，説明のしかたをとらえさせる。
3	7	・「ひろげよう」（P91）を読み，「本を読み，遊びを説明する」というめあてをとらえる。	・「じょうほう」（P93）を読み，本での調べ方とこれからの学習の見通しを持たせる。
	8・9・10	・「遊びの本」の中から説明したい遊びについて必要なことをメモする。 ・説明の順序を考え，原稿に書く。	・本や遊びの名前とともに，どんな遊びかや遊び方，おもしろさなどを，メモさせる。 ・特に，遊び方を分かりやすく書かせたい。
	11・12	・知らせたい遊びを説明し，聞き合う。 ・学習をふり返り，まとめをする。	・よく分かった説明の仕方を伝え合わせる。 ・説明にあった遊びを，あとでいくつかやってみるのもよい。

DVD 収録（黒板掲示用イラスト，児童用ワークシート見本）

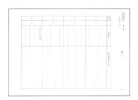

おにごっこ

第 ① 時 （1/12）

本時の目標
遊びについて話し合い，「だいじなことばに気をつけて読み，分かったことを知らせよう」というめあてをとらえる。

授業のポイント
ふだんしている遊びから，「遊びの本」へ，さらに，「本で調べる」という見通しや目標へと関心を広げる。

本時の評価
遊びについて話し合い，「だいじなことばに気をつけて読み，分かったことを知らせよう」というめあてをとらえている。

176

板書例

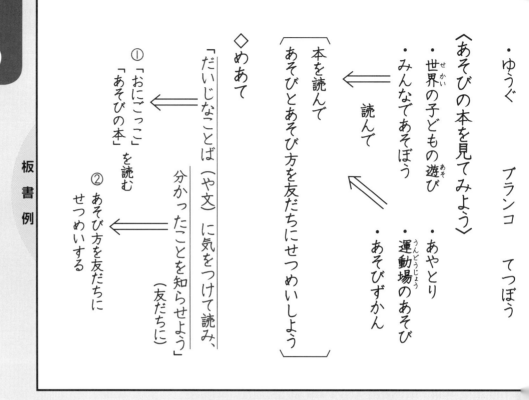

〈めあて〉「遊び」について話し合ったり，遊びに関わる本を見たりして，学習のめあてと，これから学

・ゆうぐ　ブランコ　てつぼう

〈あそびの本を見てみよう〉
・世界の子どもの遊び
・みんなであそぼう　・あやとり　・運動場のあそび
　　　　　　　　　　　　　　・あそびずかん

読んで
本を読んで
あそびとあそび方を友だちにせつめいしよう

◇めあて
「だいじなことば（や文）に気をつけて読み，分かったことを知らせよう」（友だちに）

① 「おにごっこ」「あそびの本」を読む
② あそび方を友だちにせつめいする

---

1 導入 話し合う　よくする遊びについて話し合い，おにごっこに関心を持つ。

みなさんは休み時間など，友だちとどんな遊びをしていますか。よくするなあ，という遊びを二つか三つ思い浮かべて，一人一つずつ発表しましょう。

おにごっこ，こおりおにです。

ぶらんこ，ジャングルジム。（遊具を使った遊び）

春のころは，シロツメクサの花輪づくりをしました。

「いろいろあるのですね。おにごっこもありました。83ページにも『おにごっこ』と書いてあります。（開けて）はじめの3行の文章を読みましょう。」
　・「…したことがありますか」うん，よくするなあ。
　・「おにごっこ」の話を読むのかな。

「絵でやっている遊びは，何でしょうね。」
　・知っています。「たかおに」だと思います。

---

2 話し合う　本を見て、いろんな遊びがあることを話し合う。

「『たかおに』もおにごっこの一つですね。他にもいろんなおにごっこがありそうです。どうしてかな？」
　・「色おに」「こおりおに」「かげふみ」もかな？
　・「かんけり」も「おに」が出てくるなあ。
「まだまだありそうです。また、おにごっこの他にも，いろんな遊びがありますね。」

そんな遊びのことを紹介している本があります。（見せる）92ページの『この本，読もう』にも出ています。

あ，あやとりの本，おもしろそう。

「みんなであそぼう」には，「たかおに」も出ているのかな。

　図書室から借りてきた何冊かを見せる。せめて，二人に1冊ずつでもあれば，みんなで読み調べることができるが，一時に冊数をそろえるのは難しいことが多い。その場合，教師が本を開いて見せながら（簡単に読んで），遊びを見つけさせる。

　または，あるページをプリントして配り，話し合ってもよい。

習することをとらえます。

あそび【おにごっこ】

⊕ いろんなあそびについて知り合おう

〈よくする 知っている あそびは?〉

・いろいろな
　おにごっこ
　（おにがいる）

　　色おに　　　　かげふみ
　　こおりおに　　かんけり
　　たかおに　　　けいどろ

・草花あそび

　　花わづくり　ふえづくり
　　草ずもう　　〇〇づくり

主体的・対話的で深い学び

・本単元では，「遊び」をテーマとした文章や本を読む。児童は，遊びのなかで創造性や工夫，なかまとの協調性や組織力など，多くのことを学び取っている。「やらされている感」がないのが遊びである。だから，遊んでいるとき，児童はまさに自主的，主体的な姿を見せている。

・ここで，遊びに関わる文章を読み，学んでいくことは，２年生の児童の興味，関心とも重なる。本時の導入でも，遊びの体験をふまえた主体的な発言や対話をうながしたい。

準備物

・教科書 P92 に出ている本など，遊びに関わる本を図書室などで借りておく。

---

3 話し合う 聞く　本に出ている遊びについて話し合い，見通しを聞く。

本には，どんな遊びが出ていましたか。

本ごとに

外国にもおにごっこみたいなのがあるみたいです。

あやとりにもいろんなのがありそうです。わたしもいくつか知っています。

何か言いながら，絵を描く遊びも知っています。絵描き歌も。

「これからの学習は，このような遊びについて書かれた本を読んで，何かの遊びについて分かったことや遊び方を（友だちにも）説明するという勉強です。遊びの本も探して読んでおくといいですね。」

「その前に，題にもなっている『おにごっこ』という文章を読みます。おにごっこは，みなさんもよくしている遊びです。読むと，おにごっこについて，いろんなことが分かると思いますよ。」

---

4 めあて　「めあて」を読み，とらえる。

では，『めあて』を読みましょう。

（P83・単元のめあて）

だいじな言葉に気をつけて読み，分かったことを知らせよう。

この「めあて」はかなり抽象的で，現時点での２年生には，何のことかイメージが持てないだろう。今後，具体的な学習活動を通してとらえさせていくめあて，課題として考える。

このように，本単元は２つの学習内容で構成されている。
　一つは，説明文として「おにごっこ」を読む学習。そして，もう一つは，単元の後半で，遊びについて書かれた本を読み，遊び方を説明する，という学習をする。ここで，「本での調べ方」（P93「じょうほう」）についても学ぶことになる。
　本時も，後半に向け，遊びの本を読むことを呼びかけておく。

おにごっこ

第 2 時（2/12）

本時の目標

全文を読み通し，おにごっこについて経験とつないで話し合うとともに，1段落から問いの文（話題）を見つけることができる。

授業のポイント

新しい教材を読むには，何であれまずどの子も正しく音読できることが目標になる。読めることが以降の学習の土台になる。

本時の評価

全文を読み，おにごっこについて，経験とつないで話し合うとともに，1段落から問いの文（話題）を見つけることができている。

〈導入〉「おにごっこ」を読み，まず段落ごとに番号をつけます。そして，①段落から，説明の話題

板書例

⑥ ❑このように，おにごっこには，

《①のまとまり（だんらく）を読んで》

◇おにごっこは…　（とは）
「どうぐがなくても，みんなでできる
さまざまなあそび方がある」　あそび

◇といかけている（たずねている）文

おにごっこには，…：

(1) どんなあそび方があるのでしょう（か）　※2

(2) なぜ，そのようなあそび方をするのでしょう（か）

そのこたえは②からのだんらくで

※2　黒板に貼り付け，貼り付けた後に〜〜を書き足す。

---

1 読む めあて　全文を読み通し，知っているおにごっこについて話し合う。

「遊びには，いろんなものがあることが分かりました。今日から，みなさんがよくするおにごっこのことを書いた『おにごっこ』という文章を読みます。」

「まず，先生が読みます。はい，聞く姿勢ですよ。」
　　子どもの様子も見ながら，ゆっくりと読み聞かせる。（範読）

> いろんなおにごっこのやり方が出てきました。このおにごっこならしたことがある，知っている，というおにごっこは，ありましたか。

> 「木に触っているとつかまらないおにごっこ」は，したことがあります。「色おに」と似ています。

> 体育で，「手つなぎおに」をしました。

「こんどは自分でも音読してみましょう。」（一人音読）
「みんなで音読しましょう。」（教師もいっしょに斉読）
　　クラスに応じて追い読みなど，多様な音読を取り入れる。

---

2 読む　文のまとまり（段落）を調べて番号をつける。

「『おにごっこ』は，いくつかの文のまとまりで書かれています。まとまりの始めは，一字下げて書かれているので分かるでしょう。このまとまりを『段落』（以下『段落』という）といいます。」

「この段落に番号をつけていきます。初めの『おにごっこは，』の文の上に，①と書きましょう。」
　　みんなで読み，段落で立ち止まり①，②…とつけていく。

> 文のまとまり（段落）は，いくつありましたか。また，まとまりの違いは，『何の違いで』分けられていましたか。

> 全部で，6つのまとまり（段落）がありました。

> 段落ごとに，いろんなおにごっこのやり方が書いてありました。おにごっこごとに段落を分けて書いてあります。

「例えば　②段落だと，どんなおにごっこですか。」
　・『逃げるところを決めるおにごっこ』かな。

178

となる「問いかけ」の文を見つけます。

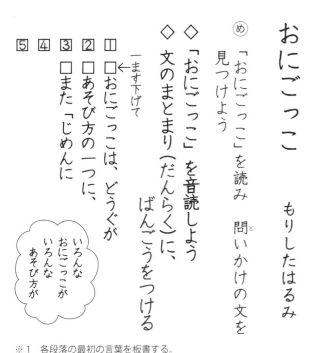

おにごっこ　もりしたはるみ

㊑「おにごっこ」を読み　問いかけの文を
　見つけよう

◇「おにごっこ」を音読しよう
◇文のまとまり（だんらく）に、
　　　　　　　　　ばんごうをつける

一ます下げて

① □←おにごっこは、どうぐが
② □あそび方の 一つに、
③ □また「じめんに
④ □
⑤ □

（吹き出し）いろんな
おにごっこが
いろんな
あそび方が

※１　各段落の最初の言葉を板書する。

🔍 主体的・対話的で深い学び

・主体的で対話的な学びをすすめるためには，当然，どの子も正しく音読できていなくてはならない。たどたどしい読みでは内容もつかめず，自分の考えも述べることはできない。もともと児童は（大人も）音読が好きである。新しい教材を読むときには，多様な音読のやり方もとり入れ，まずは音読を重視したい。

・なお，本時では「文章の読み方」として，「問いかけ」の段落と文を見つけることが学習内容になる。それが子どもにとって難しければ，教師が「深い学び」として教えるようにする。

準備物

・黒板掲示用カード 📀 収録【2下_16_01】

---

③ 読む／話し合う　①の段落について，その内容とどんな段落かを話し合う。

「①の段落の文章を読みましょう。初めの二つの文を読んでどう思いましたか。『道具がなくても…，みんなでできる…』についてはどうでしょうか。」
　・なるほどなあ。その通りだなあと思いました。
　・だから，どこででもだれとでも遊べて，楽しめます。
　・『さまざまなあそび方が…』もそのとおりで，いろんなおにごっこがあるなあ，と思いました。
「このように，初めに『おにごっことはこんな遊びですよ』と（その特徴を）説明しているのです。」

（吹き出し）もう一度，①のまとまり（段落）を読みましょう。（音読）他の段落とは，違うことに気がつきましたか。

（吹き出し）うーん，どこがちがうのかなあ。

（吹き出し）おにごっこのやり方が，書いてありません。

（吹き出し）「どんな遊び方があるのでしょう」とか「なぜ…」とか書いてあります。たずねているみたいです。

---

④ 読む／話し合う　①の段落を読み，「問い（問いかけ）」の文について話し合う。

①段落は，問い（問いかけ）の段落であることに気づかせたいが，児童が気づかなければ，教師から説明する。

（吹き出し）①のまとまり（段落）には，たずねている文があります。どの文か分かりますか？線を引きましょう。

（吹き出し）文は，二つあると思います。

（吹き出し）『（おにごっこには）どんな遊び方があるのでしょう。』

（吹き出し）もう一つ，『なぜ，そのような遊び方をするのでしょう。』という文だと思います。

「この二つは，読む人に問いかけている（尋ねている）文ですね。これから説明することを，ここで書いているのです。ノートにも書いておきましょう。」
「ここを読むと，読む人は「え？」と思いますね。それで，その答えはどこに書いてあるのでしょう？」
　・このあとの，②とか③のまとまりに書いてあると思います。
「では，この問いを考えて，初めから音読しましょう。」

おにごっこ　179

おにごっこ

第 ❸ 時（3/12）

本時の目標
①段落の問い（問いかけ）の文を振り返り，その答えとして②段落からおにごっこの遊び方と，そうする理由を読みとる。

授業のポイント
どれが，何が，「だいじなことば」なのかを分からせる。そのために，①の「問い」を頭に入れて，②の文章を読ませる。

本時の評価
①段落の問いの文を振り返り，その答えとして，②段落からおにごっこの遊び方とそうする理由を読みとっている。

板書例

〈ふり返り〉①段落の二つの「問いかけ」の文（この説明文の話題）を振り返り，②段落からそ

(2)

なぜ、そのようなあそび方をするのでしょう（か）
※

◇せいりしよう「だいじなことば」

〔おにはにげる人をつかまえやすくなる〕 おもしろさ

（だから）にげてはいけないところをきめる

（つまらない）

（だから）同じ人がずっとおにになるかも？

（だから）おには、つかまえるのがたいへん

（もし）にげる人がどこへでも行けたら

◇②のだんらくを読んで（かんそう）
「なるほど」「知っている」こと

だんらく	②	あそび方	あそび方のおもしろさ
1		にげてはいけないところをきめる	おには、にげる人をつかまえやすくなる

---

1 読む・ふり返る　①段落の2つの「問い」を振り返り，めあてを聞く。

「今日も，『おにごっこ』を読みます。どんなおにごっこが出てくるでしょう。まず，音読しましょう。」

1文ずつ交代して，段落ごとに交代して，列ごとになど，音読にも多様な形をとりいれ，緊張感を持たせる。単元の始めには，音読タイムのように一まとまりの時間を確保したい。

1の段落を読みましょう。（指名読み）ここに，『問いかけの文（尋ねている文）』が二つありましたね。どんなことを尋ねて（問うて）いましたか。

『（おにごっこには）どんなあそび方があるの（か）』

『なぜ，そのようなあそび方をするの（か）』の2つです。

（と振り返り，黒板に掲示する）

「今日は，②の段落を読んで，この二つの問いかけ（問題）の答えを考えていきましょう。」　めあて

2 読む　②の段落を読み，問いに対する答えの文を見つける。

「では，みんなで②の段落を読みましょう。」斉読

「今度は，この二つの問いを考えて，もう一度②のまとまり（段落）を読みましょう。（一人読み）答えは書かれているかな？そこに線を引きましょう。」

ひとつ目の『どんな遊び方があるのか』の問いで書いてあったのは，どんなあそび方（おにごっこ）でしたか。

「鉄棒より向こうに逃げてはだめ」というあそび方です。

「逃げてはいけないところを決めるあそび方（おにごっこ）」だと思います。逃げてはいけないところは「鉄棒」の他にもありそうです。

「そうです。『鉄棒より…』は，例えば，ということですね。『ブランコより…』でもいいのです。大切なのは，『逃げる場所を決めておく』という遊び方ですね。挿し絵も見てみましょう。」説明でも補う。

の答え（つまり，事例と説明）を読みとります。

おにごっこ　もりしたはるみ

め
②だんらくでのおにごっこのあそび方と
　そうするわけに気をつけて読もう

〈①だんらくから〉　おにごっこには

(1)
どんなあそび方があるのでしょう（か）※

「てつぼうよりむこうににげてはだめ。」など
ブランコより　　　（つまり）
○○　　より
[にげてはいけないところをきめる]←
（おにごっこの）あそび方

※黒板に貼り付ける。

主体的・対話的で深い学び

・説明的な文章では，「何が」書かれているのか，その内容を読みとることがまず大切なことになる。もう一つ，「どう」書かれているのか，その「説明のしかた」も学ばせたい。

・説明的文章では，まず「問い」の形で話題が提示されることが多い。ここで，読み手に課題意識を持たせ，次にそれに答える形で，事例も使って説明がすすめられる。その点，『おにごっこ』は，内容もそうだが「説明のしかた」も分かりやすい。深い学びとして，「説明のしかた」が学べる教材である。

準備物

・黒板掲示用カード（第2時使用のもの）
・児童用ワークシート DVD 収録【2下_16_02】

3 読む・話し合う　「だいじな言葉」とは何かを確かめ，「問い」の答えを読みとる。

「めあての『だいじなことばに…』の『だいじな言葉』とは，このあそび方を表す『逃げてはいけないところを決める』という言葉ですね。」

では，二つ目の『なぜ，そのような遊び方を…』の答えが書かれている文に線を引きましょう。その答えは，どう書かれていましたか。

「逃げる人がどこへでも行けたら，おにはつかまえるのがたいへん」だから，おもしろくなくなる。

そして，「同じ人がずっとおにをする」ことになってしまう。

だから「逃げてはいけないところを決めることで，おには，逃げる人をつかまえやすくなる」からです。

児童の発言は教師が板書で整理して，提示し直す。
「逃げてはいけないところを決めておくと，おもしろくなるのは，つまり，どうしてだと言えますか。」
・おにが，逃げる人をつかまえやすくなるからです。

4 書く　「だいじなことば」を表に書き，まとめる。

「90ページの『がくしゅう』を見ましょう。その『ふかめよう』に，『だいじなことばをノートに書きましょう。』と，整理する表の例が出ています。」

表では，2つのことを書くようになっています。『あそび方』と『（その）遊びのおもしろさ』の2つです。一つ目の「1」のところ（欄）に書き入れて，発表しましょう。

『あそび方』は，『逃げてはいけないところを決めておく』。

『…おもしろさ』は，『おには，逃げる人をつかまえやすくなる』から，（交代できて）おもしろい。

表はDVDにも収録しているが，表そのものも，児童にノートに作らせる方がよい。
「②段落を読んで，なるほどなあと思ったことや，このおにごっこをしたこと，知っていることを書いてみましょう。」
書かせて発表。
『さらに工夫できること』を，話し合ってもよい。

おにごっこ

第 ④ 時 （4/12）

本時の目標
③，④段落を読み，おにごっこの遊び方と，そのような遊び方のおもしろさを読みとる。

授業のポイント
『遊び方』や『その遊び方をするわけ』を書いてある文が，すなわち目標の『だいじな言葉…』だと言える。だから，その（だいじな）文（言葉）を見つけて答えるようにさせる。

本時の評価
③，④段落を読み，おにごっこの遊び方と，その遊び方のおもしろさを読みとっている。

板書例

〈時間の配分〉③④段落を読み，「あそび方」とその「おもしろさ」（あそび方をするわけ）を読み

◇③④だんらくを読んで（かんそう）

◇せいりしよう「だいじなことば」

〈④だんらくから〉ほかに

(1)「つかまった人がみんなおにに」なる
⇐（と）あそび方

おには、にげる人をつかまえやすくなり、にげる人は、くふうして、じょうずに走って

(2)
にげる人がかんたんにはつかまらない
⇐（ので）
すぐにはつかまらずに（おもしろくなる）

《④だんらくから》
「つかまらない」…あそび方
⇐（を）すると
にげる人がかんたんにはつかまらない

おにがふえる

らくだん		あそび方	あそび方のおもしろさ
④	2	つかまらない	にげる人がかんたんにはつかまらないようになる
		ばしょなどをきめる	つかまらない
③	3	つかまった人がみんなおににになる	にげる人も、つかまえやすくなり

---

1 読む ふり返る — ①段落の「問い」を振り返り，めあてを聞く。

「今日も『おにごっこ』を読み，おにごっこのいろんな遊び方と，その面白さについて考えます。」
「まず，①②段落を読み返しましょう。」 音読

ここで、『問い（かけ）』の文（たずねている文）が二つありましたね。どんなことを尋ねていましたか。

『（おにごっこには）どんなあそび方があるの（か）』

『なぜ、そのような遊び方をするのか』

　　　二つの問いを，読む課題として確かめ，黒板にも提示する。
「今日も，この二つの『問い』を考えて，③④段落のおにごっこの遊び方とその理由について読んでいきます。」 めあて
「では，『だいじな言葉』に気をつけて，はじめから読み通しましょう。」
　　　一人読み，教師とともに斉読など，音読を取り入れる。

---

2 読む 話し合う — ③段落を読み，遊び方とそうするわけを読みとる。

「まず③段落を読んで，『問い』の答えを考えましょう。こんどはどんな『遊び方』でしょうか。『だいじ（だと思う）な言葉』に線を引きましょう。」

・『丸の中にいればつかまらない。』あそび方です。
・『逃げる人だけが入れるところを作ったり，捕まらないときを』の文です。つかまりにくくする遊び。
　『のように』から、『丸』や『木』は例だと気づかせる。

つまり『逃げる人を捕まりにくくする』という遊び方ですね。では，二つ目の問い『なぜ，そうするのか』を『だいじな言葉』で答えてみましょう。

『逃げる人が簡単にはつかまらないようになる』から。

だから，『疲れた人も，走るのが苦手な人も，すぐにはつかまらず』に遊ぶことができるから。

「これと似たおにごっこを，何か知っていますか。」
・『高おに』も，高いところにいるとつかまりません。

とります。余裕を持ってすすめるなら２時間扱いにします。

おにごっこ　もりしたはるみ

め ③④だんらくでのおにごっこのあそび方と
そうするわけに気をつけて読もう

〈もんだい＝たずねていること〉は
おにごっこには

(1) どんなあそび方があるのでしょう　（か）

(2) なぜ、そのようなあそび方を
するのでしょう　（か）

〈③だんらくから〉また
(1)「丸の中にいれば、木にさわっていれば、

※黒板に貼り付ける。

🔍 主体的・対話的で深い学び

・国語には，聞く，読む，話す，書くの４つの学習活動がある。低学年では，１時間の授業の中に，この４つの活動が含まれるような授業の展開を考える。

・特に「書く」という活動は，「話し合い」などに比べると抜けやすく，展開のどこに入れるのかを考えておく。「書く」はどの児童も主体的にとりくむ活動となり，書くことで考えも深まる。本時のように，表にまとめたり感想を書いたりすることのほか，視写など多様な「書く活動」も取り入れたい。

準備物

・黒板掲示用イラスト（ DVD 収録【2下_16_03〜04】もしくは教科書 P86、P87 の挿し絵の拡大コピー）
・児童用ワークシート（第3時使用のもの）

---

3 読む 話し合う ④段落を読み，遊び方とそうするわけを読みとる。

「④段落の初めに，『ほかに』と書いてあります。」
「次は④段落を読み，『問い』の答えを考えましょう。こんどはどんな『あそび方』が書いてありますか。」

・『遊び方』は初めに書いてあります。『おにが交代せずに，つかまった人が，みんなおにになっておいかける』という，おにが増えていく遊び方です。

では，『なぜ，おにが増えるという遊び方をするのでしょうか。そのわけはどう書いてありますか。

『（おにの数が増えるので）おには，逃げる人をつかまえやすくなる』から。（おもしろくなる）

『逃げる人は（も）（おにが増えるので）逃げるところを工夫したり，上手に走ったりしなければ』ならない。

そして，おにごっこがもっとおもしろくなるから。

「おにも，逃げる人も，おもしろくなるのですね。」
挿し絵も見て，何をしているところなのか話し合う。

---

4 読む 書く 「だいじなことば」を，表に整理し，思ったことを書く。

「今日読んだあそび方と似たおにごっこを知っていますか，思い出してみましょう。また，もっとおもしろくする工夫はないでしょうか。」

おにになったら帽子を赤にする，「こおりおに」の10秒ルールなど，体験をもとに知っていることを話し合う。

『だいじなことば』を整理する表の２と３のところに，今日読んだ『あそび方』のことを，書き入れましょう。

③段落（2の欄）の『あそび方』は，『つかまらない場所などをきめる』あそび方かな。

「表の２と３に書いた『だいじなことば』を確かめ合いましょう。」うまく書けていない児童には写させてよい。
「今日読んで，『なるほどな』『へえ，そうなのか』と，思ったことをノートに書いて話し合いましょう。」
書けた児童から、読んで発表。

おにごっこ　183

おにごっこ

第 5,6 時 (5,6/12)

本時の目標
⑤段落を読み,「あそび方」と その「おもしろさ」を読みとる。⑥段落は「まとめ」であることに気づき, おにごっこが工夫されてきた意味を読みとる。

授業のポイント
おにごっこをした経験とつないだ発言を促すようにすると, 文の内容もイメージしやすくなる。

本時の評価
⑤段落から「あそび方」とそのおもしろさを読みとっている。⑥段落は「まとめ」であることに気づき, おにごっこが工夫されてきた意味を読みとっている。

板書例

〈読み取り〉⑤段落の「手つなぎおに」の遊び方を読みます。また, まとめの⑥段落を読み,

※第6時の板書です。

※6段落の板書は省略しています。

⑥
このように, おにごっこは, …
まとめ

〈⑥だんらくを読んで〉
②③④⑤のだんらく

◇せいりしよう「だいじなことば」

(なぜ)
おには →力を合わせて
にげる人は →つかまりにくく
おもしろさ

(2)
おには →力を合わせて
にげる人は →つかまりにくく

(手をつなぐと)
おにはおいかけるのがたいへん

(1)
そこで
「おにになった人は, みんな手をつないでおいかける」 あそび方

⑤
4
(つけ足したあそび方)
※表は略しています。

（第5時）

1 読む
めあてをとらえ,「問い」を考えて⑤段落を読む。

「まず, これまで読んだ①から④段落まで読み返しましょう。」
　一人読み, 斉読など
「④段落のおにごっこは, どんなあそび方でしたか。」
　・つかまった人がおにになり, おにが増える遊び方。
「今日は, その続きの⑤段落をまず読みます。これまでと同じように, 二つの「問い」をもとに,「あそび方」と「そうするわけ」を読んでいきましょう。」
　と, めあてを確かめ, 二つの「問い」を黒板に提示。
「⑤段落の初めの『ところが』から, 分かることは?」
　・これまでの話と違う (反対の) ことが書いてあります。
　　『このあそび方』とは, ④の遊び方だということも話し合う。

では, ここではどんな『あそび方』が書いてあるのか, 読んで, まず線を引きましょう。
　　線を引かせる。

『おにになった人は, みんな手をつないで追いかける』と決めるあそび方です。

2 読む 話し合う
おにが手をつなぐという「遊び方をするわけ」を読みとる。

　⑤段落の初めの3行は, おにが増える遊び方の欠点を説明している。その上で『そこで, 』どうするのかに話を進めている。

この『おには, みんな手をつないで追いかける』という『遊び方をするわけ』は, どう書いてありますか。

おには, 手をつなぐと追いかけるのがたいへんになります。

また, にげる人もつかまりにくくなる(からおもしろい)。

でも, それでおにが力を合わせて追いかけるという(協力の)楽しさが加わるから。

だから, おにごっこがすぐに終わらず, 長く続けられます。

「おもしろさのわけを整理しましょう」　板書参照
「こんなおにごっこをしたことはありませんか。また, 工夫したことはありましたか。」
　・これは『手つなぎおに』です。ぼくらは,「五人まで」
　　というきまりでやっています。　など, 工夫とつなぐ。
「ここをもう一度読んで, 表にまとめましょう。」
　この②③④⑤段落が構成上の「中」になる。

おにごっこはあそび方が工夫されてきたことを読みとります。

おにごっこ

もりしたはるみ

め ⑤だんらくでのあそび方と、そうするわけに
ついて だいじなことばに気をつけて読もう

〈おにごっこには〉
(1) どんなあそび方があるのでしょう（か）
※

(2) なぜ、そのようなあそび方を
するのでしょう（か）

〈⑤だんらくを読んで〉
「ところが」…これまでと はんたいのこと
このあそび方は、…すぐにおわって…↑
（おにがふえるあそび方）

※黒板に貼り付ける。

主体的・対話的で深い学び

・⑤段落の「手つなぎおに」などは，多くの児童がやったことがある
だろう。そんな経験ともつないだ発言や対話を促すと，文章の読み
取りも「なるほどなあ」と，主体的なものになる。また，体育の時
間などに，このおにごっこを実際にやってみても「力を合わせて」
などの文章の内容が実感できよう。
・「たんぽぽのちえ」もそうだが，低中学年の説明的文章は，文章を
読むだけでなく，実物の観察や体験とつなぐようにする。そのこと
が，実感を伴ったより深い学びとなる。

準備物

・児童用ワークシート（第3時使用のもの）

（第6時）

3 読む ⑥段落を読み，おにごっこについての「まとめ」を読みとる。

「次の，⑥段落を読みましょう。ここにも何か，新しい『あ
そび方』は書いてあるでしょうか。」 読む
・うーん，『あそび方』は書いてありませんでした。
「あそび方は書いてなくて，初めに『このように，』と書いて
あります。これは『これまで書いてきたように』というこ
とです。だから，ここは『まとめ』て，おにごっこ全部の
ことを書いてあるのです。」

では『おにごっこ』について，大事なことを
まとめて書いてある文は，どの文でしょうか。
線を引きましょう。『このように，おにごっこ
は，』どういう遊びだと書いてありますか。

（おにごっこは）『さまざまなあそび
方がある』遊び。

『みんなが楽しめるように工夫されて
きた』遊びが，おにごっこです。

---

4 話し合う まとめる 「おにごっこ」は，みんなで工夫してできてきたことを話し合う。

「ここを読んで，だれが，どんなときに遊び方を考えて工夫
してきたと思いますか。」 想像させる
・きっと，おにごっこがおもしろくなくなったとき。
・そんなとき「こうしたら」とか，みんなで考えた。

これからも，別の遊び方のおにごっこは，
できていくのでしょうか。書いてありませんか。

『きまりを作れば，自分たちに合った
おにごっこにすることもでき』る，
と書いてあります。

だから，みんなできまりを
決めると，できそう。

「さまざまな遊び方があるのは，これまで読んできたように，
みんなで遊び方を工夫して作ってきたからなのですね。思っ
たことを書いて発表しましょう。」
・おにごっこって，いろんな遊び方をみんなで発明してき
たことがわかっておもしろかったです。など

「では，初めから読んで振り返りましょう。」

おにごっこ 185

本時の目標
遊びの本を読み，「遊び方を説明する」というめあてをとらえ，学習の見通しを持つ。

授業のポイント
一般的な「メモ」や「読み方」の説明よりも，具体例を使ったり，本のコピーを使ったりして，必要な事がらの読み方を具体的に考えさせる。

本時の評価
遊びの本を読み，「遊び方を説明する」というめあてをとらえ，学習の見通しを持つことができる。

板書例

〈導入〉「おにごっこ」の学習をふまえて，こんどは「遊びについての本を読み，遊び方を説明する」

〈あそびの本を読んで あそび方をせつめいしよう〉

◇ がくしゅうのじゅんじょ
① あそびの本をえらんで読む
② だいじなことをメモする→げんこう
③ グループでせつめいし合う

◇ 本でのしらべ方
・知りたいことをはっきりさせて 書いてあるところを読む
・メモする
・ひっしゃ、本の名前
・あそびの名前 あそび方

◇ メモしてみよう

※ ここからあとは「おにごっこ」からはなれた学習。

---

1 振り返る　「おにごっこ」を読んで，知ったことや思ったことを話し合う。

「これまで『おにごっこ』を読んできて，どの遊び方の説明が心に残っていますか。」 簡単に振り返る。

読んで，初めて知ったことや，心に残っていることなど思ったことを話し合いましょう。

書かせてもよい。

おにごっこのきまり（ルール）は初めからあると思っていたけれど，楽しく遊ぶために工夫して作られたものだと分かって，「そうなのか」と思いました。

こんなきまり（ルール）は，だれが決めたのかなあ，と思っていたけど，よく考えたなあと思いました。

「書いた人が知ってほしかったことは，何でしょう？」
　・おにごっこは，楽しく遊ぶためにやり方やきまりが工夫されてきた遊びだと知ってほしかった。
「『まとめよう』P91 に，『あなたなら，どんな工夫をつけ足しますか』とあります。思いつくことは？」
　難しいが，遊んだ経験も交流しながら，簡単に話し合う。

---

2 めあて 読む　これからのめあてをとらえ，「本での調べ方」（P93）を読む。

「『おにごっこ』では，その遊び方が説明されていました。今度はみなさんが本を読んで説明するのです。」
「P91 の『ひろげよう』を読みましょう。」 読む
「このように『おにごっこ』で学習したこともももとにして，遊びについての本を読み，遊び方で分かったことを，友だちに説明する学習をします。そのために何をするのか考えていきましょう」（大きなめあて）
「P91(下)『本を読んで説明する』を読みましょう。そこに，①②③と学習の順番が書いてあります。」読む
「まず『本での調べ方』(P93) を読みましょう。」読む

遊びについて調べて，分かったことを知らせます。それには，まず本を読みます。どんなことに気をつけて読むとよいのでしょうか。どう書いてありますか。

（何が知りたいのか）知りたいことをはっきりさせて。

知りたいことが書いてあるところを読みます。

（読んで）分かったことは，メモします。

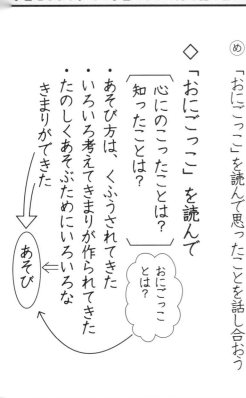

学習をします。その学習のすすめ方を話し合います。

（め）「おにごっこ」を読んで思ったことを話し合おう

おにごっこ　もりしたはるみ

◇「おにごっこ」を読んで
心にのこったことは？

「おにごっこ」を読んで
心にのこったことは？
知ったことは？

（おにごっこ
とは？）

・あそび方は、くふうされてきた
・いろいろ考えてきまりが作られてきた
・たのしくあそぶためにいろいろな
きまりができた

→ あそび ←

主体的・対話的で深い学び

・文学での主題と同様に，説明的な文章でも，「筆者の言いたいこと，伝えたいこと」がある。それが「要旨」だが，感想の交流を通して「要旨」にも迫ることが深い学びになる。

・「本の読み方」では，「知りたいことをたしかめて」などと説明されている。しかし，2年生には何をどうすることなのか，まだイメージできないだろう。だから，実際に本を読んで調べるときに「それには，ここをこう読むとよい」などと，具体的に教える。それが実質的で主体的な「読み方」の学びになる。

準備物

・教科書 P92『この本、読もう』に出ていた遊びの本
・本に書かれている遊びのどれかを選んでコピーし，人数分プリントして学習資料として配布する。

---

3 読む 話し合う｜見通しをとらえ，メモのとり方，説明のしかたについて読む。

「②の学習はメモすることです。どんなことをメモしておきますか。また，気をつけることは何ですか。」
　　P93 下の『メモの例』も見て，話し合う。

・何という遊びなのか，遊びの名前を書いておきます。
・（遊びを調べて）遊び方で分かったことです。
・本の題名と筆者名もメモします。
・メモは，短い言葉や，一つの文（単文）で書きます。

「その次の③では，読んで分かった遊び方を説明します。どのように説明すればよいのか，91 ページ（下）の『説明の例』を読んでみましょう。」　各自音読

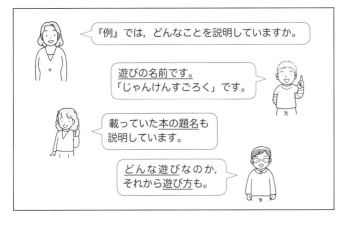

『例』では，どんなことを説明していますか。

遊びの名前です。「じゃんけんすごろく」です。

載っていた本の題名も説明しています。

どんな遊びなのか，それから遊び方も。

---

4 読む 話し合う｜みんなで，本（のコピー）を読み，説明に必要なことを話し合う。

「このように，①読む，②メモ，③説明　の順に，学習を進めます。①の読むでは，『この本，読もう』にあった本（1時目に紹介）は，読んでみましたか。」

・『運動場の遊び』を読みました。いろんなおにごっこがありました。「しまおに」とかも。

　　次に，学習の流れを実感するため，同じ遊びをとりあげ，説明に必要なことを考えさせる。本のコピープリントを配布する。

今日は，『運動場の遊び』の本の中の『どろけい』から，説明のために必要なことを見つけてメモしましょう。まず，読みましょう。（読む）何をメモしましたか。

書いた人（筆者）の名前です。竹井しろうです。

遊びの名前も。『どろけい』です。

『どろけい』ってどんな遊びなのかも。ルールも。

「次の時間は，①の遊びについての本を読みます。」
　　遊びの資料や本が全員に行き渡るよう配慮し，準備しておく。

おにごっこ　187

おにごっこ

第 8,9,10 時 (8,9,10/12)

本時の目標
友だちに説明したい遊びについて、「遊びの本」を読んで調べ、必要なことをメモして説明するための原稿を作る。

授業のポイント
「本を読む」「メモする」「説明の原稿を書く」など、児童個々の活動が中心になる。よいところを見つけ、励ますようにする。

本時の評価
友だちに説明したい遊びについて「遊びの本」を読んで調べたことをもとにして、説明するための原稿を作ることができる。

〈活動〉「遊びの本」を読み、説明したい遊びについて調べメモします。それをもとにして、友だち

板書例

② 文しょうにして
せつ明するように書いてみよう
〈メモをもとにして〉

ぼくは、「〇〇〇」
という本で見つけた
「じゃんけんすごろく」と
いう本で見つけた
…
これは、じゃんけんを
…
はじめに、じゅんびする
ことは…

読んだ
本の名前
見つけた
あそびの名前
あそび方
…
あそびの
じゅんびと
じゅんじょ

◇ このあとのせつめいは

あそびの
はじめ方
すすめ方
おわり
おもしろさ
} 分かりやすく
せつめいしよう

---

1 めあて 導入 めあてを聞き、これからの学習活動をとらえる。

「今日から、友だちに説明したい遊びについて、本を読んで調べていきます。（①）」 めあて
「では、読む本（各自）と、付箋を準備しましょう。」

【学習に必要な読む本、資料を準備する】

このような学習をするとき、資料となる「読み、調べる本」を準備しておく必要がある。できれば一人に1冊、または二人に1冊はほしい。教科書の「この本、読もう」なども参考にして、図書館(室)から借りたり、児童にも呼びかけたりして集める。しかし、全員分の本をそろえるのは難しいことも多い。また、児童が「どの本を選べばいいのか、分からない」と時間がかかることもある。

これに対して、教材として、学校で人数分そろえておくのも一方法である。また、本の中から、二年生が説明しやすい遊びをいくつか選んでコピーやプリントしておき、そこから選ばせるのもよい。なお、このような教材の整備をどうするのかは、学校や学年の実情に応じたやり方を考えておきたい。

2 読む メモする 「遊びの本」を読みながら、説明に

「説明するのに必要なところ、だいじなところをメモしましょう（②）。何を、どうメモするのか、メモの仕方は分かりますね。」 簡単に振り返る。

説明するときに、知らせる大切なことは何でしたか。

だいじなのは、遊びの名前です。

遊びを書いてあった本の名前と、書いた人も。

その遊びの「遊び方」です。遊びの順序とか、ルールとかも説明に要ります。おもしろさも。

・メモの書き方は、言葉や一つの文で書きます。
「本を読んでいて、説明するのに大切なことが書いてあるな、と思ったところには、付箋を貼っておきましょう。きまりが書いてあるところなら付箋にも『きまり』と書いておくといいですね。」

「メモしながら、ていねいに読んでいきましょう。」

に説明するための原稿を作ります。

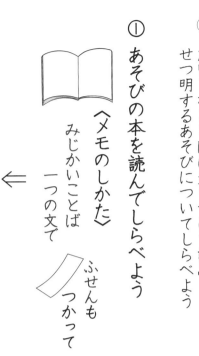

あそびの本を読んで
あそび方をせつめいしよう

め　だいじなことばに気をつけて読み、
せつ明するあそびについてしらべよう

① あそびの本を読んでしらべよう

〈メモのしかた〉
みじかいことば
一つの文で
ふせんも つかって

主体的・対話的で深い学び

・知っている遊びを紹介するのは，遊んだときのイメージもあり，比較的説明もしやすい。一方，遊んだことのない遊びを説明するのは，たとえ本を読んでいても難しい。

・だから，説明しやすい遊びを選ぶ，ということも学習のカギになる。児童が主体的に取り組めるよう，本や遊びを選ぶときにも助言できるとよい。「この三つの遊びから選んでごらん」「それは難しいよ」など横から援助し，児童が説明しやすい「遊び」を選べるよう励ましたい。

準備物

・遊びについて書かれた本（各自）
・付箋
・児童用ワークシート **DVD** 収録【2下_16_05】

必要なことをメモし，付箋も貼っていく。

読んでメモしている児童を見て回り，個別に指導する。

説明することを，うまくメモできていますか。また，難しいな，と思うことはありましたか。

「遊び」や「本」の名前，書いた人の名前は簡単にわかりました。メモもしました。

「遊び方」をメモするのが難しいです。順序とか，どう書けば分かりやすいか，考えています。

実際に遊んだら分かることでも，文で書くと分からなくなります。

読んでメモしていく活動を続けるが，2年生はまだメモも難しい。「遊び方」などは，本にも書かれているので，本の文章をそのまま書き写してしまう児童もいる。また，遊びの動きを自分の言葉で説明するのは，（大人でも）難しいことである。

2年生ということも考え，要求が高すぎないよう配慮する。

「岡君は，こんなメモを書いていますよ。」見本示す。

---

3 書く　メモをもとにして，説明するための原稿を作る。

「本で調べた「遊び方」が分かりやすく伝わるよう，こんどは，説明する順序を考えて，メモした内容を文章にして原稿に書いていきます。」

91ページに，説明の例が載っています。何をどのように書いているのか，読んでみましょう。初めに書いて（説明して）いることは，どんなことですか。また，その次に書いていることは，何でしょうか。

初めは，読んだ本と，遊びの名前を説明しています。

次は「どんな遊びなのか」です。

その次は，準備することです。

「このような順で説明すると分かりやすそうです。このあと，遊びの始め方やすすめ方，どうなったら終わるのかも書くといいですね。おもしろさも。」

このような説明では，ふつうは図も使う。言葉だけでの説明は，かなり難しいこともふまえて，個々に指導し完成させる。

本時の目標
本で調べた遊びを説明し合い、遊びのやり方を知り合う。学習のまとめをする。

授業のポイント
遊びによっては、言葉だけで説明しきれないところもある。そこは、「大体、説明できている」などと幅を持たせて聞き合わせる。

本時の評価
本で調べた遊びを説明し合い、遊びのやり方を知り、感想を伝えることができている。

板書例

〈発表・実践〉本で調べた遊びについて、グループや全体の場で発表、説明します。また、実際に

◇しょうかいしたい せつめいする あそび
・あやとり（つりばし）
・くさばなあそび（くさずもう）
・ハンカチおとし
・せかいのじゃんけん
・○○おにごっこ
………
※ここに児童が説明した遊びを板書する。

かんそう 友だちのせつ明を聞いて

◇この中で、みんながやってみたいあそびは？

◇ふりかえろう たいせつ

1 めあて　調べてきた「遊び」を紹介する、というめあてを伝え、説明し合う。

「これまで、遊びの本を読んで、みんなに教えたい『遊びとその遊び方』を調べてきました。」

今日は、その調べた遊びの紹介と、説明をします。どんな遊びが紹介されるでしょうね。上手に聞き合って、楽しそうな遊びを見つけましょう。

めあて

うまく説明できるかなあ。

知らなかった遊びがあるかも知れないな。楽しみ。

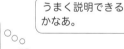

おもしろい遊びが見つかるといいな。

「やってみたい遊びが見つかったら、説明のとおりに実際に、みんなでやってみましょう。」

実際に遊ぶ時間は、体育や学級活動の時間をあてる。
発表の形は、グループや全体で、などクラスに応じて決める。ただ、全体での発表の場は必ず設けたい。

2 話す(説明) 聞く　見つけた「遊び」を説明し、紹介し合う。

ここでは、初めにグループで、そのあと全体で交流する。
「それでは、まず二人で説明し合いましょう。」
そのあと、4人か6人のグループで紹介し合う。一人が2回ずつ説明することになり、2回目は説明の工夫もできる。
「発表(説明)を聞いたら、遊び方でよく分かったところを言ってあげましょう。」

（本を見せて）わたしは、この「あそべるたのしいあやとり」にあった「つりばし」を紹介します。はじめに用意するものは、これです。

ぼくは「世界の子どものあそび」を読んで、ほかの国の「じゃんけん」を説明します。

あやとりや草花あそびは、言葉だけでなく実際にやって見せないと分かりにくい。その場合、それも可とするなど臨機応変に対応する。ただし、説明の中心は動作ではなく言葉とさせる。

遊んでみることも取り入れてよいでしょう。学習のまとめをします。

あそび方を（友だちに）せつめいしよう

め あそびについて、やり方やたのしさを知り合おう

◇ せつ明することは、
・しらべた本の名前は？
・せつ明あそびの名前は？
・どんなあそび　あそび方は？
・おもしろさは？

グループで　ぜん体で

主体的・対話的で深い学び

・ここで、これまで調べてきた「遊び」について説明し、聞き合う。そのことが主体的・対話的な学習の場面となる。
・2年生なので、説明に不十分さが出てくるのは当然である。細部の説明が抜けたりもするだろう。だから、聞く構えとしても、あまり厳密さは求めず、「どんな遊びなのか、遊び方がだいたい分かる」でよいこととしたい。また、2年生では「説明のしかた」よりも、「どんな遊びか」の方に気持ちが向くだろう。発表から、遊びの豊かさに気づかせるのも、深い学びになる。

準備物
・説明するための「遊び」の原稿（第8〜10時使用のもの）

3 話し合う　説明して思ったこと、聞いて思ったことなど、感想を交流する。

「グループで、発表をしてどうでしたか。また、それを聞いて思ったことはありましたか。」
・（発表した子）「ハンカチ落とし」を説明しました。ルールと、おもしろいところがよく分かった、と言ってもらえました。説明できてうれしかった。

また、説明を聞いて分かりやすかったことなど、聞いた感想も発表しましょう。

木村さんは、遊び方の順番を「はじめに」や「次に」などの言葉を使って説明していたので、よく分かりました。

同じ「じゃんけん」でも、国によって違うことが分かっておもしろかったです。

「グループで聞き合ってみて、クラスの人にも聞いてほしい『遊び』はありましたか？」　推薦し合う。

4 聞き合う まとめ　全体の場でも、遊びの説明を聞き合う。

「全体でも説明する人、グループから出てきてください。前で発表したい人もどうぞ。今度はみんなで聞き合いましょう。」
前で発表させ、みんなで聞く場を持つようにする。

説明を聞いて、この中でみんなで実際にやってみたくなった遊びはありましたか。（話し合う）説明どおりに、うまく遊べるといいですね。

遊びは遊びとして、学級活動など別の時間にしてもよい。
遊んでみて、説明のよさを検証するのは、現実には難しい。
「『ふり返ろう』(P91)『たいせつ』(P92)を読んで、できたこと、よかったことを発表しましょう。」まとめ

ようすをあらわすことば

◉ 指導目標 ◉

◎ 身近なことを表す語句を増やし，話や文章の中で使うとともに，言葉には意味による語句のまとまりがあることに気づき，語句を豊かにすることができる。

○ 言葉には，事物の内容を表す働きがあることに気づく。

○ 語と語や文と文の続き方に注意して，つながりのある文章を書くことができる。

◉ 指導にあたって ◉

① 教材について

たとえば，『雨が，降っている』という文があります。しかし，この文だけでは雨の量や降り方など，降っている『様子』はわかりません。そこで，雨に限らず，何かの『様子』はどう表せばよいのか，どんな言葉が使えるのか，そのことを『様子を表す言葉』として学びます。ここでは，まず雨が強く降る様子を例にして，『雨が，（　　　）降っている』という文の，（　　　）に当てはまる言葉を通して気づかせます。

（　　　）に入る言葉としては，『はげしく』〔形容詞〕，『ざんざん・ざあざあ』〔副詞・擬声語〕，また，『滝のように』『バケツをひっくり返したみたいに』〔いずれも比喩〕を使うなど，多様な表現が考えられます。なお，意識はしていませんが，このような『様子を表す言葉』『様子の表し方』は，これまで学習してきた教材の文章の中でも使われています。ここで改めて，様子をどう表すのか，その表現方法と言葉とに目を向けさせ，それを3つの種類に整理します。

同じ『強い雨』『大雨』でも，表現方法や言葉が異なると，また違った印象を受けるものです。同時に，いろんな表現方法があることを知ると，今度はそれを使ってみるという試み，活動も生まれます。いわば，学びの出力です。そこで，絵を見てその様子を言葉にし，文に表現して，友だちと読み合うという活動へとすすめます。

② 主体的・対話的で深い学びのために

学びにも入力と出力があり，それは表裏一体のものです。学んだ（入力した）知識は，使う（出力する）ことによって，より確かな知識，使える知識になるものです。ここでは，様子を表す3種類の言葉と表現を学びます。入力です。そして，それを使って文を書きます。ここが出力であり，児童の主体的な活動場面になります。ですから，主体的に文を書き進めるためには，『様子を表す言葉』を使った三つの種類の意味と表現方法が，頭の中に入力されていなくてはなりません。また，文を読み合い交流する活動は対話的であり，あわせて友だちの文からも学べる深い学びと言えます。

知識 及び 技能	言葉には，事物の内容を表す働きがあることに気づいている。 身近なことを表す語句の量を増し，話や文章の中で使うとともに，言葉には意味による語句のまとまりがあることに気づき，語彙を豊かにしている。
思考力，判断力，表現力等	「書くこと」において，語と語や文と文の続き方について注意しながら，つながりのある文章を書いている。
主体的に学習に取り組む態度	進んで身近なことを表す語句の量を増して語彙を豊かにし，学習課題に沿って，様子を表す言葉を使って文を書こうとしている。

◉ 学習指導計画　全4時間 ◉

次	時	学習活動	指導上の留意点
1	1	・挿絵を見て，雨の降る様子を表す言葉を考える。 ・様子を表す言葉，表し方には種類があることを話し合う。	・絵から『強く』降っていることを話し合い，それを言葉で言い表すことを通して，いろいろな表現ができることに気づかせる。
	2	・教科書の文章を読み，様子を表す言葉の種類について調べ，話し合う。	・様子を表す言葉，表し方には，形容詞（副詞）や擬声語・擬態語，また比喩といった3つの種類があることに気づかせ，確かめ合う。
2	3	・教科書（P97）の3つの絵を見て，様子を表す言葉を使って文を作る。	・様子を表す言葉には，3つの種類があったことを思い起こさせ，文作りにも使わせる。
	4	・書いた文を読み合う。 ・学習をふり返る。	・友だちが，どんな言葉，表現方法を使って絵の様子を表しているのか，考えさせる。 ・聞いた感想も伝え合わせる。

◇『雨の降る様子』を表す言葉を考えさせます。そのために，大雨をイメージさせるための写真（画像）も見せることができれば，より効果的です。事前に大雨が降るようなことがあれば，その様子を撮っておくと授業でも使えます。撮影場所は，やはり，児童になじみのある学校や学校付近がいいでしょう。

📀 収録（黒板掲示用イラスト，児童用ワークシート見本）

ようすをあらわすことば
第 1 時 （1/4）

本時の目標
挿絵（教科書）を見て，雨が降る様子を表す言葉を，考えることができる。

授業のポイント
『ふっている。』という文末は，『ふっていました。』などに代えてもよい。とにかく，児童が大雨をイメージ出来て，言葉につなげられるようにする。

本時の評価
挿絵（教科書）を見て，雨が降る様子を表す言葉を，考えることができ，書いたり発表したりすることができている。

板書例

はげしく　　　　(1)
きょうれつに　(1)
どんどん　　　(1)
いっぱい　　　(1)

◇なかまわけすると
三つのしゅるいのことばに

(1)（ふっている）ようす…どれくらい
　むちゃくちゃ
　つよく

(2)音で　かんじて
　ジャブジャブ
　ごうごう

(3)たとえて＝○○のように
　たいふうのときのように

〔思ったことは？〕※2
はじめて知ったのは…
心にのこったことばは…

※2 児童の発言を板書する。

1 導入 考える　雨の降る様子を言葉で言い表す。

まだ教科書は開けさせないで，画像（挿絵）を見せる。
あれば，雨の降る様子を写した別の写真も見せる。
「何の絵（写真）でしょう？」
・雨　・雨降りの絵（写真）　・すごく降ってるみたい。
「教科書にも絵が出ています。(P94を開けさせ)この雨の降っている様子を，言葉で言い表します。たとえば，『しとしとと…』でいいでしょうか？」
・いいえ。この絵の雨は，もっと強い雨みたいです。

では，絵の雨は，どんなふうに降っているといえばいいのか，雨の降る様子を表す言葉を考えます。（めあて）
『雨が，（　　　）ふっている。』という文（板書する）の（　　　）に入る言葉を考えて，文に書きましょう。

(ザーザー) 降っている, かな

(たくさん) ふっている, でもいいな。

2 書く 話し合う　『…（　　　）ふっている。』の，（　　　）の言葉を考え，話し合う。

・前の日曜日はすごい雨で，『（すごく）ふりました』
「そうでしたね。先週の雨のことも，思い出してみましょう。どんなふうに降っていたでしょうね。」
振り返らせ，そこからも大雨をイメージさせる。
書かせて見て回るが，何人かに読み上げさせて，参考にさせるとよい。個別の指導も行う。

「一つだけでなく，二つは書いてみましょう。」

書いた文を，発表しましょう。（　　　）には，どんな言葉が入ったでしょうか。

『雨が，（たくさん）ふっている。』です。

『雨が，（ものすごく）ふっている。』

『雨が，（ジャージャー）ふっている。』

『雨が，（シャワーのように）ふっている。』

『雨が，（ザーザー）ふっている。』

ほかに，『はげしく』『きょうれつ〔強烈〕に』なども。

様子を表す言葉を考えさせるのも一つの方法です。

ようすをあらわすことば

め　雨がふっているようすをあらわすことばを考えよう

◇「雨が（　）ふっている（います）。」

「雨が（　）入れることば」※1 は？

⇒
- たくさん（1）
- ものすごく（1）
- ザーザー（2）
- ジャージャー（2）
- シャワーのように（3）

教科書 P94 のイラスト
または
大雨の写真
別のディスプレイで
映してもよい

※（1）や（2）は、なかま分けした後で入れる。

主体的・対話的で 深い学び

・雨が，どのように降っていたのかを言葉で表現させる。ここが児童に主体的に考えさせたい場面の一つになる。その際，状況（シチュエーション）を設定して考えさせることもできよう。たとえば，「学校で大雨（夕立）が降りました。降った様子を，お家の人にも教えてあげたい。あなたなら『雨が，（　）降っている（降りました）』の（　）に，どんな言葉を使って伝えますか。」などと問いかける。このように人に伝える場面を想定するのも，より具体的に，深く考えさせる手だての一つになる。

準備物

・教科書 P94 の挿絵の拡大コピー
・雨が降る様子を映した映像
・児童用ワークシート DVD 収録【2下_17_01】

---

3 考え 話し合う　様子を表す言葉をなかまわけする。

「雨が降る様子を表すのに，いろんな言葉を使って言うことが出来ました。言い方はいろいろですね。」

そこで，（　）に入れた言葉を読み返すと，これとこれは同じような言葉だな，なかまだな，といえる言葉はありませんか。まず，『ザーザー』と同じようなのは，どの言葉？

『ザーザー』と『ジャージャー』は，どちらも降っているときの音だから，なかまかな。

音ではないけれど，『はげしく』と『ものすごく』も同じみたいです。

【参考】なかま分けすると，品詞などで分けると…
○・（ザーザー）擬声語・擬態語　〔音で強さを表す〕
○・（すごく）（はげしく）形容詞〔ここは副詞的な形，使い方〕
　・（たくさん）（どんどん）副詞〔副詞は，主に用言を修飾〕
　・（きょうれつに）（むちゃくちゃに）形容動詞
○・（シャワーのように）比喩〔何かに例えて言い表す〕
　このように，大きくは，○印の3つの種類に分けられる。

4 まとめ 話し合う　3つの種類の言い方を使って，言い表してみる。

「雨が降っている様子を表す言い方には，3つの言い方がありそうです。この言葉を集めてみましょう。」
「まず，音で表すとすると，『ザーザー』や『ジャージャー』のほかにないでしょうか。」
　・『ザンザン』　・『ジャブジャブ』でもいい。

次に，『シャワーのように』のように，降っている様子を，何かに例えるような言い方は，ほかにはないでしょうか。

うーん，難しいなあ。

『台風のときのように』でもいいと思います。

『話し声が聞こえないくらいに，』は？

　　　形容詞や副詞を使う言い方についても話しあう。
・『強く』と『むちゃくちゃに』は同じ仲間の言葉だと思います。何かを形容する言葉。
「同じ大雨の様子でも，いろんな言葉で言えましたね。今日わかったこと，感想を言いましょう。」

ようす を あらわすことば
第 2 時 （2/4）

本時の目標
様子を表す言葉には，3つの種類があることに気づき，それを使った文を書くことができる。

授業のポイント
教科書の3種類の『言葉の説明』を難しく思う児童もいる。それを，『ようす言葉』『音言葉』『たとえ言葉』などに言いかえるのも一方法。

本時の評価
様子を表す言葉には，3つの種類があることに気づき，それを使って文を書くことができる。

板書例

〈言葉〉ここでは，擬声語を，正式な用語ではありませんが『音（感じ）言葉』と言い換えて使っています。

◇ 読み合ってみよう

(3)
・ホースで水をまいたみたいに

(2)
・ごうごう　・じゃあじゃあ

(1)
・おそろしく　・きょうれつに

雨が，（　　）ふっています。（いました。）

◇ 三つのようすをあらわすことばをつかって
さがして文を作ろう

(3)
たきのように
みたいに
↓（たき）
なにかに
たとえて

(2)
ざんざん　→ことばのひびき
＝
音で・かんじで

(3)
（ふる）ようすを

---

1 振り返る　様子を表すときに使った3種類の言葉を振り返る。

「まず，教科書を読んでみましょう。」

雨が強く降っている様子を表すのに，どんな言葉を使いましたか。

『はげしく』とか『いっぱい』（ふりました）とかの言葉を使いました。（形容詞・副詞）

ほかに『ザーザー』も使いました。雨の降る音です。（擬声語）

「このほかにも，『シャワーのような』の『…のような』も使いました（比喩）ね。」
・『シャワーみたいに，』とも言えました。

「このように3つの言い方（種類）がありましたね。」
「教科書（P94～97）にも，雨が強く降る様子をどう表したらよいのか，その言い方が（3つ）書いてあります。そして，今日はこのような言葉を使って文を作ってみましょう。」めあて

---

2 読む 話し合う　教科書を読み，様子を表す3種類の言葉があることを確かめる。

「まず，教科書を読んでみましょう。」
　教師がわかりやすく読み聞かせ，そのあと音読。
「いくつの言い方が，書いてありましたか。」
・教科書でも，3つの言い方でした。

その3つの言い方の，例として出ていた言葉は，どんな言葉でしたか。

教科書に線を引かせてもよい。

ひとつ目は，『はげしく』（ふっている）でした。

ほかに「雨の降り方が『はげしい』という言い方もありました。

二つ目は，『ざんざん』（ふっている）です。

三つ目は，『たきのように』と『バケツをひっくりかえしたみたいに』です。

「これらの言葉は，何の様子を詳しく言い表していたのですか。」何を形容，修飾しているかということ
・雨の様子かな？　・『ふっている』様子かな。

同様に『比喩』も『たとえ言葉』と言い換えています。

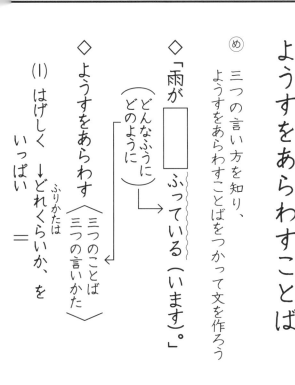

ようすをあらわすことば

め 三つの言い方を知り、ようすをあらわすことばをつかって文を作ろう

◇「雨が □ ふっている（います）。」
（どんなふうに）（どのように）

◇ようすをあらわす〈三つのことば 三つの言いかた〉
　　　　　　　　　　ふりかたは→どれくらいか、を
(1) はげしく →どれくらいか、をいっぱい＝

🔍 主体的・対話的で 深い学び

・本時の前半では，教科書を読み，様子を表す言葉を3つの種類に整理する。ここは，前時の学習を見直す活動にもなる。後半は，その3つの種類にあてはまる言葉を探して，文を作る。このとき，児童は自分の体験を思い出しながら，その様子を表すのにふさわしい3つの言葉を考える。ここが主体的な活動場面となる。つまり，学習したことを使って新しい課題にとり組むところに主体的な学びも生まれる。そして，書いた文を読み合い，ほめ合うことが対話的な学びとなる。

準備物

・大雨・小雨の画像（ **DVD** 収録【2下_17_02】）や写真
・児童用ワークシート（第1時使用のもの）

---

3 話し合う　3つの種類の言葉はどのような言葉なのか，読んで話しあう。

「これらの言葉は，『ふっている』様子を，詳しく表しているのです。」 述語（動詞）を修飾している。

> ひとつ目の『はげしく』とは，どんな言葉だと書いてありましたか。

> 『雨の降り方がどれくらいかを表す言葉』だと，書いてありました。

『ふり方がどれくらいかを表す言葉』という言い方は，児童にはわかりにくい。『ようす言葉』という言葉で代用するのも可。
「『ざんざん』とはどんな言葉だと書いてありますか。」
・『言葉のひびきによって，様子を表す言葉』と，書いてあります。ざんざんとは，雨が降る音のことです。
「『たきのように』や『バケツを…』という言い方は？」
・『たとえを使ってようすを表す言葉』です。
・『滝』とか『バケツの水』を使って，様子を表します。
「『ようす言葉』『音言葉』『例え言葉』の3つですね。」
　他の言葉でもよく使うなら，『クラス内の用語』として使う。

---

4 書く 話し合う　様子を表す言葉を使った文をつくり，読み合って交流する。

　授業の後半を，書く活動と読み合いにあてる。
「それぞれの（3つの）種類ごとに，『様子を表す言葉』を探して，文を作りましょう。前の時間に見つけた言葉でもいいですよ。文の形は『雨が，（　　　）ふっています〔いました〕。』です。」

> 『ようす言葉』では『（おそろしく）ふって』『（強烈に）ふって』が使えるな。いっぱいありそう。

> 『音言葉』なら『（ジャージャー）』他に『（ごうごう）ふって』も使えそう。

> 『たとえ言葉』なら『（台風のときのように）ふって』

> 『（ホースで水をまいているみたいに）』もいいかな？」

　『大雨』ではなく，『小雨の様子』を考えさせるのもよい。
「となりどうし（またはグループ）で，文を見せ合って読み合いましょう。」　いい文を見つけ合う。
「『いいな』と言われた文を，発表しましょう。今日わかったこと，出来たことを振り返りましょう。」

ようすを あらわすことば
第 3,4 時 （3,4/4）

本時の目標
絵を見て，その様子を表す言葉を使って文を書き，友だちと読み合い交流することができる。

授業のポイント
3つの絵での文作りは，けっこう難しい。あまり「独創性」を求めず，同じような文でも『様子を表す言葉』が使えていれば，教師がそのことを評価する（ほめる）。

本時の評価
絵を見て，その様子を表す言葉を使って文を書き，友だちと読み合うことができている。また，感想を交流することができている。

板書例

※教科書の挿絵の拡大コピーを貼る。

| アイドルの絵 | 猫の絵 | オムライスの絵 |

◇ 絵の [ようす] を文にしてみよう

← ようすをあらわすことばをつかって

（とても）（大きい）オムライス
（まくらのような）オムライス
（おいしそうな）オムライス

こねこが（　　　　）

アイドルが（　　　）うたって
かんきゃくが（　　　）はく手を
（ファン）

・わしは（バホラバホラと）とんでいった。
（音・かんじ）(2)

（第3時）

1 振り返る
『スイミー』など，お話の中から『様子を表す言葉』を見つける。

「これまでいろんなお話を読んで勉強してきました。その中に様子を表す言葉も，使われていたのですよ。思い出してみましょう。」

たとえば『スイミー』では，（教師が一部音読）『まぐろが〔ミサイルみたいに〕つっこんできた。』さて，まぐろがつっこんできた様子は，どんな言葉で書かれていましたか。

『ミサイルみたいに』です。『たとえ言葉』を使っていました。

「他にも『（ドロップみたいな）岩』もあったね。」
・『（ゼリーのような）くらげ』もありました。
・『たとえ言葉』がいっぱいありました。
・『（うんと）かんがえた』の『うんと』は，『様子言葉』。

　　ここは，効率よく教師がすすめる。ふり返りながら3つの種類を確かめる。『たんぽぽのちえ』でも，『（落下傘のように）なります』『（ふわふわと）とばす』など，多く使われている。

2 文を考え話し合う
絵を見て，様子を表す言葉を使った文の作り方を話しあう。

「教科書でも『3つの種類の，様子を表す言葉』が使われていました。こんな言葉を使って，今日は『雨』のほかの様子も，文章にして書いてみましょう。」
「教科書の，3つの絵を見てみましょう。（P97）1つ目の絵は，何の絵でしょうか。」
・大きなオムライスの絵かな。おいしそう。
・男の子が，食べようとしているところです。
　　次に，この絵を例にして話し合い，文の作り方をわからせる。

オムライスや男の子のしていることなど，その様子を『様子を表す言葉』を使って，文にしてみましょう。

『（とても（副）大きい（形））オムライスが，あります。』という文が作れます。（とても大きい）を使いました。

『（まくらのように（比）大きい（形））オムライスが，ある。』（まくらのように）という『たとえ言葉』を使いました。

注　〔比〕は比喩　〔形〕は形容詞　〔副〕は副詞　を表す

「このように，様子を表す3つの種類の言葉の，どれかを使って文（1文）を作るのです。」

主体的・対話的で深い学び

・ここでは，雨の様子のほかにも，何かの様子を『様子を表す言葉』を使って文を作る。それは，『3つの種類の言葉』を広げて考えることであり，学びを深める活動になる。

・絵を見て『何の』『どこの』様子を，『どんな言葉を使って』言い表すのか，考えることはけっこう難しい。文を作れた何人かの児童に発表させ，参考にさせるのも一つの援助になる。それを読んだり聞いたりして，まねをして文を作っても，それはそれで主体的な活動となる。また，対話でもある。

準備物

・2年上の教科書（教師音読用）
・黒板掲示用イラスト **DVD** 収録【2下_17_03～05】
・児童用ワークシート **DVD** 収録【2下_17_06】

ようすをあらわすことば

め ようすをあらわすことばをつかって絵のようすを文に書いてみよう

◇ きょうかしょの文しょうから

・まぐろが（ミサイルみたいに）つっこんできた。
（たとえ）(3)

・スイミーは、（うんと）考えた。
（ようす）(1)

・わた毛は、（らっかさんのように）なります。
（たとえ）(3)

※第3時の板書。

---

3 書く　3つの絵を見て，3つの種類の言葉を使って，文を作る。

「では3つの絵を見て，その様子を文に書きましょう。使った言葉が，『はげしく』のような『ようす言葉』なら〔ようす〕，『ザーザー』のような『音〔感じ〕言葉』なら〔音〕，『たとえ言葉』なら〔たとえ〕と，横に書いておきましょう。」

『ようす言葉』を①，『音…』を②などと記号化してもよいが，必ずしも書かなくてよい。

『男の子の前に，（山のような）オムライスがあります。』でどうかな。〔たとえ〕

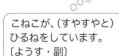

こねこが、（すやすやと）ひるねをしています。
〔ようす・副〕

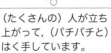

（たくさんの）人が立ち上がって、（パチパチと）はく手しています。

「（見て回り）『ようす言葉』『たとえ言葉』など，『ようすを表す言葉』がうまく使えていますよ。」

2，3人に，文を読ませて参考にさせるのもよい。

（第4時）

4 読み合う　作った文を友だちと読み合い，感想を伝え合う。

「では，書いた文を読み合いましょう。1つの絵で2つ以上の文を書いた人もいます。」

時間がたつと，文を追加したい児童も出てくる。時間の始めに書き足しタイムをとってもよい。

作った文を読み合う形は，グループでの回し読みやとなりどうしなど，クラスに応じて。

『縁側で、ねこが（すやすや）寝ています。』

『すやすや』で、ねこが寝ているようすがよく分かるわ。

『オムライスには、（たっぷり）ケチャップがかかっています。』

ぼくは、『（ぬいぐるみみたいに）寝て』を使ったよ。

「友だちが『いい』と言ってくれた文や，自分が『いい』と思った文を，全体でも発表しましょう。」

感想も述べ合い，ようすを表す言葉が使えているところを交流する。学習のふり返りをする。

見たこと，かんじたこと

◉ 指導目標 ◉

・経験したことや想像したことなどから書くことを見つけることができる。
・身近なことを表す語句の量を増やし，話や文章の中で使うことができる。

◉ 指導にあたって ◉

① 教材について

　　初めて，詩を作成する学習に取り組みます。今まで詩を読んだことがあっても，ただ読むだけだったり，「おもしろいな」と感じても，何がどのようにおもしろいのかを言葉にして考える経験は少なかったりするのが低学年の児童です。まず，例として，教科書の3つの詩を扱います。音読するだけでなく，自分たちと同じ小学2年生の児童が作った作品であることを意識しながら，作者の気持ちや感じたこと，情景が想像できるように話し合っていきます。

　　詩を書くことは，難しいことではなく，「見たこと」「感じたこと」「聞いたこと」「さわったこと」などを，思うままに書いて良いということを，児童の話し合いを通して発見させます。

　　また，「うれしいな」「きれいだな」という感情や様子を表す言葉を，そのまま詩に使うのではなく，他のおもしろい表現に言い換える学習も行います。できた作品を工夫して音読しながら，自分の気持ちがより伝わる読み方を考えることも，この単元で大切にしたいことです。何度も読み返しながら，「推敲」をする力をつけるきっかけとしていきます。

② 主体的・対話的で深い学びのために

　　一番大切にしたいことは，「詩を作ることは楽しい」「友達と作品を紹介し合うことは楽しい」という「楽しさ」を味わうことです。言葉を使って気持ちを表現することは，難しくなく，気軽に，楽しんで作るものであることを実感させましょう。

　　そのためには，児童のあるがままの感情を大切にすることです。それが例え，マイナスの表現であっても，その裏にある児童の心の様子を読み取り，認めることが大切です。

　　完成した自分の作品としっかりと向き合い，自分の作品のよさを考え，音読をしたり感想を読んだりして，友達と交流することで，自己肯定感を高めます。また，友達の作品にも，しっかりと触れる時間を確保し，お互いに高め合える学級経営につなげていきましょう。

知識 及び 技能	身近なことを表す語句の量を増やし，話や文章の中で使っている。
思考力，判断力，表現力等	「書くこと」において，経験したことや想像したことなどから書くことを見つけている。
主体的に学習に取り組む態度	積極的に経験したことや想像したことなどから書くことを見つけ，これまでの学習を生かして詩を書こうとしている。

● 学習指導計画　全6時間 ●

次	時	学習活動	指導上の留意点
1	1	・1つ目の詩について考える。 ・2つ目，3つ目の詩について考える。 ・学習内容を確認する。 ・めあてを確認して，次時への見通しをもつ。	・児童の考えを大切に進める。 ・学習した内容や学習の進め方を画用紙などにまとめ，掲示していつでも確認できるようにしておく。
2	2・3	・3つの詩の表現の工夫を話し合う。 ・詩の材料を考える。	・見たこと，感じたことなど，児童の考えを積極的に認める。 ・詩の題材は，人権やプライバシーに十分に注意する。
3	4・5	・前時の学習を振り返り，本時のめあてを確認する。 ・書いた作品を音読し，推敲する。 ・作品の中から1つを選び，友達と紹介し合う。	・読み直し，推敲する習慣がつくように言葉がけをする。 ・自分と友達の良いところを教え合ったり，改善点をアドバイスできたりするようにする。
4	6	・詩を作成したことを振り返り，めあてを確認する。 ・詩を読み合い，友達の作品のよいところを伝える。 ・自分の作品のよいところを感想に書く。 ・学級の友達以外への紹介方法を話し合う。	・自分の作品に愛着をもち，それを自信をもって伝えられるように配慮する。

DVD 収録（児童用ワークシート見本）

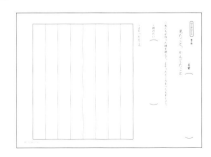

見たこと，かんじたこと
第 1 時（1/6）

本時の目標
心が動いた経験を振り返り，進んで詩を読んだり，書いたりしようとすることができる。

授業のポイント
教科書の詩を，単に音読をするだけでなく，情景や作者の気持ちを想像し，話し合うことで，詩の創作意欲を高める。

本時の評価
心が動いた経験を振り返り，進んで詩を読んだり，書いたりしようとしている。

〈導入〉タイトルを隠して音読することで，詩の内容から様々な情景を，自由に想像させましょう。

板書例

※教科書 98 ページ

詩 ＝ 見たこと ＝ 聞いたこと　思ったこと　かんじたこと

・おいしいものを食べたとき
・きれいなものを見たとき
・がんばったとき

◇詩を書きたいとき

・二じゅうとびが
（大なわとび？）
せいこうした
・れんぞくでとべて
うれしかった
・ずっとれんしゅう
して，とべるように
なった

・せいちょうが
たのしみ
・よくかんさつ
・まい日かかさずに
おせわ

・ゆうやけ
・このままがいい
気もち（かんどう）

※児童の発言を板書する。

---

1 読む／想像する　1つ目の詩を読み，詩の内容について想像する。

教科書は，閉じておく。教科書 98 ページ『二じゅうとびとんだ』の詩を，題名を伏せて黒板に掲示し，まず教師が読む。

「この詩は，皆さんと同じ2年生の男の子が作った詩です。」

どんな時に作った詩なのか，想像してみましょう。

『なわをはやくまわして』とあるから，なわとびをしているときの詩だと思います。

『びゅんびゅんとんだ』ってことは，二重跳びかな。

もしかしたら，大縄跳びかもしれないよ。『れんぞくで』跳べて嬉しかったんだ。

ずっと練習していて，やっと跳べるようになったのかも。

「では，詩のタイトルを見てみましょう。」隠していたタイトルを見せる。

・やっぱり二重跳びだった！
・うれしくて，楽しい気持ちが伝わってくるね。

---

2 読む／想像する　2つ目，3つ目の詩を読み，詩の内容について想像する。

『オクラ』の詩を，題名を伏せて黒板に掲示し，教師が読む。

この詩も，皆さんと同じ2年生の子が作りました。どんな時に作った詩なのか，想像してみましょう。

オクラが成長するのを楽しみにしているみたい。

生活科で育てているのかな。

葉っぱをよく観察している。きっと，毎日欠かさずにお世話をしているんだ。

隠していたタイトルを見せる。次に，『きれいな雲』の詩を，題名を伏せて黒板に掲示し，教師が読む。

「3つ目の詩は，どんな時に作った詩でしょうか。」

・ピンク色の雲だから，夕焼けかな。
・ずっとずっとこのままがいいって気持ち，私もわかるな。
　隠していたタイトルを見せる。3つの詩を斉読。

の詩を板書する。

※最初は題名を隠しておく。

二じゅうとびとんだ	オクラ	きれいな雲

見たこと、かんじたこと

め 見たこと、かんじたことから　詩をつくろう

詩　どんな時に作ったのかな　どんな気もちで作ったのかな

主体的・対話的で深い学び

・3つの詩，それぞれの題材は，いずれもありふれた，児童にとっても身近なものである。それらありふれた題材の詩を，最初にタイトルを隠して音読することで，ありふれたものであっても様々な表現で詩にできることを実感させる。

・作者は，児童と同じ2年生である。詩の情景や，作者の気持ちも共感を得やすい。児童自身が感じたことも，教科書の例と同じように，自分の言葉で詩にできることを意識しやすく，主体的な活動へとつながる。

準備物

・教科書98ページの詩を書いた模造紙（黒板掲示用）

---

3 考える　どんな時に詩を書きたくなるか，考える。

「詩は，見たことや聞いたこと，思ったこと，感じたことなどを短く書き表したものです。」

みなさんは，どんな時に詩を書いてみたいと思いますか。教科書の3つの詩も参考にして，考えてみましょう。

『二じゅうとびとんだ』の詩みたいに，何かを頑張った時かな。

『きれいな雲』のように，何かきれいなものを見たときに，気持ちを書きたい。

・美味しいものを食べた時でもいいのかな。

「どんなことでも，感じたことを詩にできます。教科書99ページの『たいせつ』も読みましょう。」

・『食べたもの』もあるね。

4 めあてをとらえる　単元のめあて『見たこと，感じたことから詩を作ろう』をとらえる。

次の時間から，皆さんが見たこと，感じたことを詩にしていきます。（めあて）詩の学習で，楽しみなことは何ですか。

楽しい詩をたくさん作りたいです。

友達がどんな詩を作るのか，楽しみです。

詩の音読もするのかな。

「書いた詩は，誰かに聞いてもらいましょう。どのような発表の仕方があるか，考えてみましょう。」

・参観日に発表会をして，お父さんやお母さんに聞いてもらうのはどうかな。

・一年生に読んであげるのもいいと思います。

　　作成後の発表会まで意識させると，より主体的な活動になる。

見たこと，かんじたこと
第 2,3 時 (2,3/6)

本時の目標
心の動きや，伝えたいことの様子がわかる言葉を探すことができる。

授業のポイント
3つの詩，それぞれにどのような工夫が込められているか読み取る。擬音語，擬態語，言葉の繰り返しなど，教科書に線を引かせてもよい。

本時の評価
心の動きや，伝えたいことの様子が分かる言葉を探している。

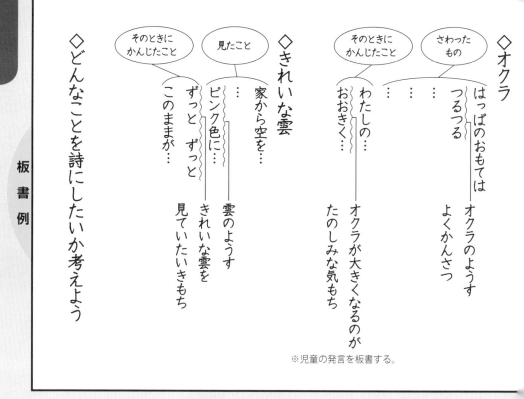

〈展開別案〉3つの詩から好きなものを選び，どんなところが好きなのか意見を交流させてもよいで

板書例

◇どんなことを詩にしたいか考えよう

◇きれいな雲
- 見たこと
  - 家から空を…
  - 雲のようす
- そのときにかんじたこと
  - ピンク色に…
  - ずっと ずっと
  - このままが…
  - きれいな雲を
  - 見ていたいきもち

◇オクラ
- はっぱのおもては
  - つるつる
  - オクラのようす
  - よくかんさつ
- さわったもの
- そのときにかんじたこと
  - わたしの…
  - おおきく…
  - オクラが大きくなるのが
  - たのしみな気もち

※児童の発言を板書する。

---

1 読む・考える 『二じゅうとびとんだ』の詩を読んで，表現の工夫について考える。

「教科書の『たいせつ』に，詩に何を書けばよいか書いてありましたね。では，『二じゅうとびとんだ』は，この中の何を選んで書いたかわかりますか。」詩を音読してもよい。

例えば，『足を高くあげて　おもいっきりとんだ』は，見たことでしょうか。聞いたことでしょうか。

やってみたこと，だと思います。

『なわをはやくまわしてびゅんびゅんとんだ』も，やってみたことです。

『れんぞくでとんだ』も。

『うれしいな　たのしいな』は，そのときに感じたことです。

「そうですね。『びゅんびゅん』という言葉からは，どんな様子が伝わりますか。」
- すごく速そう！
- 上手に跳べた様子がわかります。

---

2 読む・考える 『オクラ』の詩を読んで，表現の工夫について考える。

次は，『オクラ』の詩について，考えてみましょう。どんな時のことを，書いていますか。

詩を音読してもよい。

最初のほうは，葉っぱを触ったときのことを書いています。

『おもてはつるつる　うらは　ざらざら』が，触った時のことです。

『はじっこぎざぎざ』も，触った感じです。すごくよく観察しています。

・『わたしのオクラ　おおきくなあれ』は，その時の気持ちです。オクラが大きくなるのが，とっても楽しみなんだと思います。

「大きくなるのが楽しみで，葉っぱに何度も触ったのかもしれませんね。皆さんも，同じようなことはありませんか。」
- 私も一年生の時，朝顔の葉っぱを何度も触ったよ。
- 朝顔，花が咲くのが楽しみだった。

しょう。

※教科書の詩を板書する。

見たこと、かんじたこと

め 詩を読んで、気もちやようすがわかる
　ことばを　さがそう

◇二じゅうとびとんだ

そのときに
かんじたこと

やってみた
こと

足を高く…
おもいっきり…
：
びゅんびゅん…
れんぞくで…
：
うれしいな
たのしいな

二じゅうとびができて
うれしい気もち

🔍 主体的・対話的で深い学び

・教科書の詩を読み，3つの詩の構成を紐解いていくことで，児童に『自分でも詩が書けそう』という実感を持たせる。その上で，詩の題材について児童に考えさせる。

・教科書の「たいせつ」に詩に書く題材については記載があるが，具体的な内容は，児童が自分で見つけることになる。楽しいことや嬉しいことばかりでなく，いやなこと悲しいことなどのマイナスの題材が出ても許容し，自由な表現を楽しませたい。

準備物

---

3 考える 話し合う　3つの詩を読んで，詩を上手に書く工夫について話し合う。

「最後に，『きれいな雲』の詩について，どんな時のことを書いているのでしょうか。」詩を音読してもよい。

・きれいな雲を，見たことの詩です。

・『このままがいい』という，その時に感じたことを書いています。

3つの詩が，どのように書かれているかわかりましたね。それぞれ，様子や気持ちを伝えるために，特にこんなところが上手だなと思ったところを話し合いましょう。

『びゅんびゅんとんだ れんぞくでとんだ』というところが，二重跳びができてうれしくて，何回も跳んだ様子がよくわかって上手だと思います。

『ずっと　ずっと』と2回続けて書いているところが，本当にずっと，きれいな雲を見ていたい気持ちなんだとわかります。

---

4 考える　詩の題材について，考える。

「次の時間から，いよいよ自分の詩を書きます。」

どんなことを詩にしたいか，ノートに書きましょう。どんなことでも，いくつ書いてもよいですよ。

僕は，給食でカレーが出たときに嬉しかったことを書こう。

私は，水泳で初めて泳げた時のこと。

うさぎに触ったときのことがいいかな。ふわふわで，とってもかわいかった。

・友達とけんかをした時のことはダメかな。

・テストの点数が悪くて，お母さんに叱られた時のことはどうかな。

　ノートに書く時間を多く取る。マイナスのことが題材でも，教師は児童の考えを認める。ただし，人権やプライバシーには十分に配慮し，適切なアドバイスをしたい。

　思いつかない児童は，ペアやグループになって友達の考えも参考にさせるとよい。

見たこと，かんじたこと

第 **4,5** 時（4,5/6）

本時の目標
経験したことから，表現の工夫を使って詩を書くことができる。

授業のポイント
自分の作品を音読することで，読み返して推敲する力を高める。友達と紹介し合うことで，友達から学ぶ姿勢を身に付ける。

本時の評価
経験したことから，表現の工夫を使って詩を書いている。

板書例

〈時間の配分〉表現の工夫の振り返りは簡潔にして，詩を書く時間を多く取るようにしましょう。

・ふわふわ → うさぎの毛がやわらかいようす
・プンプン → おこっている気もち
・やった！ → うれしい気もち

（いろいろな ことばで）

①詩を書こう
・気もちやようすがつたわる読み方は？

②音読しよう
・ことばや文のまちがいはないかな？

③友だちに お気に入りの詩を読み聞かせよう

※児童の発言を板書する。

---

1 めあてをとらえる
『心が動いたことを詩に書こう』というめあてをとらえる。

「今日から，詩を書いていきます。前の時間に，どんなことを詩にするかノートに書きましたね。」

皆さんが選んだ詩に書くことは，教科書99ページ『たいせつ』のどれになるでしょうか。

僕はカレーライスのことだから，食べたもの。

私はうさぎを触ったときのことだから，さわったもの。

初めて泳げたことは，やったことかな。

友達とけんかをしたことも，やったことだな。

「今日のめあては，心が動いたことを詩に書こう，です。教科書の3つの詩の工夫も思い出しながら，書いていきましょう。」めあてを板書する。

---

2 ふり返る考える
3つの詩の工夫をふり返り，気持ちを表現する言葉を考える。

教科書の3つの詩には，どんな工夫がありましたか。

『二じゅうとびとんだ』では，『びゅんびゅんとんだ』というところに，うれしい気持ちが表れていました。

『オクラ』では，つるつるやざらざらという言葉で，葉っぱの様子を書いています。

『きれいな雲』は，見ていたい気持ちを『ずっと　ずっと』と書いています。

「気持ちや様子を表す言葉は，いろいろありますね。うれしいや楽しいという言葉のほかに，気持ちを表す言葉がないか，考えて書きましょう。」
　既習の『ようすをあらわすことば』をふり返ってもよい。
・うさぎの毛は，ふわふわ。
・友達とけんかをして怒ったときは，プンプンだ！
・初めて泳げた時は，やったー！と思った。

見たこと、かんじたこと

㋱ 心が動いたことを詩に書こう

◇気もちやようすをあらわすことば

・びゅんびゅんとんだ　↓　うれしい気もち

・つるつる　ざらざら　↓　葉っぱのようす

・ずっと　ずっと　↓　見ていたい気もち

主体的・対話的で深い学び

・詩を書いたら終わりではなく，自分で読み返し，推敲する力をつけたい。より気持ちが伝わる書き方や読み方を発見することは，主体的な学びにつながる。

・また，友達同士でお互いの作品を紹介し合い，友達の詩の良さを発見し，それを生かそうとする姿勢や，お互いに改善できることをアドバイスする態度が，対話的な学びとなる。

準備物

3 書く 音読する　気持ちや様子を表す言葉に気を付けて詩を書き，音読する。

「それでは,詩を書きましょう。詩の題も,忘れずにつけましょう。」

書く時間を多く取るようにする。なかなか書き出せない児童には，教師が質問をしながら，気持ちや様子，出来事などを詳しく思い出させる。表現についても，一緒に言葉を探す。

書けた人は，自分の書いた作品を音読しましょう。文の順序や，言葉の間違いはありませんか。また，直したり，付け加えたりしたい言葉があれば，書き直しましょう。

『うさぎの毛は　ふわふわで　あったかい』ふわふわで，ほかほかのほうがいいかな。

『およげた　やったー！』は，『およげた　ひゃっほー！』にしよう。

音読することで，読み返し，推敲する習慣をつけさせたい。

「書き終わった人は，ほかのことについても詩を書いてみましょう。」いくつ作品を書いてもよい。

4 対話する　作品の中から１つを選び，友達と紹介し合う。

作品の中からお気に入りを１つ選んで，音読してみましょう。どんな読み方をすれば，気持ちや様子が伝わるか，考えて読みましょう。

自分のお気に入りの作品を１つ決める。友達に紹介する前に，個人で数回，音読の練習をして自信をつける。

僕は，これ！『いっぱいいいきを　すいこんで　水にかおをつけて　足をばたばた　およげた　ひゃっほー！』

私のお気に入りは，このイチゴのケーキの詩。

「隣の席の友達に，お気に入りの詩を１つ音読して聞かせてあげましょう。詩を聞いた人は，言葉の間違いがあったら，教えてあげましょう。」

友達の詩に対する感想は，次時で扱う。ここでは，言葉の間違いがあれば指摘するにとどめる。

「皆さん，素敵な詩ができましたね。」

教師からも，作品を仕上げたことを評価する。

見たこと，かんじたこと
第 6 時 (6/6)

本時の目標
詩に対する感想を伝え合い，自分の詩の表現のよいところを見つけることができる。

授業のポイント
作品の感想は，うまく言葉にできない児童もいる。教師が個別に声かけをして，児童の気持ちをうまく言葉で表現できるようフォローするとよい。

本時の評価
詩に対する感想を伝え合い，自分の詩の表現の良いところを見つけている。

板書例

〈主体的な学び〉自分の詩の良さを，思い切り『自慢』することで，自分の作品への愛着も増します。

◇自分の詩のじまんしたいところ
・パク　パク　パク
　三口で食べた　イチゴケーキ
　イチゴケーキが大すきなことがつたわった
　三口で食べるのがすごい！

◇詩をしょうかいしよう
　かぞくに　一年生や六年生に　校長先生に
　じどうかんにはってもらう

---

1 めあてをとらえる
『友達の詩を読んで感想を伝え合おう』というめあてをとらえる。

これまでの学習で，見たこと，感じたことを詩に書きました。友達は，どんな詩を書いたと思いますか。

森田君は，水泳の詩を書いたと言っていました。

隣の席の朝倉さんは，前の時間に『イチゴのケーキ』の詩を読み聞かせてくれました。

　前の時間に隣同士で音読をしたことや，休み時間の会話などを思い出させるとよい。

「今日は，友達の詩を読んで感想を伝え合います。」めあて
　・僕の詩は，どんな感想をもらえるかな。
　・友達に，感想をうまく伝えられるかな。

---

2 読み合う書く
詩を読み合い，友達の作品の良いところを書く。

それでは，グループに分かれて，順番に音読しましょう。友達の詩を読んで，よかったところをワークシートに書いて伝え合いましょう。

じゃあ，私から読みます。『プリン　ぷるぷる　ぷるぷるプリン　ぼくの大こうぶつ　…』

『ぷるぷる　ぷるぷるプリン』って言葉が，おいしそうでいいな。

　作品を紹介し合う活動では，クラスの実態に応じて，グループで音読，全体で音読，掲示をして友達の作品を読み合う，などが考えられる。いずれの場合も，感想がもらえない児童が出ないよう，教師が配慮する。
　ここではグループで紹介し合い，ワークシートに感想を書く活動にしている。自分以外のグループ全員の詩に，みんなが付箋に一言ずつ感想を書いていく形でもよいだろう。

主体的・対話的で深い学び

・自分の作品の良さを発見し，それを「じまん」として感想に残すことで，自己肯定感を高めたい。また，友達の作品の良さも認め，友達から「真似る」「学ぶ姿勢」に気づくことで，主体的・対話的に学び合うことができるだろう。

作品をどう披露するのかを考え，話し合うことは，自分をどのようにプレゼンテーションするのかを考えることにつながり，今後の学習や生活で，生かせる大切な能力になる。

準備物

・児童用ワークシート **DVD** 収録【2下_18_01】

見たこと、かんじたこと

め 友だちの詩を読んで　かんそうを
つたえ合おう

◇友だちの詩のよかったところ

・ぶるぶる　ぶるぷる
　プリンがすごくおいしそう

・ひゃっほー！
　水えいをがんばった

※児童の発言を板書する。

---

3 書く　友達からの感想をもとに，自分の詩のよいところを書く。

「感想を書いたワークシートは，詩を書いた友達に渡して読んでもらいましょう。」

感想を全体で発表してもよい。感想は，作品の内容以外に，音読でよかったところ（声の強弱や速さなど）を書かせてもよい。

・太田さんの詩は，『ぷるぷる　ぷるぷる』と2回出てきて，プリンがすごくおいしそうでした。

・森田君の詩は，『ひゃっほー！』という言葉から，水泳をすごく頑張ったことが伝わりました。

では，友達からもらった感想をもとに，自分の作品の『自慢したいところ』をノートに書きましょう。

私の詩の自慢したいところは，『パク　パク　パク　三口で食べた　イチゴケーキ』です。三口で食べられるのすごい！と言ってもらいました。

---

4 話し合う　クラスの友達以外への紹介方法を話し合う。

クラスの友達のほかに，みんなが書いた詩を読んでもらいたい人はいますか。

家族に読んでもらいたいです。

私は恥ずかしいから，妹にだけ読んで聞かせます。

1年生のみんなに読んでほしいな。

・6年生のお兄さんやお姉さんは，読んでくれないかな。

・校長先生に聞いてもらおう。

・児童館に，4年生の絵が貼ってあった。僕たちの詩も，貼ってもらいたいな。

クラス以外の誰かに詩を伝えたり，どこかに掲示したりすることで，より自分の作品に自信を持てるようにしたい。また，次の詩作への意欲につなげたい。

楽しかったよ，2年生

◉ 指導目標 ◉

・身近なことや経験したことなどから話題を決め，伝え合うために必要な事柄を選ぶことができる。
・伝えたい事柄を相手に応じて，声の大きさや速さなどを工夫することができる。
・姿勢や口形，発生や発音に注意して話すことができる。
・相手に伝わるように，行動したことや経験したことに基づいて，話す事柄の順序を考えることができる。

◉ 指導にあたって ◉

① 教材について

　「書くこと」や「話すこと・聞くこと」で身につけた力を総合的に使って取り組む単元です。学年末にふさわしく，2年生の一年間で「楽しかったこと」を考え，文章を書き，聞き手に伝わりやすいように発表をします。国語科で身につけたい力を意識して取り組むことは当然なのですが，授業を進めながらも，児童たちの心をつなぐような集団形成的な視点も忘れないようにしたいところです。

　単元の最後には，学級での発表になります。それに加えて，児童一人一人に，「伝えたい人」を考えさせることで，「遠くに離れているおじいちゃん」や昨年度の担任の先生や校長先生，地域の方々など，学級での発表で終わらない取り組みが可能となります。昨今の事情から，「動画を撮って送る」や「テレワークシステムを使う」ことなども考えられ，それらに応じた発表の仕方も工夫しましょう。

② 主体的・対話的で深い学びのために

　一年間の活動を写真や動画で振り返るのも良いですが，児童の作品で振り返ることも主体的な学習につながります。楽しかったことの発表を，教室での発表で終わることなく，「伝えたい人」を考えさせることで，この単元への意欲がより高くなるでしょう。発表の仕方も様々です。動画に収めたり，テレワークシステムを使ったりすることで「気をつけること」も変わります。これらについて，対話をさせることで，児童の思考力の向上につながります。

　どのようなことに気を付けて話題を選び，原稿を作るのかを教師と児童が一緒に，既習事項を思い出しながら，確認していくことが大切です。そうすることで，児童の中に「書くこと」や「話すこと・聞くこと」の力がより一層定着します。また，完成した原稿を読み直し推敲したり，読む時の工夫を考え直したりする学習も大切にしましょう。

知識 及び 技能	姿勢や口形，発声や発音に注意して話している。
思考力，判断力，表現力等	「話すこと・聞くこと」において，身近なことや経験したことなどから話題を決め，伝え合うために必要な事柄を選んでいる。 相手に伝わるように，行動したことや経験したことに基づいて，話す事柄の順序を考えている。 伝えたい事柄や相手に応じて，声の大きさや速さなどを工夫している。
主体的に学習に取り組む態度	伝え合うために必要な事柄を進んで選び，これまでの学習をいかして経験したことを紹介しようとしている。

◉ 学習指導計画　全8時間 ◉

次	時	学習活動	指導上の留意点
1	1	・2年生の一年間で楽しかったことを発表する。 ・誰にどのように伝えるのかを考え，意欲をもつ。 ・発表の例の工夫していることを考え，話し合う。 ・学習の流れを確認し，本単元のめあてをもつ。	・学級以外で誰に伝えるのかを考えさせることで，学習意欲を高める。 ・教師から提示した「めあて」ではなく，児童に話し合いで決定させる。
2	2・3	・話すことを決めることを確認する。 ・楽しかった出来事を発表する。 ・一番話したいと思ったことの内容を詳しく思い出す。 ・振り返りを行い，文章にしたいという意欲をもたせる。	・ワークシートに書いたことを，そのまま伝えるのはどうかと考えさせ，文章にしたいという意欲をもたせる。
3	4・5・6	・話す順番を考える。 ・つなぎ言葉を使って，事柄をつないだ文章を考える。 ・発表原稿を作成する。 ・読み方の工夫を書き込み，発表の練習をする。	・書く力，読む力は個人差が大きいため，あらかじめ，日記や音読などで予備調査をしておき，指導に生かす。
4	7・8	・めあてを確認し，練習する。 ・工夫をして発表する。 ・発表の感想を伝え合う。 ・学習したことをどのように活用するのかを話し合う。	・良かったことだけでなく，もっと良くなることも伝えるようにする。 ・これからの生活に生かせることを考える。

📀 収録（児童用ワークシート）

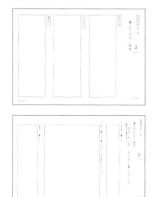

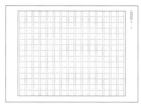

本時の目標

学習の見通しをもって，楽しかったことを発表する活動に進んで取り組もうとすることできる。

授業のポイント

何を，誰に，どのように伝えたいのかという思いを，しっかりと児童にもたせることが，導入として大切である。

本時の評価

学習の見通しをもって，楽しかったことを発表する活動に進んで取り組もうとしている。

板書例

〈発表〉伝えたいことを，誰に伝えるかによって，発表の仕方が違ってきます。クラスの実態に応じた

だれに　つたえる？
・かぞく　・おじいちゃん、おばあちゃん
・友だち
　　　　　　つたえる？

どうやって　つたえる？
・はっぴょう会　・手紙を書く

◇はっぴょうのくふうは？
・れんしゅうしているときの気もち
・友だちの言ったことば
・声の大きさ　はやさ

◇みんなでめあてを作ろう！

（め）つたえたいことをきめて、くふうしてはっぴょうしよう

---

1 発表する　2年生の一年間で，楽しかったことを発表する。

「2年生も，もうすぐ終わりですね。どのような活動をしたのか，思い出してみましょう。」

行事や日常生活の写真や動画を提示しながら，4月からの活動を振り返る。児童の作品でも良い。

どんなことが，楽しかったですか。

運動会のリレーで1等だったことです！

みんなで遠足に行ったことです。景色がきれいで，お弁当が美味しかった。

生活で，プチトマトを育てたことです。

友達と，休み時間に鬼ごっこをしたことです。前より早く逃げられるようになりました！

行事…運動会，遠足，学校祭り，発表会　など
学習…各教科，町探検，植物を育てる，生き物を世話をする，
　　　1年生との交流，発表会　など
遊び…お楽しみ会，休み時間，学級での遊び，友達との遊び
　　　など

2 考える　楽しかった思い出を，誰にどのようにして伝えるか考える。

楽しかった思い出を，誰に伝えたいですか。

お父さんやお母さんかな。

おじいちゃんやおばあちゃんにも聞いてもらいたい。

友達に伝えたいです。友達の楽しかったことも聞きたいです。

「どうやって，伝えたらよいでしょうか。」
・家に帰って話します。
・参観日に発表会をする。
　発表については，参観日での発表（発表会），動画を撮影し，家族や地域のお世話になっている方々に視聴してもらう，転校して行った友達に宛てて手紙を書くなど，クラスの実態に応じて様々な方法がある。

「どのように発表すれば，皆さんの楽しかった気持ちが伝わるでしょうか。」

楽しかったよ、二年生

◇楽しかったこと
・うんどう会
・遠足
・プチトマトをそだてた
・スイミーのげき
・おにごっこ
・おたのしみ会
・

※児童の発言を板書する。

主体的・対話的で深い学び

・一年間の思い出を写真や動画で振り返るのも良いが，児童の作品を中心に振り返ると，より主体的に取り組める。
・楽しかったことを，何を，誰に，どのように伝えるのかをしっかりと考えさせる。全員一律に，教室での発表会という方式に捉われなくてもよい。動画を撮り，家族や地域の方に視聴していただくことも考えられる。
・教師から提示した「めあて」ではなく，児童の言葉でつくった「めあて」にすると，より主体的に学習できる。

準備物

・教師用 CD（指導書付録）

3 話し合う　発表の例を聞いて，工夫していることは何か話し合う。

「発表のお手本を聞いて，考えてみましょう。」
　　教師用指導書の付録 CD，もしくは教科書の QR コードを読み取って，発表のお手本を聞く。

「お手本では，どんなことを話していましたか。」
・ドッジボールで強いボールが取れるようになったことでした。
・友達に教えてもらって，一緒に練習をしました。

どんなところを工夫して，発表していると思いましたか。

声の大きさや速さが，途中で変わっていました。

友達が教えてくれたことが，友達の言葉で書いてありました。

できるようになったことだけじゃなくて，練習しているときに諦めようと思ったことも書いていました。

4 めあてをとらえる　教科書で学習の流れを確認し，めあてを設定する。

「教科書 100 ページの『学習の進め方』を読んで，これからどのように学習していくのか確かめましょう。」
・1 年を振り返って，話すことを決めます。
・組み立てを考えて，発表します。
・感想を伝え合います。

では，学習のめあては何にしたらいいと思いますか。

いつもは教師や教科書から提示されるめあてを自分たちで考えることで，学習への意欲づけをさせたい。

楽しかったことを発表しよう，かな。

発表の仕方を工夫しようも入れた方がいいと思う。

「この単元のめあては，『伝えたいことを決めて，工夫して発表しよう』にしましょう。」
　　できるだけ児童の言葉を使って，めあてを完成させる。

楽しかったよ，二年生

第 2,3 時（2,3/8）

本時の目標
この1年間の学校生活で，楽しかったことから話すことを決め，伝えたいことを詳しく思い出すことができる。

授業のポイント
何かを伝える時には，最初に話題を決めることから始めることを確認しておく。

本時の評価
経験したことを思い出し，話したいことを決めて，伝えたいことを詳しく書き出している。

板書例

〈振り返り〉２年生の思い出だけではなく，学習も振り返って，身に付けたことを作文に生かせるよう

◇楽しかった できごと
できるようになった

```
ぎょうじ
・遠足
・うんどう会

べんきょう
・水えい　・かん字
・学校たんけん

あそび
・ドッジボール
・
```

◇いちばん話したい，つたえたいこと
　どうして？　理ゆうは？
　はっぴょうのくふうは？
　・ひつようなことをじゅんじょよく
　・だいじなことをメモする

※児童の発言を板書する。

---

1 考える　1年間を振り返って，話したいことの候補を考える。

「これから『伝えたいことを決めて，工夫して発表する』ための準備をします。」単元のめあての確認。

「まず，何をすればよかったでしょうか。教科書100ページの『学習の進め方』を読みましょう。」
　・『1年を振り返って，話すことを決める。』です。

皆さんは，何を話したいですか。楽しかったこと以外に，2年生になってできるようになったことでも良いですよ。

運動会のリレーのこと。

遠足で楽しかったことかな。休み時間のドッジボールも楽しかったよ。

1年生の時より，たくさんの漢字が書けるようになった。

「たくさんのことは伝えられませんね。まず，楽しかった出来事をグループ分けしましょう。」

2 書く発表する　楽しかった出来事を書き出し，発表する。

「付箋に，1つずつ，楽しかったことを書きましょう。」

書いたら，楽しかった出来事を『行事』『勉強』『遊び』の3つのグループに分けます。付箋を，ワークシートの『行事』『勉強』『遊び』のところに貼っていきましょう。

遠足は，行事だね。ドッジボールは遊び。

水泳は勉強かな？1年生と一緒にした学校探検は勉強？行事？

　グループ分けが難しい出来事については，隣同士やグループで相談してもよい。教師が助言してもよい。

「グループ分けができましたか。では，楽しかった出来事を発表してください。」

にしましょう。

楽しかったよ、二年生

㊍ つたえたいことをきめて、くふうして
はっぴょうしよう

◇学しゅうのすすめ方
① 一年をふりかえって、はなすことを
きめる。
② 組み立てを考えて、はっぴょうする。
③ かんそうをつたえ合う。

主体的・対話的で 深い学び

- 何でも話せばよいというのではなく，伝えるためには，きちんと話題を決めることを確認しておく。
- どの出来事を書くのかを思い出す時には，カードや付箋に１つずつ書き残しておくことが有効であることを実感させたい。
- 出来事の内容を思い出すには，「なぜ，この出来事を選んだのか」を考えさせると良い。なかなか考えが続かない児童には，「なぜ，そう思ったのか」「この時，どんな行動をしたのか」など，具体的に質問をすると良い。

準備物

- 付箋
- 児童用ワークシート 📀 収録【2下_19_01〜03】

3 考える 書く　一番話したいと思ったことを選び，その理由を書く。

「楽しかった出来事が，たくさん集まりました。この中で，一番話したい，伝えたいと思ったことを選びましょう。」
ワークシートに一番伝えたい出来事を記入させる。

どうして，その出来事を一番だと思ったのですか。理由を書きましょう。

僕は，運動会のリレーのことを書きたい。理由は，白組を抜かして１等を取れたから。みんなも，たくさん応援してくれた。

私は遠足のこと。公園で，たくさんドングリと松ぼっくりを拾った。お弁当も美味しかった。

　理由を考えることで，その出来事について詳しく思い出せるようにする。思い出せない児童には，教師から個別に聞き取りをするとよい。

4 考える 書く　出来事を，３つに分けて書き出す。

今度は，一番伝えたい出来事について，『したこと』『思ったこと』『友達がしたこと，言ったこと』の３つについて，付箋に短く書きましょう。

リレーの時は，運動会の前にたくさん練習した。日曜日も公園で走った。どんどん速くなるのが，楽しかった。バトンがうまく渡せなくて，悔しかったこともあった。

- 遠足のお弁当，友達が『お花がかわいい』って褒めてくれたな。お母さんが，野菜でお花を作ってくれた。

　その時のことを詳しく思い出せるように，友達や家族へインタビューをしてもよい。

「付箋に書けたら，ワークシートに貼りましょう。次の時間から，発表する文章を書いていきます。」

楽しかったよ，二年生

第 4,5,6 時 (4,5,6/8)

本時の目標

組み立てを考えて発表原稿を作り，発表の練習をすることができる。

授業のポイント

なるべく書く時間をたくさん取るようにする。納得のいくまで書かせることで，意欲と書く力の向上が期待できる。

本時の評価

話す事柄の順序を考えて文章を組み立てている。話す速さや声の大きさ，態度などを工夫しようとしている。

〈書く〉作文は，難しく苦手に感じる児童も多いため，短い文章でも，「できた」体験を大切にして

板書例

↓「つなぎことば」で文をつなごう

・それから　　・その後
・さいしょは　・つぎに
・そのときは　・これからは
・さいごに

学校で，リレーのれんしゅうをたくさんした。それから，日曜日に，公園でも走るれんしゅうをした。

◇書きおわったら
　ことばのまちがい
　もっとくふうしたいところ
　つなぎことばをかえたい
　　　　↓
　　書きなおそう

---

1 考える　「はじめ」「中」「おわり」に，どんなことを書くか考える。

「今日から，伝えたいことの文章を書いていきます。どんなことに気を付けて書けばよいか，教科書 102 ページの例文を読んで考えましょう。」

・「はじめ」「中」「おわり」の 3 つに分けて書いています。

『はじめ』『中』『おわり』には，どんなことが書いてありますか。

『はじめ』は，心に残ったことが何か，です。

『中』は，その時にしたことや思ったことです。

出来事の順序が分かるように話しています。

『おわり』は，まとめの言葉です。

「では，前の時間に書いた付箋を，『はじめ』『中』『おわり』のワークシートに貼りなおしましょう。出来事が起こった時間や大切なことは何かを思い出して，順番を考えましょう。」

---

2 考える　書く　つなぎ言葉を使い，付箋に書いたことをつないで文章を書く。

「教科書の例文では，つなぎ言葉も使って文章を書いています。どれがつなぎ言葉か，わかりますか。」

　　教科書のつなぎ言葉に線を引かせてもよい。

・『それから』かな。

・『その後』もつなぎ言葉だね。

「つなぎ言葉を使うと，出来事の順序がわかりやすくなりますね。」

　　「最初は」「次に」「その時は」「これからは」「最後に」など，つなぎ言葉の例を板書してもよい。

ワークシートに貼った付箋の前や後ろに，つなぎ言葉を書いて，出来事を繋げてみましょう。

学校で，リレーの練習をたくさんした。「それから」日曜日に，公園でも走る練習をした。

遠足でお弁当を食べた。「その時に」さゆりちゃんが，ニンジンのお花がかわいいと言ってくれた。

216

主体的・対話的で深い学び

・書く前に，今までに学習した作文の授業などをふり返り，どんなことに気を付けて書いたか復習してもよい。また，「つなぎ言葉」は，児童が普段使っている言葉からも考えさせたい。書く時間を多く取るために，これらのふり返りは簡潔に済ませる。

・書く力や読む力は，個人差が大きい。あらかじめ，日記などで児童の能力の予備調査をし，どのような手立てが必要なのかを個人個人のレベルで考えておく必要がある。適切なアドバイスができれば，主体的な学びにつながる。

準備物

・児童用ワークシート（ 🟫DVD 収録【2下＿19＿04】，第2・3時使用のもの）
・原稿用紙 🟫DVD 収録【2下＿19＿05】

楽しかったよ、二年生

㊕ つたえたいことをきめて、くふうしてはっぴょうしよう

◇文しょうを書こう

はじめ…心にのこったこと
中…そのときにしたことや、思ったこと
　　できごとのじゅんじょが分かるように
おわり…まとめのことば

---

3 書く　発表する文章を書く。

それでは，発表する文章を書きましょう。

『はじめ』に書くことは，運動会のリレーで1等を取ったことだから…『ぼくは、運動会のリレーで1等を取ったことが心に残っています。』

書く力は個人差が大きいので，一人ひとりの力を日記などで事前に把握しておき，どの程度の支援が必要なのか準備する。例としては，以下のような取り組みがある。

・全く書けない児童は，ワークシートにイラストを書くことから始める。
・文章の構成が苦手な児童は，例文を試写したり，暗唱したりする。
・「はじめ」の段落のみ，教師が提示する。　など

4 見直す・考える　書いた文章を読み直し，読み方の工夫を書き込む。

文章が書けたら，読み直して，言葉の間違いを直しましょう。表現で工夫したいところや，つなぎ言葉を変えたいところなどがあれば，書き直しましょう。

出来上がった文章を，音読させてもよい。

『さゆりちゃんが、ニンジンのお花がかわいいと言ってくれました。』という文は、『さゆりちゃんが、「お花かわいいね。ニンジンのお花だね。」と言ってくれました。』に書き直そう。

作業途中でも，児童の作文を紹介し，自分の作文に活かせるようにする。書くのが遅い児童は，教師が個別に指導する。

「特に伝えたいところに印をつけ，どのような読み方をすれば伝わるか工夫を書き込みましょう。」
・うれしかった瞬間は，大きくゆっくり読もう。
・一生懸命走ったことがわかるように，走る真似をしたらどうかな。

楽しかったよ,二年生

第 7,8 時 (7,8/8)

本時の目標
伝えたいことが聞き手に伝わるように工夫して発表し,感想を伝え合うことができる。

授業のポイント
既習の単元で,発表をする時・聞く時に注意すべきことを学んでいる。発表前に,それらをふり返るとよい。

本時の評価
聞き手を意識し,言葉遣いや姿勢,声の大きさや速さなどに気をつけて発表している。友達の発表を聞いて,感想を伝え合っている。

板書例

〈書く〉感想を書くことが,苦手な児童もいます。「声の大きさはどうだったかな?」「話す速さは?」

◇かんそうをつたえよう

かんそうカード に書こう

・つなぎ言葉をつかっていた
・聞いている人を見て話していた ）わかりやすい
・同じわだいでもちがう楽しさ

◇ほかの人にもつたえよう

・じどうかんの先生
・校長先生
・おじいちゃん おばあちゃん
・お父さん お母さん
→ 手紙 どう画

---

1 読む 練習する
発表原稿を読んで,読み方の工夫を書き込む。

「前の時間までに,伝えたいことを文章にしました。文章を書いて,終わりでしょうか。単元のめあては,何でしたか。」
・『伝えたいことを決めて,工夫して発表しよう』です。

そうですね。前の時間に,読み方の工夫も書き込みました。発表するときに,どんな工夫をしますか。

うれしかった気持ちを伝えるために,ゆっくり大きな声で読みます。

聞いている人を見て,話すとよいと思います。

「目線や読むスピードにも気を付けると良いですね。」
　　再度付録CDの発表を聞いて,工夫を話し合ってもよい。

「隣の人に発表を聞いてもらって,もっと工夫したいところがあれば,原稿に書き込みましょう。発表を聞いた人は,アドバイスがあれば伝えましょう。」

2 発表する
伝えたいことを,工夫して発表する。

それでは,発表をしましょう。聞く人も,発表の間は書く作業などせずしっかり聞きましょう。

僕は,運動会のリレーで1等を取ったことが,心に残っています。リレーの選手に選ばれたとき,たくさん練習するぞ!と決めました。

「友達の発表が終わったら,感想カードに良かったことを書きましょう。感想は,簡単でいいですよ。」

　小人数ずつ発表する,グループで発表するなど,発表の形態や時間は,クラスの実態に合わせて工夫する。
　発表中は感想のメモなどもせず,聞くことに集中させる。感想を伝えるタイミングは,発表の形態に合わせる。

など，教師が個別に指導しましょう。

楽しかったよ、二年生

㊍ はっぴょうしよう
つたえたいことをきめて、くふうして

◇はっぴょうするときのくふう
・ゆっくり大きな声で → 気もちをつたえる
・聞いている人を見て話す → 目せん
・話すスピード

聞く人も、しっかり聞く

主体的・対話的で深い学び

・自分が気をつけるところを意識して，何度も練習をすることで，発表への自信へとつなげたい。特に「話すこと」が苦手な児童が多い場合は，練習やリハーサルの時間を多く確保することで，安心感が得られる。

・学級で発表して終わりではなく，児童のこれからの生活に生かすことが大切である。そのため，他に聞いてもらいたい人を考え，どのように伝えたらよいのか，発表方法を含め考えさせたい。ICT機器を児童自らが操作し，撮影することも考えられる。

準備物

・発表原稿（第4・5・6時使用のもの）
・児童用ワークシート **DVD** 収録【2下_19_06】

---

3 対話する　発表の感想を伝え合う。

友達の発表の良かったところを話し合いましょう。

つなぎ言葉が使われていて，わかりやすかったです。

話しているときに，原稿だけじゃなくて聞いている人，みんなを見ていてよかったです。

私と同じ，学校探検についてだったけれど，私と違う楽しさを書いてあってよかった。

「感想を書いたカードは，発表した人に渡しましょう。」

　良かったところだけではなく，もっとこうしたほうがよくなるという改善点を伝え合っても良いが，発表の粗探しにならないよう十分に配慮する。

---

4 話し合う 振り返る　ふきのとうの様子を読みとり，竹やぶの場面を音読しよう。

「みんな，伝えたいことを工夫して発表することができましたね。とてもわかりやすく，まとまっていました。」
　教師からも評価の言葉を伝える。

ほかに，発表を聞いてもらいたい人はいますか。

お父さんやお母さん。

遠くに住んでいるおじいちゃんやおばあちゃんにも聞いてもらいたいです。

校長先生や，児童館の先生にも伝えたいです。

　学校内や地域でできることであれば，相談の上，実施する。学級通信などで家庭内の発表会を呼び掛けたり，動画を祖父母に送るなどの協力をお願いしてもよい。

「教科書103ページの『ふりかえろう』と『たいせつ』を読んで，学習を振り返りましょう。」

カンジーはかせの大はつめい

◉ 指導目標 ◉

・第 2 学年までに配当されている漢字を読み，書くことができる。

◉ 指導にあたって ◉

① 教材について

「間」という漢字をよく見ると，「門」と「日」という漢字からできていることがわかります。このように，漢字には基本的な漢字（部分）で構成されているものがあり，中・高学年ではそのような漢字（形声文字・会意文字）が多く登場します。本単元では，漢字を「漢字の組み合わせ」として「合体」や「分解」の目でとらえ直します。これは，漢字を習得していく上でも大切な見方で，『「晴」は「日」と「青」でできている』などとらえると，覚えられる漢字は飛躍的に増えます。「曜」や「園」などの一見複雑な漢字も，「部分の集合体」として見ると，その細部もくっきりと見えてきます。これは今後，偏や旁（つくり）など，部首の学習にもつながります。

また，「谷」と「川」で「谷川」という熟語ができるように，2 つの漢字をつなぐことによって言葉（熟語）が作れることにも気づかせます。まだ既習の漢字も少ないため，作れる熟語には限りがあります。しかし漢字を組み合わせると，意味を持つ新しい言葉ができると知ることは，言葉を増やしていく上で大切な学びです。

② 主体的・対話的で深い学びのために

2 年生のこの時期，読み書きのできる漢字が増えていくことがうれしく，『漢字の学習が好き』という児童は多くいます。反面，漢字の読み書きや覚えることに難しさを感じ始めている児童もいます。そのような児童も，漢字の形を「部分に分けて見る」ことや，「漢字を組み合わせて熟語を作れる」ことがわかると，漢字そのものについての興味も深まるでしょう。本単元では，「漢字合体マシン」という「カンジー博士の大発明」を使って，クイズ的要素も加えて学ぶようになっています。ですから，教科書の「漢字の合体」や熟語作りの問題にも，主体的・対話的に取り組めるでしょう。さらに，発展的に教科書巻末の「習った漢字一覧」を活用して，自分たちで問題作りをしてみることも主体的で対話的な学びとなります。

一方，漢字を使いこなすには，漢字を正しく書くことや漢字を使って言葉（熟語）や文を作る学習も欠かせません。特に漢字は書けるだけでなく，言葉として使えることが大切です。そのためには，一定の練習と習熟が必要なことも児童に伝え，習慣化できるよう励まします。

知識 及び 技能	第2学年までに配当されている漢字を読み，書いている。
主体的に学習に取り組む態度	積極的に第2学年までに配当されている漢字を読んだり，書いたりし，今までの学習をいかして漢字クイズに取り組もうとしている。

● 学習指導計画　全2時間 ●

次	時	学習活動	指導上の留意点
1	1	・漢字を合体させる「合体マシン」の仕組みについて話し合い，教科書の問題を考える。 ・「言葉を作る漢字の矢」を使った言葉（熟語）づくりの問題を考える。	・教科書の問題を例題として，「マシン」や「矢」の仕組みと働きをきちんと分からせ，クイズ的な楽しさも加える。 ・解答の速さを競わせないようにする。
	2	・（グループ等で）「漢字合体クイズ」と，2つの漢字で言葉づくりをする問題を考えて作る。 ・作った問題を発表し合い，答えを考える。	・問題づくり自体が思考をうながし，漢字の組み立てや使い方に気づかせる活動になっている。 ・巻末の漢字一覧を資料にさせる。

【参考】 授業で使える，作っておきたい教具

授業では，実物の他，ちょっとした教具や掲示物があるだけで，児童の集中度や理解度は違ってきます。「カンジーはかせの大はつめい」では，次のようなものが考えられます。参観日などにも使えて効果的です。

○ 黒板に貼付する「カンジーはかせ」のイラスト

　教科書のカンジー博士の絵を厚紙にかいて切り抜き，裏に磁石シートを貼るとできあがりです。

　カンジーはかせは，漢字指導の場面で今後も出てくるキャラクターです。黒板に貼ると，児童も「あ，カンジーはかせだ。今度は何をするのかな。」などと注目し，集中しやすくなります。

○ 漢字合体カード、

　次のようなカードを作り，黒板上で「合体」や「分解」をして見せます。児童に操作させてもよいでしょう。

　　・教科書の問題では………日 門 間 （山 石 岩）（田 力 男）（生 日 星）（糸 会 絵）

　　・児童が作る漢字では…（日 月 明）（切 七 刀）（早 日 十）（名 夕 口）（晴 日 青）など

○ 黒板に貼って動かせる　熟語作りのための「弓」「矢」のイラスト

　教科書の絵を参考に弓矢を厚紙にかいて裏に磁石シートを貼り，矢を黒板上で動かせるようにしておきます。

　矢だけでもよいでしょう。「矢は，どの漢字に当たるかな？」などと問いかけ，話し合いながら「矢」を動かします。

📀 収録（漢字カード，児童用ワークシート見本）

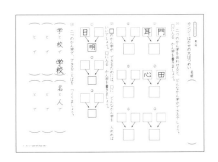

カンジーはかせの大はつめい
第 **1** 時 （1/2）

本時の目標

漢字を組み合わせてできている漢字があることや，漢字をつなぐと言葉（熟語）ができることに気づく。

授業のポイント

「合体マシン」「矢」のはたらきを，どの子にも分からせた上で，問題を考えさせる。漢字は合体できたり分解できたり熟語になったりすることに関心を持たせる。

本時の評価

漢字を組み合わせた漢字があることや，漢字をつなぐと意味を持った言葉（熟語）ができることに気づいている。

板書例

〈教材〉DVD に漢字の矢を飛ばして当てる動画を収録しています。ディスプレイに映して活用して

二つのかん字でことばができた（じゅく語）

川　ロ　カ　谷　当たるのは
谷川　木　切

毛　会　名　先　花
前　話
花　火　糸　先生

② 二つのかん字でことばをつくる矢

生　[?]
入れる　（日）と
↓　出てきた
星
⇓
糸　[?]　（会）
絵

---

1 課題 読む・対話　「漢字合体マシン」のはたらきを調べる。

カンジー博士のイラストを黒板に貼る。できれば「合体マシン」の箱か貼付できる絵もあるとよい。

「さあ，カンジー博士が出てきましたよ。『大発明』とは，何なのでしょうか。初めの３行を読んでみましょう。」

・漢字を『合体』させる機械のことです。
・漢字って合体できるのかなあ？

本当に合体できるのか，やってみましょう。機械（合体マシン）に，『門』という漢字と『日』という漢字を入れると，この出口から出てくるのは・・・。

少し間をとって

あ，分かった。『間』という漢字が出てきます。

漢字って，合体できるんだ。

「どう合体したのか，説明してください。」

・『門』の中に『日』が入って，『間』になりました。

２，３人に，前でカードを動かせて説明させる。

---

2 問題を考える1　「漢字合体マシン」から出てくる漢字を考える。

「答えの『間』を，教科書でも確かめましょう。」

「このように，漢字を合体するとどんな漢字ができるのか，他にも合体マシンで考えてみましょう。」

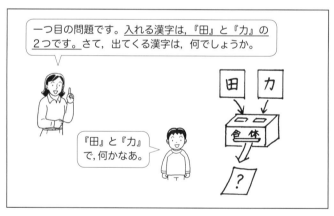

一つ目の問題です。入れる漢字は，『田』と『力』の２つです。さて，出てくる漢字は，何でしょうか。

『田』と『力』で，何かなあ。

ノートにも『田』と『力』を書かせ，考えさせる。大人には簡単だが，要領をつかみにくい児童もいる。見て回り，考えた答えを書かせる。

「出てくる漢字は，何という漢字ですか。」

・『男』です。上と下で合体させると『男』になります。

「２つ目は『山』と『石』を合体させましょう。」

答えは『岩』。前で説明させる。これら３つの漢字でマシンのはたらきもほぼ分かり，要領もつかめる。

ください。

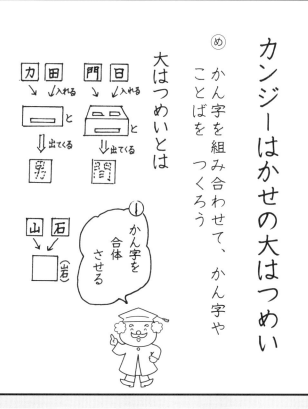

カンジーはかせの大はつめい

め かん字を組み合わせて、かん字やことばをつくろう

大はつめいとは

（かん字を合体させる）

田 力 → 入れる
門 日 → 入れる
□ と
□ と
↓ 出てくる
↓ 出てくる
男
間

山 石 →
□ (岩)

主体的・対話的で深い学び

- 児童が教科書の問題に主体的に取りくめるためには，まず「漢字の合体」や「言葉（熟語）づくり」のやり方がのみ込めていなくてはならない。まずそのことを，例題を通してどの児童にもわからせるようにする。
- 問題を考えるときには，近くの児童と相談する機会を設けると，対話的な学習になる。そして，対話の前に，まずはそれぞれの児童が考える時間をとり，個々の思考を通した上での対話にすることで，学習も深いものになる。

準備物

- 黒板掲示用カンジー博士・漢字合体マシンのイラスト（教科書コピー）
- 黒板掲示用漢字カード **DVD** 収録【2下_20_01〜05】
- 黒板掲示用矢のイラスト **DVD** 収録【2下_20_06】
- 漢字の動画 **DVD** 収録【2下_20_06〜10】

3 問題を考える2 「漢字合体マシン」に入れる漢字を考える。

マシンの入り口に『生』，出口に『星』のカードを貼る。答えは□にして児童にもノートに書かせる。

マシンに生と何かの漢字を入れると，星という漢字が出てきましたよ。さて，生といっしょに入れた□の漢字は何でしょう。

『生』と何で，星になるのかなあ。

あ，分かった。合体の反対だから…。

生
？
合体
↓
星

入れる□の漢字（日）は，裏返しにして入れる。
前の問題が『足し算型』なら，今度は『引き算型』。

「発表しましょう。わけも説明してください。」

- 答えは『日』だと思います。『生』の上に『日』を合体させると『星』になるからです。前で説明。
  カードを裏返して『日』を見せる。同様に『糸』と□で『絵』になる漢字は，『会』だと見つけさせる。
  『糸』と『会』とを色分けしておくとよくわかる。

4 問題を考える3 漢字をつないで言葉（熟語）を作る。

「カンジー博士は，2つ目の発明もしています。言葉を作る矢です。『谷』という漢字のついた矢を飛ばすと，矢が当たった漢字は？」教科書P105もしくはDVD収録動画を見せる。

- 『川』です。『谷川』という言葉になりました。

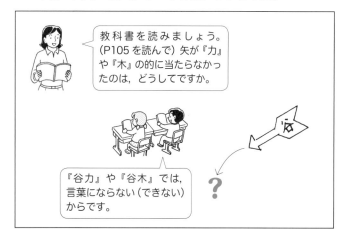

教科書を読みましょう。（P105を読んで）矢が『力』や『木』の的に当たらなかったのは，どうしてですか。

『谷力』や『谷木』では，言葉にならない（できない）からです。

？

「このように，ある2つの漢字が結びつくと，一つの言葉ができる（熟語になる）のですね。」
「では，花，先，名，会，毛の矢を飛ばすと，下のどの漢字の的に当たるでしょうか。教科書に線を引きましょう。できた言葉をノートにも書きましょう。」

　隣どうしでも考え合い，できた言葉を発表し合う。

本時の目標
漢字どうしを合体させた漢字があることや、2つの漢字をつなぐと意味のある言葉（熟語）ができることに気づく。

授業のポイント
どんな漢字でも合体できるわけではない。また、漢字を適当につないでも言葉はできない。問題づくりを通して、このことにも気づかせる。

本時の評価
漢字どうしを合体させた漢字があることや、2つの漢字をつなぐと意味のある言葉（熟語）ができることに気づいている。

〈時間の配分〉ここでは，「漢字の合体の問題づくり」と「言葉づくりの問題づくり」の2つの学習

板書例

① かん字合体のもんだい（をつくろう）

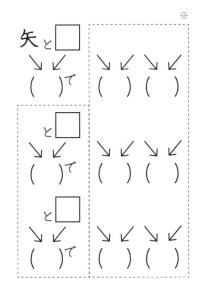

十・日 →（早）
糸・田 →（細）
立・日 →（音）

② 二つのかん字でことばをつくる

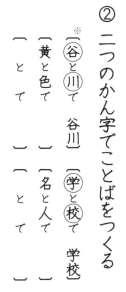

（谷）（川）て　谷川　（学）と（校）て　学校
〔黄と色て〕　〔名と人て〕
〔　〕と〔　〕て
〔　〕と〔　〕て

矢と□て（　）
□と（　）て
□と（　）て

※児童の発言を板書する。

---

1 振り返り めあて　カンジー博士の『漢字の合体』をふり返る。

「『漢字合体マシン』で，山と石を合体させると，何という漢字ができたでしょうか。」
・漢字の岩ができました。

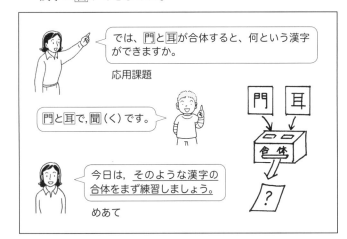

では、門と耳が合体すると、何という漢字ができますか。

応用課題

門と耳で、聞（く）です。

今日は、そのような漢字の合体をまず練習しましょう。

めあて

ワークシートを配布。
黒板にも田と心を書き，田＋心＝思など，まず練習させて，合体してできた漢字があったことをふり返らせる。ワークシートに書かせる。
日と□で明のような引き算型も，提示する。

2 考える 話し合う　カンジー博士になって，漢字の合体の問題を作る。

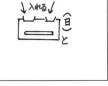

今度は，みなさんがカンジー博士になって漢字を合体させる問題を作ってみましょう。問題が作れそうな漢字はありますか。

難しそう。作れるかな。

『早』は作れそう。『日』と『十』だから。

教科書巻末の『これまで習ったかん字』『この本で習うかん字』のページを開けさせる。
「これらの漢字の中から，問題が作れそうな漢字を探してみましょう。どんな漢字があるでしょうね。」
・（漢字の表を見ながら）うーん。『細』（い）は，『糸』と『田』だから『糸＋田＝□』の問題ができそう。
　　まず、『細』（糸＋田）など，問題にできそうな漢字に印をつけさせる。
・『音』（立＋日）も，作れそうです。
　　『たくさん作ろう』と呼びかけ，引き算型もシートに書かせる。近くの児童どうしで相談してもよい。

内容があります。2つに分けて2時間扱いとしてもよいでしょう。

カンジーはかせの大はつめい

め かん字合体もんだいやことばクイズを
つくろう

山と石 で 岩 ができた。

門と耳 て 聞

心と田 て 思

日と月 て 明

🔍 主体的・対話的で深い学び

・問題づくりは,習ったことを使って,主体的に活動できる場面になる。だから,いきなり相談（対話）させるのではなく,まずは各自がじっくり考える時間を保証しなければならない。その上での相談や対話なら,「そんな問題も作れるのか」というふうに,考えを広げ深めることができる。

・また,教師から,わざと『間違った問題』を提示し,児童にまちがいを見つけさせ理由を述べさせると,児童も集中し,思考をうながす場面が作れる。これも深い学びとなる。

準備物

・児童用ワークシート DVD 収録【2下_20_11】
・漢字合体マシン
・漢字カード（第1時使用のもの,DVD 収録【2下_20_12～13】）

3 発表　作れた『漢字の合体』の問題を発表し合う。

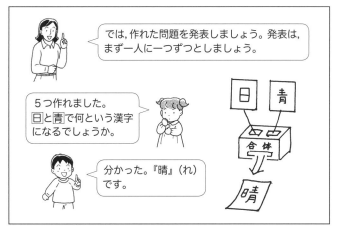

では,作れた問題を発表しましょう。発表は,まず一人に一つずつとしましょう。

5つ作れました。日と青で何という漢字になるでしょうか。

分かった。『晴』（れ）です。

日 青
合体
晴

　発表された問題を板書し,その問題を作れていなかった児童には,ワークシートに写させる。
「『日と□で星』のような問題も発表してください。」
　・『矢と□で知（る）』,□の漢字は何でしょうか。
　同様に,ワークシートに写させる。
　クラスに応じて『糸+白+水=線』や片仮名も可として,『ネ+土=社』などを加えてもよい。
「答えを書きましょう。」書く時間をとる。
「答えを発表してください。」答え合わせ。

4 考える　2つ目の発明,言葉づくりクイズの問題を作る。

　次に,『言葉づくりの矢』の問題づくりをする。
「谷と川で,『谷川』という言葉ができましたね。では,学と校では,何という言葉ができますか。」
　・『学校』という言葉です。

こんなふうに,今度は2つの漢字をつないで,一つの言葉を作る問題を作ります。教科書の終わりの漢字ページを見て,考えましょう。

黄と色で黄色ができます。他にもありそう。

　結びつけることができる漢字と,そうでない漢字を見分けさせることがねらい。シートに書かせる。
　・『名と人で名人』ができました。（例を発表させる）
「では,10個（または5個）作ってみましょう。」
　シート（ノート）に書かせて,発表。
「たくさん作れましたね。」シートも集めて評価する。

ことばを楽しもう

◉ 指導目標 ◉

・長く親しまれている言葉遊びを通して，言葉の豊かさに気づくことができる。

◉ 指導にあたって ◉

① 教材について

　人は，考えるときや人とのコミュニケーション，また自分の思いを伝えるときには，言葉を『道具』として使っています。その一方で，言葉そのものを楽しむ文化も，昔からありました。しりとりや早口言葉，しゃれなどがそうで，ここでは『回文』という言葉あそびをとり上げます。『回文』とは「たけやぶやけた」のように，上から読んでも下から読んでも同じになる文のことで，昔からあるものです。

　この『言葉あそび』を国語科としてとり上げるのは，目標にもあるように，それを文化としてとらえ，言葉の面白さや豊かさに触れられるからです。ですから，まずは，回文を読んだ児童が，「よく考えたなあ。」「言葉って，日本語って，おもしろいな。」と思えれば，それだけで 2 年生にふさわしい学びといえます。

　回文に，初めて出会う児童もいるでしょう。まず回文とは何か，そのきまりに気づかせます。きまりの一つは，上から読んでも下から読んでも同じ文になること，もうひとつは，回文が意味のある文，言葉であることです。ここでは，5 つの回文を読み，そのきまりについて話し合い，そこに込められた工夫に気づかせます。

　回文の情景を想像することも，回文を読む楽しさの一つです。ですから「たったいまがんがまいたった」の回文でも，『がん』や『まいたつ』の意味がわかり，『たった今，雁が舞い立った』と読めることが基本です。また，読んだり，聞いたりするだけでなく，文の文字を上から下からと，目でたどって確かめることで「なるほど」と納得できます。なお，簡単な回文づくりに挑戦させるのもいいのですが，なかなか難しいものです。

　発展的に，いろんな回文を紹介し合い，知り合うのも楽しい学習になります。

② 主体的・対話的で深い学びのために

　このように，ここではまず回文とは何かを知り，ある程度の意味と，その面白さを味わうことが，主体的な学びと言えます。また，回文のきまりを話し合うことは，対話的な学びとなるでしょう。一方，言葉あそびに関わる本も多く出ています。いろんな回文を調べるなど，言葉あそびに関心を持たせるのも，発展的で深い学びだと言えます。

知識 及び 技能	長く親しまれてきた言葉遊びを通して，言葉の豊かさに気づいている。
主体的に学習に取り組む態度	進んで言葉の豊かさに気づき，学習課題に沿って回文遊びを楽しもうとしている。

◉ 学習指導計画　全1時間 ◉

次	時	学習活動	指導上の留意点
1	1	・上から読んでも，下から読んでも同じになる言葉や文を読み，確かめる。 ・教科書の「わるいにわとり…」の文を読み，文のきまりについて話しあう。 ・教科書の例文を読み，どれも『下から読んでも同じ文』であることを確かめる。 ・感想を話合い，まとめをする。	・例として「しんぶんし」や「たけやぶやけた」を下からも読ませて確かめさせる。 ・仮名で，下から読んでも同じ文になるというきまりに気づかせる。 ・それぞれの文の意味や，情景についても話しあう。 ・発展として，『文作り』を呼びかける。

【回文づくりについて】

○ 『下から読んでも同じ文』（回文）を子ども（大人でも）に作らせるのは，難しいでしょう。
　　しかし，『下から読んでも同じ言葉』なら，見つけることはできそうです。例えば
　　・トマト　・こねこ　・みなみ　・しるし　・やおや　・しんし…など
　　また，『回文の作り方の手順やコツ』なども，いろんなところで紹介されています。

○ 以上のようなことから，回文づくりは全員の課題とするよりも，関心に応じて，興味を持った児童に考えさせるのが実際的でしょう。
　　がんばって回文を作った児童が出てきたら，朝の会などで発表させ，みんなでほめ合うことで，発展的で深く楽しい学びになります。

【昔からある回文の例】　※回文の例や参考書もあります。

・たけやぶやけた（竹藪焼けた）　　　　　・だんすがすんだ（ダンスが済んだ）
・かいたべたいか（貝，食べたいか？）　　・いかたべたかい（イカ，食べたかい？）
　　　　　　　　（貝，食べたイカ）　　　　　　　　　　　（イカ，食べた貝）
・わたしまけましたわ（私，負けましたわ）・わたしたわしわたしたわ（私，たわし渡したわ）

📀 収録（黒板掲示用イラスト）

本時の目標

回文とは，上から読んでも下から読んでも同じになる文のことだと気づき，回文の面白さを味わうことができる。

授業のポイント

「仮名で書くと，下から読んでも同じ文」という回文のきまりをきちんと押さえる。難しくせず，まずは「日本語っておもしろい」と思わせることをめあてに。

本時の評価

回文とは何かがわかり，回文の面白さを味わうことができる。

板書例

〈言葉〉ここでは，『回文』という言葉は使っていません。児童には意味不明になるからです。

〈下から読んでも同じ文（ことば）〉

◇ わるいにわとりとわにいるわ　※

（いみ）

（わるいニワトリと、ワニいるわ）　⇦ 下から読むと　※

・ぞうくんぱんくうぞ　[ぞうくんぱ 象のイラスト]

（ゾウくん、パン食うぞ）　↑

・きんのはとはのんき　※

（金）の（ハト）　↑

・このらいおんおいらのこ

（ライオン）　↑　※

・たったいまがんがまいたった

（今）（ガン）　↑　※

〈下から読んでも同じ文（ことば）を見つけてみよう〉

〈下から読んでも同じ文（ことば）を作ってみよう〉　※

みなみ　しるし

※黒板掲示用イラストを貼る。

---

1 導入 話し合う　言葉や文を下から読み，気づいたことを話し合う。

「こんな言葉があります。『しんぶんし』（板書する）。これを下から読んでみましょう。」

・『しんぶんし』あ，同じ言葉になった。
・こんな言葉，知ってる。『トマト』も。

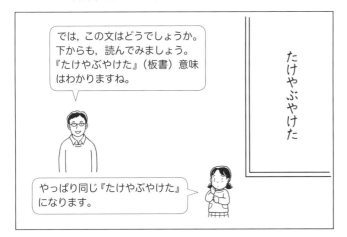

では，この文はどうでしょうか。下からも，読んでみましょう。『たけやぶやけた』（板書）意味はわかりますね。

たけやぶやけた

やっぱり同じ『たけやぶやけた』になります。

「みんなで，文字を指で押さえて，確かめましょう。はい，下から『た，け，や，ぶ，や，け，た』。やっぱり同じ文になりましたね。」

　ここでは，初めに昔からある『竹藪焼けた』を例にしたが，もちろん他の回文を取り上げるのもよい。

2 話し合う　文のきまりについて話し合い，教科書の文を読む。

「このような言葉や文は，ほかにもあるのです。今日は，このような文を読んでいきましょう。」

いま読んだ言葉や文は，ふつう読む言葉や文とはちょっと違っていますね。どのような文（言葉）だと言えますか。ふつうの文と違うところは？

上から読んでも下から読んでも同じになるところ（文・言葉）です。

「そうです。上から読んでも下から読んでも同じ言葉や文になります。そんな文が教科書にも出ています。P106を開けましょう。そうなっているか，読んで確かめてみましょう。まず，ひとつ目は…」

・『わるいにわとりとわにいるわ』みんなで音読。仮名ばかりで読みにくい児童もいる。丁寧に読む。

代わりに『下から読んでも同じ文』という言葉にしています。

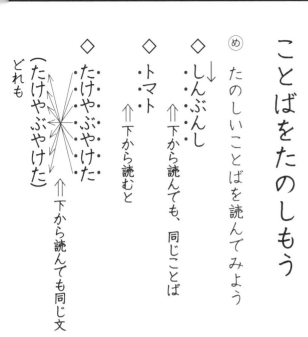

ことばをたのしもう

め たのしいことばを読んでみよう

◇
↓
しんぶんし
↑下から読んでも、同じことば

◇
・トマト
↑下から読むと

◇
・たけやぶやけた
・たけやぶやけた
（たけやぶやけた）
どれも
↑下から読んでも同じ文

🔍 主体的・対話的で深い学び

・児童が最も主体的な姿を見せるのは，言うまでもなくあそびの場面になる。『おにごっこ』『お絵かき』『基地づくり』と，そこには児童生来の意欲と想像力，創意が満ちている。もちろん，そこでの主体（主人公）は児童である。

・本単元の『回文』も，言葉『あそび』。まずは難しく考えないで，遊びのように「おもしろいな」と思えることを目指したい。また，児童がそう思えることが主体性の表れでもある。回文づくりに興味を持つ子が出てくれば，それが深い学びになる。

準備物

・黒板掲示用イラスト（**DVD** 収録【2下_21_01～03】）

---

3 読む 話し合う 「わるいにわとり…」の文を下からも読み，同じ文になることを確かめる。

「今度は，一文字ずつ指で押さえながら，下から読んで確かめてみましょう。」
　・（教科書の文字をおさえながら読み）やっぱり同じ文で，「わるいにわとりとわにいるわ」になります。
「黒板の字も下から押さえながら読んで，みんなで確かめましょう。」代表の子に1字ずつ押さえさせる。

この文も，『下から読んでも同じ文』だと確かめられました。ところで，この文の中にいたのは，どんな動物ですか。

ワニもいます。

悪いニワトリです。

悪いニワトリって何だろうな。

「この文は，こういう意味ですね。」
　　　と，『わるいニワトリと，ワニいるわ』と板書。
　・悪いニワトリがいるなんて，おもしろい文。

---

4 読む まとめ 『下から読んでも同じ文』を読む。書いて確かめる。

「ほかにも『下から読んでも同じ文』が4つあります。上から読んで，次に下からも読んでみましょう。」

『ぞうくんぱんくうぞ』下から読んでも同じ文だ。『ゾウくん，パン食うぞ』か。

下から読んでも『きんのはとはのんき』『金の鳩』って面白いな。

　『このライオン，おいらの子』などと音読させ，片仮名や漢字も使って板書すると，意味をとらえやすい。児童に書きに来させてもよい。『雁』や『舞い立った』などは，雁と『舞い立つ』様子を教師が説明する。
「この5つの文をノートに書き写して，上からと下からと，二通り読んでみましょう。」
「こんな言葉や文，作れるかな。」発展として呼びかける。
　　　5つの文を読んだ感想を述べ合い，まとめとする。

スーホの白い馬

全授業時間 14 時間

◉ 指 導 目 標 ◉

◎　文章を読んで，感じたことや分かったことを共有することができる。

○　身近なことを表す語句の量を増やすことができる。

○　場面の様子に着目して，登場人物の行動を具体的に想像することができる。

◉ 指 導 に あ た っ て ◉

①　教材について

「スーホの白い馬」は，「馬頭琴という楽器の由来を物語る」という形で，モンゴルの人々の間で伝えられてきたお話として書かれています。いわばモンゴルの民話です。

　物語では，2つのことがテーマ（主題）になっているといえます。一つは，モンゴルの貧しい少年スーホと，白い馬との強い心の結びつきです。とりわけ，白い馬の最期と，その死後まで心を寄せ合い，亡きがらを使って楽器を作ったスーホの気持ちと行動。もうひとつは，このスーホと白い馬のつながりを，モンゴルの人たちが馬頭琴とともに語り継いできた姿です。そこにはモンゴルの人々のくらしのあり方が関わっています。

　モンゴルの人たちは，牧草を求めて大草原を移動する遊牧を生業（なりわい）としています。そして，それに欠かせないのが馬です。馬がなくては人も生きていけません。人と馬との絆は，私たちが想像する以上に強いものがあるはずです。それが，「スーホの白い馬」の話に象徴されているのでしょう。だからこそ，「自分と馬とのつながりも，こうありたいもの」という人々の思いと重なって，語り継がれてきたといえます。

　大切な白い馬の骨や皮，筋を使って楽器を作るなど，児童にはちょっと想像できないかも知れません。くらしや風土の違いは，説明も必要なところです。しかし，「最愛の者の死」という悲しい出来事が描かれていながら，このお話を読んだ人は，国柄をこえて心を動かされます。起伏に富む話の流れとともに，心の真実が語られているからです。その感動を，「読んで，感じたことを伝え合おう」という学習につなぎます。

②　主体的・対話的で深い学びのために

　物語を読み，感想を伝え合う学習はこれまでにもしてきています。ここでも，まずはスーホ，白い馬，殿様など，人物の姿と出来事を語り手の目線に沿って見ていきます。読み進むにつれ「わたしは，ここに心を動かされた。それは，…」「こんなスーホを見て，わたしは，…」などと，児童もいろんな思い＝感想をもちます。それを語り合い，「○○くんは，そう思うのか」「ここは違うな」などと，新しい見方に気づいていくのが対話的な学びとなります。その交流が，単に「スーホはやさしい」「命は大切です」などと概念的なものにならないよう，文章をもとにして述べ合うことを指導します。

● 評価規準 ●

知識 及び 技能	身近なことを表す語句の量を増やしている。
思考力，判断力，表現力等	「読むこと」において，場面の様子に着目して，登場人物の行動を具体的に想像している。 「読むこと」において，文章を読んで感じたことや分かったことを共有している。
主体的に学習に取り組む態度	文章を読んで感じたことを積極的に共有し，学習の見通しを持って物語の感想を交流しようとしている。

● 学習指導計画　全14時間 ●

次	時	学習活動	指導上の留意点
1	1	・絵などから「スーホの白い馬」の話を想像する。範読を聞き，めあてと見通しをとらえる。	・教科書も参考にして，めあては「読んで，かんじたことをつたえ合おう」とする。
	2	・物語を各場面に分け，あらすじをつかむ。	・場面ごとの主な出来事を一文で表現する。
	3	・初めの感想を書き，読み合い交流する	・「心に残ったところ」を書き，比べ合う。
2		・場面ごとに人物のしたことや言ったことから，人物の様子をとらえ，思ったことを書いて話し合う。	・人物のしたことや言葉に線を引かせる。 ・各場面，基本的な読み取り（『何が』『どう』書かれていたか）の後，その場面で心に残ったことを書き，話し合わせる。 ・もとの文章や言葉から離れた発言や，話し合いにならないよう留意する。 　表現から離れた発言には『それはどこに書いてありますか』などと問い返す。 ・挿し絵も見させ，場面の様子やモンゴルの風土を想像させ，理解の助けとする。 ※馬頭琴は，画像などの活用も考える。 ※8時と9時などは，クラスにあわせて，1時間扱いにすることもできる。
	4	・前書きと（1）場面前半，スーホについて。	
	5	・（1）場面の後半，スーホと白馬の出会い。	
	6	・（2）場面，白馬がおおかみから羊を守る。	
	7	・（3）場面，スーホは競馬の大会に出て一等になるが，白馬は殿様に取り上げられてしまう。	
	8	・（4）場面，酒盛りの場で，白馬は殿様をふり落として逃げ出すが，家来たちに矢で射られる。	
	9	・（5）場面，スーホのところにもどり死ぬ白馬。	
	10	・（6）場面，スーホは夢の中で白馬から言われたとおり白馬の体で馬頭琴を作り，それを弾く。（結び）馬頭琴は，やがてモンゴルに広まった。	
	11・12	・ふり返り，心を動かされたことを書く。 ・書いた感想を読み合い，発表し交流する。	・感想の書き方は教科書の例を参考にさせる。発表を，自分のものと比べさせる。
3	13	・学習のまとめをして，読む本の紹介を聞く。	・「外国のお話」を読むことをすすめる。
		※ここに，児童それぞれが「外国のお話」を読み，それを紹介する文を書く期間を設ける。	
	14	・読んだ「外国のお話」の紹介をし合う。	・グループで読み合い，全体でも紹介する。

◆　13時と14時の間に，「外国のお話」を読む期間を設け，紹介文を書くという計画です。
　　この読書と紹介の交流については，他にもやり方があります。クラスに合わせて計画します。

DVD 収録（画像，イラスト，児童用ワークシート見本） ※本書 P256・257 に掲載しています。

スーホの白い馬　231

スーホの白い馬

第 1 時 （1/14）

本時の目標
「スーホの白い馬」の読み聞かせを聞き、「学習のめあて」をとらえることができる。

授業のポイント
物語との初対面を大切にする。それには範読がカギになるので、練習した上で聞かせるようにする。CDもあるが、やはり児童をよく知る教師の範読がよい。

本時の評価
「スーホの白い馬」の読み聞かせを聞き、「学習のめあて」をとらえることができている。

板書例

〈ところは〉
モンゴルの草原（広い）

〈人物は〉
スーホという少年と
白い馬

◇お話を聞いてみよう
かんじたこと　心にのこったことは？
←
かんじたこと　心をうごかされた
　　　　　　　＝

〈めあて〉
読んでかんじたことを
つたえ合おう

◇見通し（これからすること）
・ことばに気をつけて読む　←
・心をうごかされたところをつたえ合う

---

1 振り返る 話し合う　これまで読んできたお話を振り返る。

「これまでにもお話（物語）を読んできました。心に残っているお話には、どんなものがありますか。」
・「スイミー」です。　・わたしは、「お手紙」です。
・「わたしはおねえさん」がよかったです。

そのお話の、どんなところが心に残ったのでしょうか。

「スイミー」が「ぼくが目になろう」と言って大きな魚を追い出したところです。かっこいい。

わたしは、赤い魚たちが、みんなで一匹の魚になったところがいいなと思いました。海の景色も。

二人で「お手紙」を4日間も待つところ。

「同じお話でも心に残るところは人それぞれですね。」
【振り返りについて】
　児童は「今日は、何を教わるのだろう」などと、日々新しいことを学ぼうと授業にも臨んでいる。だから、児童の様子や気持ちに照らして、「振り返り」は省いてもよい。

---

2 読む 話し合う　『スーホの白い馬』は、どこの話なのか想像する。

「これから、みんなで読むのは、『スーホの白い馬』というお話です（題名を板書）。どんなお話なのでしょう。107ページの文と絵を見てみましょう。」
「4行（リード文）を読みましょう。」　斉読し一人読み。

日本のお話では、ありませんね。どこの国のお話でしょうか。また、出てくる人物は？

「モンゴル」って書いてあります。どこかなあ？

出てくるのは、「スーホ」という少年。名前も、日本の子の名前とは違います。

「白い馬」も出てきます。だから「スーホの白い馬」。

「モンゴルというのは、」地図を指し、場所を説明。
「絵は、モンゴルの風景をかいたものです。（P109も）」
・広い草原。ずーっと、広がっているのかなあ。
・白い動物は羊かな、まるいのは家かな。馬に乗った人もいる。　DVD収録画像も見せるとよい。

よいでしょう。

◇今まで読んだお話を思い出そう

※あとでここに世界地図を貼る。

スーホの白い馬

おおつか ゆうぞう

〈心にのこった〉こと
〈かんじた〉

・スイミー
・お手紙
・わたしは おねえさん
・ヌーチェの水おけ

・かっこいいな
・やさしいな
・ゆう気があるな
・がんばっているな
・たのしそう

主体的・対話的で深い学び

・単元のめあては、「読んで、感じたことを伝え合おう」となっている。この「伝え合おう」というめあて自体が「対話的な学び」という学び方を示している。それには、まず教材が、感動を「伝え合う」に値するものであることが前提になる。

・その点、この「スーホの白い馬」は、モンゴルだけでなく、国をこえて人の心に響く普遍性を持っている。つまり「対話的で深い学び」も、優れた教材があって初めて成り立つ。そして、「スーホの白い馬」はそれに応えてくれる教材だといえる。

準備物

・黒板掲示用世界地図 **DVD** 収録【2下_22_01】
・モンゴルの画像 **DVD** 収録【2下_22_02～05】

---

3 聞く 「スーホの白い馬」の読み聞かせを聞く。

・広さも、景色も家も、日本とずいぶん違うみたい。
「では、先生が、モンゴルの『スーホの白い馬』を読みます。どんなお話か、聞きましょう。」 範読

中国の北の方、モンゴルには、広い草原が…
読み聞かせる。

白い馬は、出てくるのかなあ。

羊飼いって、何をするんだろうなあ？

「聞いてみてどうでしたか。中山さんはどう思った？」
・白い馬がかわいそう。でも、とってもいいお話。
・よかったです。『かんどう』しました。
「感動とは、心が動かされたということです。どこに『かんどう』したのか、話し合いたいですね。」
　多くの児童が、一読して「いいお話」、関西言葉では「ええ話やなあ」という。この読後感を、めあての設定につなぎたい。

---

4 読む とらえる 『めあて』と『見通し』を読む。

「では、このお話を読んで、どんなことを勉強していくのか、確かめましょう。」
「107ページの『読む』の『めあて』を読みましょう。」
・『読んで、かんじたことをつたえ合おう』
・「いいなあ」と、思ったところを話し合うのかなあ。それなら言えそう。悲しい話だけど。

174ページの『がくしゅう』も、見ましょう。この『めあて』と、『見通し』としてすることが2つ書いてあります。読んでみましょう。

『読んで、心を動かされたところを伝え合う』って、『いいな』と思う、よかったところを書くのかな？

　学習の始めなので、児童は、まだこの『見通し』にも実感が持てずにいる。特に一つ目の『登場人物の様子が・・・気をつけましょう』とは、何のことか分からない。だから、深くは話し合わずに、文章を読んでいく段階で改めて伝えるようにする。

スーホの白い馬 233

スーホの白い馬
第 ② 時 (2/14)

本時の目標

「スーホの白い馬」を各場面に分け，場所，登場人物，様子や出来事など，お話の筋をつかむことができる。

授業のポイント

音読の機会を多く取り入れる。場面分けや，場面ごとの内容や出来事のまとめは，発言をもとにして，教師が効率よく文として示すとよい。

本時の評価

「スーホの白い馬」を場面に分け，場所，登場人物，様子や出来事など，お話のあらすじをつかむことができている。

〈場面分け〉場面の分け方については，ここでは，教科書の『がくしゅう』ページの，『お話のじゅん

板書例

・馬頭琴というがっき

いったいどうしてできたのか ←（それには）

こんな話が ← （こんな話が）

◇ばめんを分けて　あらすじをつかもう

馬頭琴
うま（の）あたま（の）こと

※

ばめん（できごと など）	0	(1)前	(1)あと	(2)	(3)	(4)	(5)	(6)	(7)
	（はじめ）モンゴルのようす・馬頭琴とは？	スーホはまずしいひつじかいの少年。	スーホが白い馬の子をつれ帰り、そだてる。	白馬はおおかみとたたかいひつじを守る。	けい馬の大会で白馬をとりあげられる。	白馬はにげ、スーホのもとへむかう。	スーホのもとで白馬はしぬ。	スーホは白馬の体から馬頭琴を作る。	（むすび）馬頭琴はモンゴルの人たちに広まる。

※この表は模造紙などに書き，残しておく。　　　　※馬頭琴のイラストを貼る。

1 読む　みんなで，声に出して通読する。

「『スーホの白い馬』とは，どんなお話だったか，覚えていますか。出てきた人や出来事など。」

・最後に，白い馬が死んでしまうお話でした。
・スーホが馬頭琴を作るお話でした。

『スーホの白い馬』，今日は，まず声を出してうまく読めるようになりましょう。そして，どんなお話なのか，話し合ってみましょう。はじめは，先生といっしょに音読しましょう。

『中国の北の方，モンゴルには，広い草原が…』

　　　新出漢字は，前もって教えておく。教師は児童の様子を見ながらゆっくり目に読みすすめ，読むペースをリードする。指でなぞらせながら読ませるなど，児童に応じた手だてもとる。10分から12，3分かかる。途中で休みを入れてもよい。
　　　その後，今度は児童それぞれが，自分のペースで音読する。

2 読む・話し合う　場面に分け，いつ，どこ，だれが何を，について読み，話し合う。

「いつ，どこで，だれが，どんなことをしたのか，あったのか，お話を分けて読んでふり返りましょう。」
「まず，108ページを読みましょう。」　斉読

どこのお話なのでしょう。そこは，どのようなところなのでしょうか。また，だいじなものも出てきました。

ところは，中国の北，モンゴルというところです。

広い草原が広がっています。（様子）

人々は，羊や牛や馬を飼って，暮らしています。（くらし）

モンゴルには，馬頭琴という楽器もあります。

「ここは（はじめ），または（0）としておきましょう。」
　　　話の「前書き」に当たるところで，「場面」とは別にする。
「続きを読みましょう。」P110〜P110L10 斉読
「出てくる人物について，分かりましたね。」
・スーホ，おばあさん，スーホは羊飼いです。
「この場面を，（1）としましょう。」（1）と書き込ませる。

主体的・対話的で深い学び

・「○○を学びたい」という主体性は，児童に自然に備わっているのではない。まずは何かを学ぶことによって，関心を持ち意欲も出てくるものである。いきなり「何を」「どう」学ぶのかを児童に委ねても，戸惑うだけで意欲もなくしてしまう。

・ここでも，まずは教師とともに読みすすめ「スーホの白い馬」とは，こういうお話だということをとらえさせる。そうして初めて，感想も持てるようになる。このように，単元のはじめには，主体的な学びに向けての基礎を作る学習をする。

準備物

・モンゴルの画像（第1時使用のもの）
・馬頭琴イラスト DVD 収録【2下_22_06】
・模造紙

【板書（縦書き）】

スーホの白い馬　おおつか ゆうぞう

（め）
・ばめんを分けて、あらすじをつかもう
・正しく音読できることをめざそう

◇前書き＝（はじめ）を読もう
（0）

・中国の北の方 モンゴル には
広い草原が

モンゴルとは
どこ
どんなところ

・人たちは…むかしから
ひつじや牛や
馬などをかって

くらしは
草を食べさせるしごと
（たびをして）

---

3 読む 話し合う　場面ごとの出来事をとらえる。

「次の場面を，読みましょう。（P110L11 ～ P112L6）」

この場面を（2）としましょう。どんな出来事がありましたか。『だれが』，『何を』したのでしょう。

スーホが，白い子馬を見つけて，持って帰った。

スーホが白い子馬をひろってきて，育てました。

「次は（3）の場面です。（P112L7 ～ P113L10）文の上に（3）と書いて，みんなで音読しましょう。」斉読

「どんな出来事があり，だれが，何をしましたか。」
・白い馬が，オオカミと戦って，スーホのだいじな羊を守りました。

「次は（4）の場面です。音読して，だいじな出来事をまとめましょう。」　斉読か，または黙読など。

このように，教師が主導して場面を分け，各場面の主な内容や出来事を一行くらいの文でまとめていく。内容を詳しく読みとることが目的ではないので，効率よくすすめる。（板書）

---

4 まとめ 読む　様子や出来事をふり返り，音読する。

ここでは，場面を次のように分けている。他の分け方もある。

【場面分けと おもな出来事】※P124「学習」下欄①～⑥参照

場面	冒頭	主な内容・出来事
はじめ 0	P108L1 ～	紹介　モンゴルの国と馬頭琴
（1）	P110L1 ～	スーホは，貧しい羊飼いの少年。
	P110L11	スーホが白い馬を連れ帰り，育てる。
（2）	P110L1 ～	白馬がおおかみと戦い，羊を守る。
（3）	P110L1 ～	競馬の大会に出て，白馬がとられる。
（4）	P110L1 ～	白馬は逃げ，スーホのもとに向かう。
（5）	P110L1 ～	スーホのもとで白馬が死ぬ。
（6）	P110L1 ～	スーホはその骨や皮で馬頭琴を作る。
結び （7）	P110L1 ～	馬頭琴は，モンゴルの人々に広まる。

「黒板に，場面ごとの出来事をまとめています。この文を読んで，お話の筋を振り返りましょう。」読む

「今日は，お話のあらすじを話し合ってまとめました。こんどは，はじめから音読して振り返りましょう。」

スーホの白い馬
第 3 時 (3/14)

本時の目標
はじめの感想を書いて読み，自分と比べながら，聞き合うことができる。

授業のポイント
「どこに心を引かれたのか」，それをお互いに知り合うのが初めの感想の趣旨。あまり重く考えさせず，初めの印象や思いを素直に表現させ，交流につなぐ。

本時の評価
はじめの感想を書いて読み，自分の感想とも比べながら，聞き合うことができている。

板書例

〈感想文〉読んで最初に書く感想です。短くてもよいことを伝えましょう。

〈書き方のれい〉

① ①いちばん心にのこったところは
　（　　　　　　）というところです。
　②それは、（わけ、思ったこと　　）

② ①わたしは、（　　）が
　　　心にのこりました。
　②それは、（わけ、思ったこと　　）

◇友だちのかんそうを知り合おう
・グループで　　自分のかんそうと
・ぜん体で　　　くらべながら
　　　　　　　　よかったところは？

・・・　※

※児童の発言を板書する。

---

1 めあて 読む
初めの感想を書くというめあてを聞き，場面ごとに音読する。

「『スーホの白い馬』，どんなお話か分かりました。今日は，心に残ったことを書き，読み合いましょう。」

「まず，はじめから読み返しましょう。『ここが特によかった』『ここは，わたしはこう思う』など，『いいなあ』と思うところを見つけてみましょう。」

　場面分けもしているので，場面ごとに列やグループで交代して読むなど，目先を変えた多様な音読ができる。あわせて，姿勢や間の取り方など音読の基本も教える機会とする。

では，場面ごとに交代して読みましょう。はじめのところ（前書き）は，佐々木さんの列に読んでもらいましょう。では，立ってください。

『スーホの白い馬』，『大塚勇三…中国の北の方，モンゴルには，広い草原が広がって…』

　単元の始めには音読も多く取り入れる。『まるごと授業国語上巻』P21の『2年「音読」～会話文を工夫させる（岡　篤）』も参考に。

---

2 話し合う 書く
思ったことを話し合い，初めの感想を書く。

「読んで，お話をふり返ることができましたね。」
　感想を書く前に少し話し合い，書く助走とする。簡潔に。

読み返してみて，強く心に残ったところや，『いいなあ』と思ったところはどこでしたか。また，そこを読んでどう思いましたか。

白い馬が，矢を受けて死にそうになりながらスーホのところへ帰ってきたところです。私は，何としても帰りたかったんだなあ，と思いました。

スーホが殿様に言った「馬を売りに来たのではありません。」という言葉が，心に残りました。白い馬をだれにも渡さないというスーホの気持ちが，伝わりました。

「こんなふうに，読んで心に残ったところ，思ったこと，またそのわけをノートに書きましょう。」

スーホの白い馬　おおつか　ゆうぞう

め
・はじめのかんそうを書いて、知り合おう
・音読の上たつを目ざそう

〈読んで〉
◇心にのこったこと、ところ
　「よかった」「いいな」
　「かんどう」した
　ところを
◇書いてみよう

🔍 主体的・対話的で深い学び

・感想を書くということ自体が、主体的な活動であり、作品との対話である。しかし、ここで、なかなか書けないという児童も出てくる。それには、いろんな要因があろうが、一つには、まだ相手（つまり作品）のことが見えていないことがある。

・一読して「分かった」「書ける」という児童は、そう多くない。ある程度の感想が書けるには、それだけの読みが必要でもある。多くの児童は、幾度か読んで頭に入り「やっぱり、ここがいいな。それは…」などと、初めの感想も書けるようになる。

準備物

・原稿用紙 **DVD** 収録【2下_22_07】

3 書く　心に残ったところ，思ったことを感想として書く。

「次のような書き出しで、書いてもよいでしょう。」
　　書き出しにくい児童には、下のような、「書き方」の例を示して書かせるのもよい。

【　感想の書き方の例　】

① 『いちばん心に残ったところ（心を動かされたところ）は、〔場面や出来事を書く〕というところです。
　それは〔そのわけや思ったことを書く〕』

② 『わたしは、〔心に残った場面や出来事〕が心に残りました。それは、〔そのわけやそのことで思ったことを書く〕』

　見て回り、書きにくい児童には「どこがよかった？」などと、話させたり、いいところをほめたりして個別の指導をする。
　また、例として2、3人指名し、読ませるのもよい。
「山下さんの書いている感想を聞いてみましょう。」

・わたしは、スーホだけでなくまわりの羊飼いも優しいなあと思いました。それは、…

4 読み合う　聞き合う　書いた感想を読み合い聞き合う。

「では、書いた感想を読み、聞き合いましょう。」
「友だちが書いた「心に残ったところ」は、自分と同じでしょうか。聞いて比べてみましょう。」
　　まず、グループで読み合い、聞き合う。
「グループで聞いた中で、みんなの前でも読んでほしい感想はありましたか。1グループでは、だれでしょうか。」　指名させる。また、教師も指名する。

では、みんなの前で、読んでください。まず、大前さん。

私が心に残ったのは、スーホが、死んだ白い馬の骨や皮で、馬頭琴を作ったところです。初めは『えっ』とびっくりしました。でも、スーホはその馬頭琴を白い馬だと思いたかったのだなあと思いました。

「同じところを書いた人は？手を挙げて…（挙手）○人いますね。では、初めから音読しましょう。」
　　時間に応じて、音読で今日のまとめとする。

本時の目標

前書きと（1）の場面の前半を読み，モンゴルでくらすスーホとその暮らしの様子を読みとる。

授業のポイント

「草原に連れて行く」など，児童にはその意味や様子も想像しにくい。日本のくらしと異なるところは，説明や画像などでも補うようにする。

本時の評価

前書きと（1）の場面の前半を読み，モンゴルでくらすスーホとそのくらしの様子を読みとることができている。

〈読み取り〉前書きの部分（P108）と（1の前半の場面）（P110〜P112の6行目まで）を読み，

板書例

スーホという…少年がいました。

（どんな人）・まずしいひつじかいの少年
↓
ひつじは、二十頭あまり（少ない）

※

（家ぞくは）・おばあさんと二人きり（少ない）
父母兄弟は？

（しごとは）・朝早くおきてごはんのしたく
・ひつじをおって→草原に
（草を食べさせる）→もどる

（そのほか）・とても歌がうまい 美しい声
・「歌ってくれよ」たのまれて

⇒

◇こんなスーホ、スーホのくらしを見て
思ったこと かんじたことを 書こう

※スーホのイラストを貼る。

1 読む 話し合う　前書きの部分を読み，お話全体の前置きであることを話し合う。

「今日から，スーホのしたことや様子，またどんな出来事があったのか，場面ごとにていねいに読んでいきます。初めは，前書き（0）のところ（P108）を読み，分かったことを話し合いましょう。」

「みんなで音読しましょう。」　その後指名読みなど。

「ここを読んでこんなことが分かった，というところに線を引きましょう。」

では，どんなことが分かったのか，発表しましょう。

モンゴル（という国）のことが分かります。中国の北の方にあり，草原の国です。日本とは違います。

人々は，羊や牛，馬を飼って暮らしています。

このモンゴルに馬頭琴という楽器があります。

「スーホは，出てきましたか。」

・まだ出てきていません。もっとあとで出てきます。
「羊や牛を飼って…くらして」の様子や意味は，説明が必要。

2 読む　前書きの役割を話し合い，『こんな話』の（1）場面を読む。

「『それには，』の『それ』とは，何のことですか。」

・『どうして，こういう楽器ができたのか』です。
・馬頭琴ができた『そのわけには』ということ。

「では，『こんな話』は，どこに書いてあるのですか。」

・このあとに書いてあります。

「つまり，この前書き（0）は『これから馬頭琴の，こんなお話をしますよ』という初めの説明なのですね。」

「では，『こんな話』が書いてある，始まりの（1〔前半〕）の場面を読みましょう。」

まず、自分で音読しましょう。（一人音読）安井さんの列の人，立ちましょう。音読しましょう。

『むかし、モンゴルの草原に、スーホという、まずしいひつじかいの少年が…』

音読に適した，語り口調の文章である。上手な音読をほめる。

お話の前提となるモンゴルの様子やスーホのくらしぶりをとらえます。

スーホの白い馬　おおつか　ゆうぞう

め（はじめ）と（一）のばめんを読み、スーホと
スーホのくらしのようすをそうぞうしよう

◇〇（はじめ）を読んで
モンゴルは…大草原の国
・人びとのくらしは、
ひつじや牛、馬をそだてる（しごと）
・馬頭琴がある

◇（1）（前）を読んで
「むかし、モンゴルの草原に、

・場面ごとの読みでは，まず「何が」書かれているのかを読む。ここ
では，モンゴルの風土とくらし（遊牧）全体，馬頭琴のことが，語
り手の視点で語られている。次に（1）の場面で，（アップで）近
づいて見たスーホの暮らしぶりが語られる。ここで，スーホとは
…が，かなりはっきりしてくる。ここまでは，みんなで確かめ合
って読みすすめる。次に，そのようなスーホを自分はどう見たの
か，どう思ったのかを，語り手の視点で見て書き，話し合う。これ
が対話であり交流となる。

準備物
・黒板掲示用世界地図・モンゴルの画像（第1時使用のもの）
・黒板掲示用イラスト **DVD** 収録【2下_22_08～09】
・モンゴルの歌（民謡）や馬頭琴の演奏のCDも出ている。
　聞かせてもよい。

---

3 読む 話し合う　スーホの人物について読み，話し合う。

「（1）の場面を読むと，主にだれのことが書かれていました
か。」
　・スーホのことです。お話の主人公。10歳くらいかな。
「では，スーホについて『スーホは，こんな人（少年）だ』と，
分かるところに線を引きましょう。」
　　　ノートに書かせてもよい。

発表しましょう。　グループで話し合ってもよい。

モンゴルの草原に，暮らして
います。（どこで）

まずしい羊飼い
の少年です。羊
は20頭あまり。
（少ない）

おばあさんと二
人で暮らしてい
ます。お父さん
やお母さん，兄
弟は，いないみ
たいです。（家族）

だから，早く起きてご飯
も作ります。（家事）朝ご
飯の後，羊を追って草原
に行きます。（仕事）

それから，歌がとても上手
です。たのまれるくらい。

分からないことは，近くの児童どうしで相談させてよい。

---

4 話し合う 書く　文章をもとに，スーホについて
話し合い感想を書く。

「分からなかったことは，ありませんか。」
　・「羊を飼う」って，飼って何をするのですか？
　　　牧畜（毛や乳，肉を得る仕事）の説明をする。ペットでは
　ない。
　・草原に追って行くのは，草を食べさせるため？
　・広い草原，一人で羊の番をするのはたいへんそう。
「スーホはどんな少年なのか（スーホ像），くらしの様子も
　分かってきました。こんなスーホを見てみなさんはどう
　思いましたか。思ったことを書きましょう。」

発表しましょう。

スーホは，貧しいけれど，元気な子。
家の仕事も羊を飼う仕事も『大人に負
けないくらい』だからきっと，おばあ
さんにも，他の羊飼いにも好かれてい
ると思う。

おばあさんと二人ぐらし
でたいへん。でも，働き者。
歌を歌うのが好きなのがい
いなあと，思いました。

「『前書き』と（1）の場面を音読しましょう。」

スーホの白い馬
第 5 時 (5/14)

本時の目標
スーホが，白い馬の子を見つけて連れ帰ったという白馬との出会いと，その様子を読みとる。

授業のポイント
多様な形での音読も取り入れ，向上を目指すとともに，出会いの様子やスーホについては，文をもとに発言させるようにする。

本時の評価
スーホが，白い馬の子を見つけて連れ帰ったという白馬との出会いと，その様子を読みとっている。

〈音読〉スーホと白い馬が初めて出会う（1）の後半の場面（P110L11～P112L6）を読みます。

板書例

〈このようなスーホや白馬を見て〉
思ったこと　かんじたことは？

⇒

◇日は一日一日とすぎて…
スーホは
「心をこめて」せわを
白馬は　すくすくとそだち
だれでも見とれるほどに
「すごい」「きれい」「かっこいい」

◇日は一日一日とすぎて…

にこにこして
（つれ帰った）わけを

（ おばあさん
　ひつじかいたち ）しんぱいして

スーホが帰ってくる

何か（白いもの）をだいて
＝
生まれたばかりの
小さな馬

※該当場面のイラストを貼る。

---

1 振り返る 読む　スーホについて，音読で振り返る。（1）の後半場面を読む。

「スーホはどんな少年だったのか，『一行』で言うと…」
・貧しい羊飼いの少年。モンゴルの羊飼いの少年。
・働き者の，羊飼いの少年。
「では，初めの『前書き』から（1）の前半の場面を，音読で振り返りましょう。」音読
「スーホは，貧しいけれどよく働く羊飼いの少年でした。今日は，次の（後半）場面を読みましょう。」
・白い馬が出てくるところです。楽しみ。

（1）に続いて，（1の後）の場面を読みましょう。

『ある日のことでした。日は，もう遠い山の向こうにしずみ，あたりは，ぐんぐんくらくなってくるのに，スーホが帰ってきません。おばあさんは，しんぱいに…

「初めの二行を読むと，いつのことですか。」
・『ある日』の『暗くなって』きたころ。夕方です。

2 話し合う　白い子馬を連れて帰ってきたときのスーホの様子を読み，話し合う。

「そのとき，どんなことがあったのですか。」
・スーホが，帰ってこなかった。
・それで，おばあさんが心配しました。
・近くの羊飼いたちも，さわぎ始めました。
「どんなことを言ったり，したりしたと思いますか。」
・『何かあったのかなあ』『探しに行こうか』と。
「そうしていると，スーホは…」
・帰ってきました。『白いものを抱きかかえて』。
「『白いもの』とは何のことですか。文中の言葉では？」
・『生まれたばかりの，小さな白い馬』のことです。

帰ってきたときの，スーホの様子や言ったことが書いてあるところに線を引き，発表しましょう。

スーホは，『にこにこしながら』わけを話した。なぜ遅れたのか，そのわけです。何かうれしそう。

言ったことは，『帰る途中で，子馬を見つけ…それで，連れてきたんだよ。』と，説明しました。

ゆとりがあるなら，多様な形での音読もとり入れるとよいでしょう。

スーホの白い馬　おおつか ゆうぞう

め（1）のあとのばめんを読み、白馬がスーホに
　　　ひろわれたときのようすをそうぞうしよう

〈スーホは〉
　まずしい（けれど）
　よくはたらく　　少年

（1）ある日のことでした。

◇どんなできごとが？
　（いつ）くらくなって…夕方
　（何が）スーホが帰ってこない

※スーホのイラストを貼る。

🔍 主体的・対話的で深い学び

・お話〔物語〕は，作者が語るのではなく，作者が語り手に，語り手の視点で語らせている。だから，この場面でも「何か白いものを」の「白いもの」とは，当然「白馬」のことだが，「語り手から」見ると，それは夕闇の中で「白いもの」に見えた，という語り方になる。このような「白いもの」などという表現のしかたがあることも，教えておくとよい。そして，言葉の意味を正しくとらえた上で，児童の思いを書かせることが，主体的で深い学びとなる。

準備物

・黒板掲示用イラスト（教科書 P111挿絵コピーもしくは DVD 収録【2下_22_10】）

---

3 話し合う　スーホの言葉をもとに，白い子馬との出会いを読み，話し合う。

「さし絵も見てみましょう。何をしているのかな。」
　・スーホが，おばあさんやみんなに，見つけた白い子馬を見せて説明している顔。うれしそうな顔です。
「スーホの言葉を，読んでみましょう。」指名読みも。

スーホの話したことから，したことや考えたことはどんなことなのか，あった順に分けて言うと。まず？

帰る途中で子馬を見つけました。

子馬は，地面に倒れてもがいていました。

持ち主も，お母さん馬もいなかった。

ほうっておくと，オオカミに食われるかも知れない。

それで〔わけ〕，つれて帰ってきた。

「もし，子馬をそのままにしておいたら？」
　・立てないみたいだから，オオカミに食われたかも。
　・だから，白い馬は，スーホが助けたと思います。

---

4 読む 書く　その後のスーホのしたことと子馬の様子を読み，話し合う。

「その後，スーホと白い馬はどうなったのか，読みましょう。（『日は，一日一日と…』から音読）スーホのしたこと，子馬の様子はどう書いてありましたか。」
　・スーホは，『心をこめて』世話をしました。
「『心をこめて』とはどんなことをしたと思いますか。」
　・声をかけて，洗って，運動もさせて。説明でも補う
「子馬は，どうなりましたか？」
　・すくすくと成長して『見とれるほど』になりました。

こんなスーホや子馬の様子を見て，どう思いましたか。思ったことを書きましょう。

発表し聞き合う。

私は，この白馬は，スーホが初めて持てた『自分の馬』のように思います。だから，すごくうれしかった。

ぼくも，犬を飼っています。散歩とか世話をしていると，犬のことが可愛くなります。スーホも，同じだと思います。

「この場面をもう一度読んで，ふり返りましょう。」

スーホの白い馬

第6時 (6/14)

本時の目標
おおかみから羊を守った白馬と，その白馬に話しかけるスーホの様子を読みとる。

授業のポイント
スーホのためにおおかみを防ごうとした白馬，そして白馬に一層心を寄せるようになるスーホ，言葉と行動から，さらに強くなった二人の結びつきをとらえさせる。

本時の評価
おおかみから羊を守った白馬と，その白馬に話しかけるスーホの様子を読みとっている。

板書例

〈このばめんのスーホと白馬を見て〉
思ったこと　かんじたことを書こう

⇒

「ぼくは，おまえといっしょだよ」

（なでながら　兄弟に言うように）

◇スーホは「ありがとう」

⇒（守ってくれて）

[スーホのひつじを守る]

そして
◇白馬は（たたかって）
体中あせびっしょり

スーホは
はっと目をさまし
はねおきると
とび出し，かけつけ

---

1 読む　『あるばん』何があったのか，（2）の場面を読む。

「スーホが育てた白馬，そしてスーホはその後どうなっていくのか，続きを読みましょう。（2）の場面を，音読しましょう。」　一人読み，斉読

「いつのことですか。文章の言葉で言うと？」
・『あるばんのこと』です。いつかは分からない。

その『あるばん』に，どんな出来事があったのですか。『何がどうした』と，一つの文で言ってみましょう。

おおかみが，羊をおそってきました。

白い馬が，おおかみ（の攻撃）をふせぎました。

「初めの6行（…ふせいでいました。まで）を読み，ある晩のできごとを順に，まとめましょう。」音読

　　ここで，次の言葉をとりあげ意味を教える。『けたたましい』『はね起きる』（起きると比べて）『囲い』『立ちふさがる』など。

「スーホと白馬のしたことに，線を引きましょう。」

---

2 読む　話し合う　おおかみがおそってきたときのスーホと白馬の様子を読みとる。

『二人』のしたことを，できごとの順に発表しましょう。

眠っていたスーホは，はっと目を覚ました。馬の鳴き声と羊のさわぎが聞こえた。

若い白馬が，おおかみの前でふせいでいた。

はね起きて，羊のところにかけつけた。大きなおおかみが羊にとびかかろうとしていた。

「この出来事（事件）があったときの二人の様子は，どの言葉から分かりますか。まず，スーホは？」
・『跳ね起きて』『とび出し』『かけつけた』から，急いでいる様子，「たいへん」という気持ちかなあ。
・白馬は，おおかみの前に『立ちふさがって』『ひっしに』ふせいでいました。何とか羊を守ろうとして。

「そのあとを読みましょう。白馬の様子とスーホのしたことが書いてあります。」
・『スーホは，おおかみをおいはらって…』斉読

P113L10）を読みます。

スーホの白い馬　おおつか　ゆうぞう

め　スーホのひつじをおおかみから守った白馬と
スーホのようすをそうぞうしよう

(2)
（いつ）あるばんのこと
（何が）おおかみが
（スーホの）ひつじを　おそってきた

大きな
おおかみが

わかい
白馬が　立ちふさがって　ひっしに

おい
はらう

ひつじたちを

※該当場面のイラストを貼る。

🔍 主体的・対話的で深い学び

・物語を読むときには，文章から読みとれることと，そこから読み手が考えを広げ，想像することとがあり，それは区別する。

・本時の場面なら，まず「立ちはだかって」「汗びっしょり」などの表現に目を向けさせ，その言葉から白馬が長い時間，必死で戦ったことを読みとらせる。一方，「何のために」という白馬の気持ちは書かれていない。そこからは読み手が考え想像することであり，「白馬の気持ち」とは別ものである。その想像が主体的な読みであり，その交流が対話的な学びになる。

準備物

・黒板掲示用イラスト（教科書P113挿絵コピーもしくは DVD 収録【2下_22_11】）

---

3 読む・話し合う　おおかみを追いはらったあとのスーホの行動と白馬の様子を読む。

「スーホのしたこと，白馬の様子が分かるところに線を引きましょう。」　そのあと，話し合う。

スーホがしたことは，何でしたか。また思ったことは？

まず『おおかみを追いはらい』ました。おおかみは，人間には弱いのかな。

そのあと，白馬の体をなでています。そして，白馬に話しかけています。

次に『白馬のそばにかけ寄りました』白馬のことを心配したのだと思います。けがはないかとか。

「白馬の様子で分かったことは，どんなことですか。」
・『体中あせびっしょりでした』それだけおおかみと必死に戦ったことが分かります。『汗まみれ』です。
「そして，そんな白馬にスーホはどう言いましたか，言った言葉を読みましょう。」　指名読みか，斉読
・『よくやってくれたね，…ありがとう。…』と音読

---

4 読む・書く　スーホと白馬の思いを想像し，思ったことを書いて話し合う。

「このスーホの『ありがとう』は，どんなことにありがとうと言っているのでしょうか。」
・羊を守ろうとして，必死に戦ってくれたことです。
「白馬が戦ったのは，羊のため？　スーホのため？」
・羊を守り，スーホに喜んでほしかったと思います。
　　　スーホにとって羊とは，一家の生計のもとだと気づかせる。

この『ありがとう』の他に，スーホの，白馬への気持ちが表れているところはないでしょうか。

『兄弟に言うように』のところです。馬とは思っていない，もう，人間みたいです。

『これから先，どんなときでも，…いっしょだよ』という言葉です。さびしいときの友達みたい。

「この場面を読んで心に残ったことを書きましょう。」
　　　書いて話し合う。最後に指名読みなど，この場面を音読。

スーホの白い馬
第 7 時 (7/14)

本時の目標
競馬の大会に出たスーホが、殿様に白馬を取り上げられた様子を読みとる。

授業のポイント
『のり手』『殿様』『家来』『ものども』『治める』、また『逆らう』などの言葉の意味は説明で補う。特に『殿様』『治める』などは、うまく説明する必要がある。

本時の評価
競馬の大会に出たスーホが、殿様に白馬を取り上げられた様子を読みとっている。

板書例

〈読み取り〉スーホと白馬は競馬の大会に出たものの、白馬を殿様にとり上げられるという（3）の

（ところが）⇔

とのさまは、「ぎんかを三まいくれてやる」「白馬をおいて帰れ」

「馬を売りに来たのではありません」

スーホ

「わしにさからうのか」「うちのめせ」

〈スーホは〉気をうしなって　やっとうちまできずはやっとなおって

（それでも）白馬をとられたかなしみは…「白馬は、どうしているだろうか」

〈このスーホやとのさまを見て〉思ったこと　かんじたことを書こう

⇒

※該当場面のイラストを貼る。

1 読む 話し合う （3）の競馬の大会の場面を読み、出来事をまとめる。

「前の場面の、最後の1行を読みましょう。」
・『月日は、とぶようにすぎていきました。』斉読
「そして、（3）の競馬の大会の場面になります。そこで何があったのか、スーホや白馬は何をしたのかを読んでいきます。音読しましょう。」まず一人読み
・（次に、みんなで）『ある年の春、草原一帯に、…』
『殿様』『治める』『競馬』などの言葉は、その都度説明する。
「まず初めの方、115ページ2行目の『さけびました』までを読んで、あったことを確かめましょう。」

 ある年の春、競馬の大会がありましたね。それは、どこで、だれが開いて、スーホはどうしたのですか。

（どこ）町で開かれます。多分殿様のいるところです。

（だれ）大会は殿様が開きます。あたりに知らせました。

勧められて、スーホも白馬に乗って競馬に出ました。そして、スーホと白馬が1等になりました。

2 読む 話し合う スーホから白馬を取りあげようとする殿様の姿を読む。

「殿様が、競馬（馬の競走）の大会を開いたのは、何のためだと思いますか。楽しむためかな？それとも？」
児童のいろんな考えを出させてよいが、短時間で。
「この競馬の『知らせ』のとおりなら、（1等になった）スーホはどうなるはずでしたか。」
・殿様の娘と結婚するはず。
「『ところが』となりました。続いてスーホや殿様のしたこと、言ったことを読みましょう。」音読する。
『銀貨』『くれてやる』『殿様』の力、については説明する。

まず、115ページまでの殿様のしたこと、言ったことと、スーホの言ったことに線を引きましょう。殿様は、スーホにどう言いましたか。

事実を押さえる。

『銀貨を3枚くれてやる。その白い馬をここにおいて、さっさと帰れ。』と言いました。むちゃくちゃです。

 『知らせ』のとおりには、しませんでした。

244

場面（P113 L11からP117L5まで）を読みます。

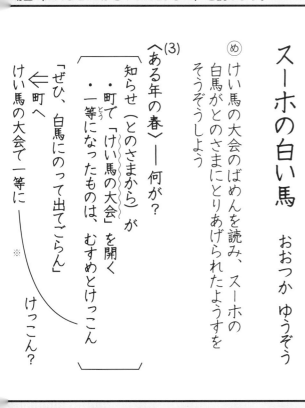

スーホの白い馬　おおつか ゆうぞう

め けい馬の大会のばめんを読み、スーホの白馬がとのさまにとりあげられたようすをそうぞうしよう

(3)
〈ある年の春〉――何が？
・町で「けい馬の大会」を開く
・一等になったものは、むすめとけっこん

知らせ（とのさまから）が

「ぜひ、白馬にのって出てごらん」

→町へ
けい馬の大会で一等に――けっこん？
※

主体的・対話的で深い学び

・この場面で児童は，約束を破る殿様の理不尽さ横暴さを見て，スーホと同じように腹をたてる。一方，この殿様の横暴さは，『優秀な馬（駿馬）』への執着から来ている。良い馬は，その持ち主を娘と結婚させるくらいの価値があることもわかる。

・草原の国モンゴルでは，何をするにも馬が相棒。馬がいかに大切なものなのかを，お話として伝えるのもよい。児童には難しさもあるが，見方を広げる上で，また白馬に寄せるスーホの思いを考える上で，深い学びにもつながるだろう。

準備物

・黒板掲示用イラスト（教科書P115，116挿絵コピーもしくは 📀 収録【2下_22_12～14】）

---

3 読む 話し合う　殿様に言い返したスーホの姿を読み，話し合う。

「殿様が，『知らせ』のようにしなかったのは，どうしてだと思いますか。文章から考えましょう。」
・スーホが『貧しい身なりの羊飼い』だったから。
・それで，娘のむこ（夫）にしたくないと思った。
・でも，いい馬はほしいから銀貨で買おうとした。

そのときの、スーホの様子と言ったことは？何と言ったのか、116ページを読みましょう。

『かっとなって』殿様に『言い返しました。』怒った。

『私は競馬に来たのです。馬を売りに来たのではありません』と言いました。

兄弟のような白馬なのに、と腹が立ったと思う。

「挿し絵を見ましょう。だれが何をしているのかな。」
「殿様はそのあと，『こいつを打ちのめせ』と言いました。何（どんなこと）に腹を立てたと思いますか。」
・殿様のわしに，『羊飼い』が逆らったことに怒った。

---

4 読む 書く・交流　家に帰っても白馬を気遣うスーホの姿を読み，感想を書く。

「ここで，スーホがつらかったのはどんなこと？」
・なぐられたことと，白馬を取り上げられたことです。
「どちらだと思いますか？　では，この場面とその後のことが書いてあるところを読みましょう。」音読
「スーホは，なぐられたあと，どうなりましたか。」
・気を失い友だちに助けられて，うちへ帰りました。

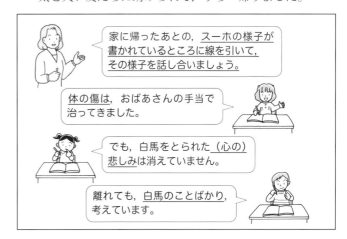

家に帰ったあとの、スーホの様子が書かれているところに線を引いて、その様子を話し合いましょう。

体の傷は、おばあさんの手当で治ってきました。

でも、白馬をとられた（心の）悲しみは消えていません。

離れても、白馬のことばかり、考えています。

体の傷は治っても，『心の傷』は癒えないスーホとまとめる。
「この場面を読んで，心に残ったことを書きましょう。」
スーホや殿様について，書いたことを交流する。
「もう一度，この，（3）の場面を音読しましょう。」

スーホの白い馬

第 8 時 (8/14)

本時の目標
白馬が殿様をふり落とし，殿様のところから逃げ出した様子を読みとる。

授業のポイント
一つの山場といえる動きのある場面。随所で音読も取り入れ，その迫力を児童なりに表現させたい。教師も範読として読み聞かせるとよい。

本時の評価
白馬が殿様をふり落とし，殿様のところから逃げ出した様子を読みとっている。

〈時間の配分〉効率よくすすめるなら，本時の（4）の場面は，白馬が息絶える次の（5）の場面

板書例

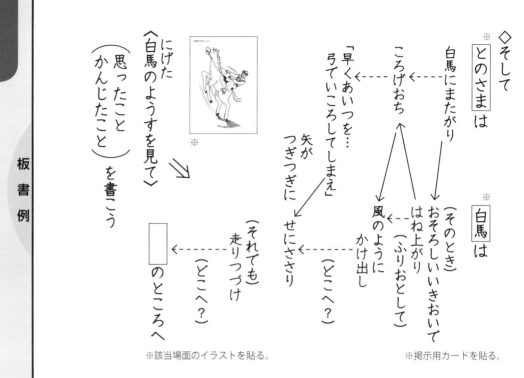

◇そして
※とのさま は
白馬にまたがり
（そのとき）
おそろしいいきおいで
はね上がり
（ふりおとして）
ころげおち
「早くあいつを…
弓でいころしてしまえ」
矢が
つぎつぎに
せにささり
※白馬 は
風のように
かけ出し
（どこへ？）
（それでも）
走りつづけ
（どこへ？）
□ のところへ
にげた
〈白馬のようすを見て〉
（思ったこと
かんじたこと）
を書こう

※該当場面のイラストを貼る。　　　　　　　　※掲示用カードを貼る。

---

1 めあて 読む
めあてを聞き，『白馬はどうなったの』か，（4）の場面を読む。

「競馬から家に帰ったスーホが考えていたことは，何でしたか。スーホの気持ちを考えてみましょう。」

殿様に取り上げられた白馬のことを考えています。どうしているのかと，心配しています。

白馬を，兄弟みたいに思って『どんなときでも，おまえといっしょだよ』と言っていたのに，今は離れてとても悲しんでいると思います。

では，その白馬はどうしているのか，どうしたのか，今日は（4）の場面を読みましょう。

（4）場面を音読

音読にも慣れてきている時期，交代読みなど多様な形で。
・『すばらしい馬を』から，P119 の 7 行目までを音読。
　『さかもり』『いころす』など，言葉については随時説明する。
「初めの場所はどこですか。何をしていますか。」
・殿様のいるところ，家かな。
・殿様がお客を呼んで，酒盛りをしています。

2 読む 話し合う
『さかもり』のわけと，そこで白馬のしたことを読む。

「では，殿様のしたことと言ったこと，白い馬のしたことに線を引きましょう。」　線の色など変えるとよい。

『酒盛り』とは，良いことがあったときにするものです。殿様が，この『酒盛り（祝いでもある）』をしているわけは何でしょう？　また，それはどこからわかりますか。

『馬を手に入れた殿様は，いい気持ちでした。（それで）白馬をみんなに見せびらかしたくて』酒盛りをした。

『そこで，…酒盛りを…』と，書いてあるからです。

「そして，殿様のしたこと，白馬のしたことは？」
・『殿様は，白馬にまたがりました。』見せるためです。
・そのとき，『白馬は恐ろしい勢いで跳ね上がり』
・『殿様は，地面に転げ落ちました』落とされました。
・『白馬は，風のように駆け出しました』板書も参照
「『そのとき』の出来事を音読してみましょう。」
　P118・7 行目までを，臨場感の表現も考えて音読させたい。

と併せて，1時間の授業として行うこともできます。

スーホの白い馬　おおつか ゆうぞう

め 白馬がにげ出したばめんのとのさまや白馬の
　ようすを考え、そうそうしよう

（白馬をとられたスーホ）は
「今、白馬はどうしているだろう」かなしみ

(4)
そのあとの白馬の（ようす）は
「ようす したこと」

◇すばらしい馬を手に入れた との さまは、

→おきゃくをよんで↑
いい気もち「いい馬が手に入った」
見せびらかしたい「どうだ」

のばめん

〔さかもりを〕

主体的・対話的で 深い学び

・殿様をふり落として駆けだしたという白馬のしたことは書かれているが，白馬の気持ちや意図は書かれていない。だから，「白馬の気持ちは？」などというのは，良い問いとは言えない。

・問うなら，白馬のとったこの行動を「あなたは，どう思ったのか」という問いになる。そこで，「文章をもとにして」児童それぞれが考え「私はこう思った」ということを述べ合う。それが，「〇〇君は，そう考えたのか」「ぼくと同じだ」などという主体的な対話となり，考えも広がり深まることになる。

準備物

・黒板掲示用イラスト（教科書 P118，119挿絵コピーもしくは DVD 収録【2下_22_15〜16】）
・黒板掲示用カード DVD 収録【2下_22_17】

---

3 話し合う　駆けだした白馬の姿を見て，考えたことを話し合う。

「この場面を読んで，白馬のしたことを見て，どう思いましたか。」 児童どうしで話し合わせてもよい。
　　これまでの流れと文章をもとにして，考えを述べ合わせる。

白馬が，殿様をふり落として駆けだしたのは，どうしてだと思いますか。みなさんの考えは？

何とかスーホのところへ帰りたかったと思いました。『恐ろしい勢いで』なので，白馬も必死です。

逃げるチャンスをねらっていたみたいです。『今だ！』と思って，『跳ね上がった』と思います。

殿様がスーホをなぐらせたのを見て，白馬は，殿様に腹を立てていたと思います。

「その後の殿様のしたこと，白馬のしたことを読みましょう。（『とのさまは，』から音読）まず，殿様は，」
・『つかまえろ。弓で射殺してしまえ』
・かっとしたのかな，人に渡したくなかったのかな。

---

4 書く　話し合う　白馬のとった行動を見て，思ったことを書き，話し合う。

「駆けだした白馬は，どこへ行こうとしているのでしょう。次の場面を読まなくても，考えられますね。」
・もちろんスーホのところです。帰りたい。
・白馬も，スーホのことを考えていたと思う。
「そして，白馬はどうなりましたか。」P119L2 から音読。
・逃げたけれど，弓で射られ（撃たれ）ました。
・矢が刺さっても，それでも，走り続けました。

『酒盛り』のところからふり返り，白馬のしたこと（行動）を見て，思ったことを書いて発表しましょう。

矢が何本も刺さったのだから，とても痛かったと思います。それでも，走るのをやめなかった白馬の気持ちは強いなあと思いました。きっと，『絶対に，スーホのところへ帰るぞ』と思って，走っていたと思います。

矢が刺さった白馬が，とてもかわいそうです。

「では，（4）の場面をふり返り，音読しましょう。」

本時の目標

矢傷を負いながらも大好きなスーホのもとに帰り着いた白馬の姿と，声をかけるスーホのつらい姿を読みとる。

授業のポイント

すぐに「かわいそう」などと，心情に直結せず，臨場感のあるこの場面の文章をていねいに読む。それが，スーホと白馬の思いの通い合いを考えることにつながる。

本時の評価

矢傷を負いながらも大好きなスーホのもとに帰り着いた白馬の姿と，声をかけるスーホのつらい姿を読みとっている。

板書例

〈読み取り〉（5）の場面（P119・L8 〜 P121・L3）を読み，矢傷を負いながらもスーホのもとに

◇ 白馬のようすは

- 矢が何本も
- あせがたきのように

走って走って走りつづけてスーホのところへ ⇐

⇒（がまん・たすけたい）

矢をぬき

・「白馬，ぼくの白馬，しなないでおくれ」

スーホは
- はを食いしばり

でも

つぎの日，しんで

いきは，…
目は，…

↓

スーホは？
どうした？
ようすは？

・ ・

〈白馬やスーホのようすを見て〉
思ったこと
かんじたこと ）を書こう

---

1 読む （5）の場面を音読し，帰り着いたときの白馬の様子を読みとる。

「矢が刺さった体で走り続けた白馬は，その後どうなったのか，続き（P119L8 から）を読みましょう。」

・『そのばんのことです。スーホが寝ようと…

　　（5）の場面（P121L 3『しんでしまいました』まで，音読。

「おばあさんとスーホと白馬が出てきました。それぞれのしたことや様子が書かれているところに，線を引きましょう。」

スーホが寝ようとしたとき，カタカタという音がしました。この音は，『何の音』だと考えらえますか。

きっと，白馬が何かをたたいて音を出していたと思います。帰ってきたことを知らせようとして。

スーホに，気づいてほしくて音を立てたと思います。

「では，スーホたちは，それが白馬の立てた音，知らせる音だと，気づきましたか。」

・いいえ，帰ってくるとは思っていなかったので。

---

2 話し合う 読む 白馬を見たスーホたちと，帰った白馬の様子を読みとる。

「スーホたちが，白馬が帰ってくるとは思っていなかったことは，どの言葉や文で分かりますか。」

・おばあさんが『白馬だよ。』と『叫び声を上げ』たのも，まさか帰ってくるなんて，と驚いたから。

・『見ると，本当に，白馬はそこにいました。』と書いてあるので，スーホも初めは信じられなかった。

帰ってきた白馬の様子は，どう書かれていましたか。そこ（その記述）から，どんなことが分かりますか。

『その体には，矢が何本もつき刺さり』から，二本や三本ではなく，五，六本以上かな。痛そうです。

『汗が，たきのようにながれおちて』ものすごい汗，必死で走ってきたことが分かります。

痛くても苦しくても，走り続けたことから，何とかしてスーホのところへ帰ろうとしたことが分かります。

書かれていることと，そこから考えられることは分ける。

248

たどり着いた白馬の様子と，スーホのつらい姿を読みとります。

スーホの白い馬　おおつか ゆうぞう

め スーホのもとに帰った白馬とスーホのすがたを
読んで そのようすをそうぞうしよう

(5)
のばめん
白馬がにげた
〈そのばんのことです。〉何が？

音が
カタカタ カタカタ
「かえってきたよ」←おばあさん
↑
→スーホ
「だれだ。」
「白馬だよ。」

見ると「本当に」白馬はそこに

主体的・対話的で深い学び

・本時の場面で，スーホは「カタカタ」という音を聞く。大人なら，説明が無くとも，これは白馬が帰ってきて知らせる音だ，と理解できる。その言葉や文を，前後の文脈の中で読んでいるからである。これが『読みとる』ということであり，『読解力』の中身のひとつになる。一方，児童は「カタカタ」という音を，このようにはとらえられない場合がある。だから，文脈の中でその言葉をとらえるという主体的な読み方を，対話を通してわからせていくことが大切になる。

準備物

・黒板掲示用イラスト（教科書 P120 挿絵コピーもしくは DVD 収録【2下 _22_18〜19】）

---

3 読む／話し合う　白馬に刺さった矢を抜く
スーホの様子を読みとる。

「白馬に会えたスーホがしたことは，どんなことですか。線を引いたところをもとに，発表しましょう。また，そこから考えられることも発表しましょう。」
・白馬にささっている矢を抜きました。絶対，助けたいと思ったからです。何本も抜いたと思います。
・『白馬，死なないでおくれ。』と声をかけています。白馬は，もう死にそうだったのかも知れません。

スーホの気持ちがよく出ているのは，どの文や言葉でしょうか。また，それはどんな気持ちだと思いますか。

『歯を食いしばりながら』矢を抜きました，のところです。つらいのをがまんして，抜いている。

「痛くてごめんね。でも…」という気持ちで，『ぼくの白馬，死なないで』と言ったところも。

矢傷が殿様の仕打ちだと気づけば，それへの怒りもあろう。『歯を食いしばる』の動作化や，経験の話し合いをしてもよい。

---

4 読む／書いて話し合う　白馬やスーホの様子を見て
心に残ったことを書き，話し合う。

「そして，白馬はどうなったのか。121 ページを読みましょう。（音読して）白馬はどうなりましたか？」
・弱り果てていました。
・『次の日，白馬は，死んでしまいました。』
「スーホは，どうしたでしょうか？」書かれていないが想像させる。

この場面を読んで，心に残ったところや思ったことを書いて，話し合いましょう。

白馬がとてもかわいそうでした。矢が刺さった体で必死で帰ってきて，やっとスーホに会えたのに，次の日死んでしまうところが。でも，最期に会えたのはよかったのかな。

「読み方も考えて，音読しましょう。」
　できれば，冒頭からこの場面まで，音読でふり返らせる。まず，各自で音読。ばらばらでよい。指名するなど交代で音読させる。時間に応じて多くの児童に読ませたい。

スーホの白い馬

第 ⑩ 時（10/14）

本時の目標
スーホが，白馬の骨や皮を使った馬頭琴を作るようになったわけと，それを弾いているときの様子を読みとる。

授業のポイント
骨や皮などの遺骸で楽器を作るというのは，想像すると受け入れにくい児童もいるだろう。深入りせずに，白馬の願いに目を向けさせるのも一つの方法である。

本時の評価
スーホが，白馬の骨や皮で馬頭琴を作るようになったわけと，それを弾いているときの様子を読みとることができている。

板書例

〈読み取り〉場面の（6）（P121・L4〜P122・L8）を読み，馬頭琴を作りそれを弾くスーホの姿

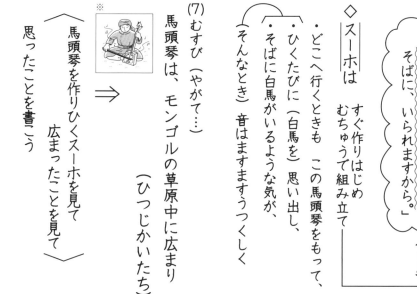

思ったことを書こう

〈馬頭琴を作りひくスーホを見て
　　　　広まったことを見て〉

⇒

※該当場面のイラストを貼る。

(7) むすび（やがて…）
馬頭琴は，モンゴルの草原中に広まり
　　　　　　　　　（ひつじかいたち）

（そんなとき）音はますますうつくしく

・そばに白馬がいるような気が，
・ひくたびに（白馬を）思い出し，
・どこへ行くときも　この馬頭琴をもって，

◇スーホは　すぐ作りはじめ
　　　　　むちゅうで組み立て

「（わけは）がっきなら
『いつまでもあなたの
　　　　（スーホ）
そばに，いられますから。』

馬頭琴に
白馬＝⇐
⇒

---

1 めあて 話し合う　（6）の場面を読み，スーホが馬頭琴を作ったいきさつを読みとる。

「白馬は，スーホのもとで死んでしまいました。これで，このお話は『終わり』になったかというと…」
　・続きがあります。スーホが馬頭琴を作ります。
「そうです。今日はそのことを書いてある（6）の場面を読みます。スーホのしたことや言ったことから，その様子や作ったわけを考えていきます。」めあて

「（6）の場面を，音読しましょう。」（P121・L4〜P122・L8）
「初めの『かなしさ』や『くやしさ』とは『何が』『悲しい』『悔しい』のでしょうか。」　と問い振り返る。
「では，したことや言ったことに線を引きましょう。」

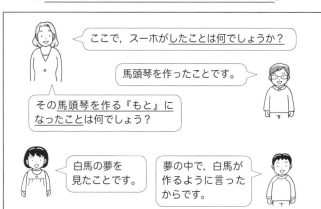

ここで，スーホがしたことは何でしょうか？

馬頭琴を作ったことです。

その馬頭琴を作る『もと』になったことは何でしょう？

白馬の夢を見たことです。

夢の中で，白馬が作るように言ったからです。

2 読む 話し合う　スーホが馬頭琴を作るようになったわけを読みとる。

「夢の中で，白馬はどんなことを言ったのか，その様子と言った言葉を読みましょう。」音読する。指名。

ここで，白馬がスーホに頼んでいることは何ですか。

自分の骨や皮で楽器を作ってほしい，ということ。

夢の中で，白馬は，そう言ったわけも言っています。それはどう書いてありますか。読みましょう。

『そうすれば，わたしは，いつまでもあなたのそばにいられますから。』

「この『楽器』とは何なのか，もうわかりますね。」
　・スーホが作った馬頭琴のことです。
「『そうすれば，いつまでもあなたのそばにいられますから。』というのは，どういうことなのですか。」
　・楽器なら，スーホが白馬の体で作ったその楽器を持って（抱いて），弾いてくれるからです。（説明させる）
　・馬頭琴が，自分（白馬）の代わりになるからです。死んだ後も，いっしょにいたかったということです。

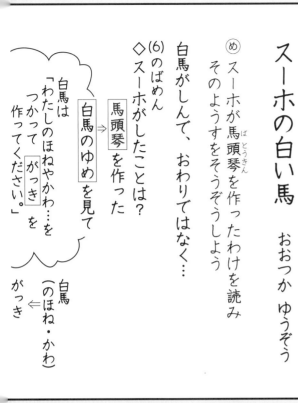

スーホの白い馬　おおつか　ゆうぞう

め　スーホが馬頭琴を作ったわけを読み
そのようすをそうぞうしよう

白馬がしんで、おわりではなく…

(6)のばめん
◇スーホがしたことは？
　→　馬頭琴 を作った

白馬のゆめ を見て

白馬は
「わたしのほねやかわ…を
つかって がっき を
作ってください。」

白馬（のほね・かわ）⇐ がっき

主体的・対話的で深い学び

・結びに，「スーホの作り出した馬頭琴は，広いモンゴルの草原中に広まりました。」とある。もちろん，この広まった馬頭琴は，スーホが作った馬頭琴ではない。モンゴルの人たちがそれに倣って馬頭琴を作り，「広まった」ということである。

・ところが，児童は，この広まった馬頭琴はスーホのあの馬頭琴だ，と考えていることがある。また「今，馬頭琴はあるの？」と問う児童もいる。つまり，ここでの「広まる」の中身を，まずわからせる必要があり，それは主体的な学びの土台でもある。

準備物

・馬頭琴の画像かイラスト（第2時使用のもの）
・教科書 P123の挿し絵拡大コピー（黒板貼付用）

---

3 読む 話し合う　楽器を作り，弾くスーホの様子を読みとる。

「スーホは楽器を作りました。そして，弾きました。その様子を読みましょう。」音読させる

・『スーホは夢から覚めると……ゆり動かすのでした。』

ここで，スーホの気持ちが分かるところと，そこを読んで思った（想像した）ことを，発表しましょう。

『夢から覚めると，すぐ，…作り始め…』のところ。

『…筋や毛を，夢中で組み立てて…』のところもです。スーホは，すぐ，夢中で作っています。いつもいっしょにいたいという，白馬の願いを早くかなえてやりたいから。

馬頭琴の画像など提示し，つくりや鳴らし方など説明する

「楽器ができ上がった後の様子ではどうでしょうか。」

・『どこへ行くときにも，この馬頭琴を持っていきました。』スーホも白馬と居たいと思っています。

・『弾くたびに…思い出しました。』『すぐ脇に白馬がいるような気が…』のところも気持ちが分かります。

---

4 読む 書く　馬頭琴が広まる結びの場面も読み　心に残ったことを書く。

「最後の『そんなとき』とは，どんなときのこと？」

・スーホが『白馬のことを思い出して』弾くときです。

『ますます美しくひびき，聞く人の心を揺り動かす』とはどういうことなのでしょう。説明してください。

ただ弾いているのではなくて，白馬を思っているスーホの気持ちが，音にも出ているのだと思います。

（正解はない。自由に話し合う）

「挿し絵を見ましょう。スーホはいますか？　みんな，何をしているところでしょうか。」自由に話し合う。

「最後の（結びの）場面を読みましょう。（音読）何が，どうなったことが分かりますか。」

・馬頭琴は，モンゴルの草原中に広がりました。
・モンゴルの他の人たちも，馬頭琴を作った。

「では，（6）場面からもう一度音読しましょう。」
「今，読んだところで，心に残ったことを書いて話し合いましょう。」

スーホの白い馬
第 11,12 時 (11,12/14)

本時の目標
全体をふり返り，心を動かされたところとそのわけを書いて読み合い，感想を伝え合う。

授業のポイント
「心を動かされた」とは，どういうことなのか，説明や事例を用いて分からせておく。書く時間を確保する。

本時の評価
全体をふり返り，心を動かされたところとそのわけを書いて読み合い，感想を伝え合っている。

板書例

〈まとめ〉物語全体をふり返り，「いちばん心を動かされたのはどこか」と「その理由」をまとめ

◇スーホや白馬のしたこと言ったことでつよく心をうごかされたのは
・わたしは
・ぼくは
　どこ
　［…］が
その理由は、
・それは、
一

◇思い出して書いてみよう

ばめん	0	(1)前	(1)あと	(2)	(3)	(4)	(5)	(6)	(7)
てきごと　など	(はじめ) モンゴルのようす・馬頭琴とは？	スーホはまずしいひつじかいの少年。	スーホが白い馬の子をつれ帰り、そだてる。	白馬はおおかみとたたかいひつじを守る。	けい馬の大会で白馬をとりあげられる。	白馬はにげ、スーホのもとへむかう。	スーホのもとで白馬はしぬ。	スーホは白馬の体から馬頭琴を作る。	(むすび) 馬頭琴はモンゴルの人たちに広まる。

※第2時使用の模造紙の表を貼る。

(第11時)

1 読む・対話　「前書き」と「結び」のつながりを話し合う。

「最後（結び）の，『やがて』からの4行を読みましょう。（音読）何のことが書いてありましたか。」
・馬頭琴のことです。馬頭琴が広まったことです。
「では，始めにもどって108ページを読みましょう。」音読
「『どうして，こういう楽器ができたのでしょう。』とあります。それが，このスーホと白馬の話，つまり，（1）から（6）が『こんな話』なのですね。」
・『どうして』の答えが，お話を読むと分かります。

最後の『広まりました』というのは，モンゴルの多くの人も馬頭琴を作り，それを弾いたということです。この広まったわけを考えてみましょう。

『一日の疲れを忘れる』くらい美しい音だったから？

馬を大切にしたスーホの気持ちがよく分かったから。

スーホのように，自分も馬を大事にしたいと思ったから。

2 調べる・確かめる　例文を読み，心を動かされたことを書く準備をする。

馬頭琴が広まったわけ，それは，馬へのスーホの思いと，モンゴルの人々の思いが重なるからであり，モンゴルでの馬と人とのつながりの深さから来ている。それに気づくには，日本にはない遊牧というくらしについても，説明が必要だろう。

「まとめとして『スーホと白い馬』を読み返し，感想として『強く心が動かされたところ（こと）』と，そのわけをノートに書きます。」初めから斉読してもよい。
P125上「まとめよう」を読み，課題を確かめる。

書く前に「れい」の文（P125下）を読んでみましょう。2つに分けて書いていますね。はじめに書いているのは，どんなことですか。またその後に書いてあるのは，どんなことでしょうか。

はじめに，どこに心を動かされたのかを書いています。

そのあと，それはなぜかという，そのわけを書いています。

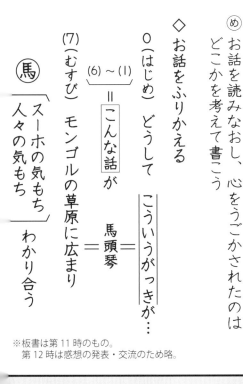

スーホの白い馬　おおつか　ゆうぞう

め お話を読みなおし、心をうごかされたのはどこかを考えて書こう

◇ お話をふりかえる

○ (はじめ) どうして　こういうがっきが…

(6)～(1) ＝ こんな話 が ＝ 馬頭琴 ＝

馬 (7) (むすび) モンゴルの草原に広まり

〔スーホの気もち／人々の気もち〕わかり合う

※板書は第11時のもの。
第12時は感想の発表・交流のため略。

の感想として書きます。そして，それを読み合います。

主体的・対話的で深い学び

・感想を書かせるには，ただ「思ったことは？」でなく「何を」「どう」書かせるのかを指示する。教科書の「がくしゅう」では，「何を」として「あなたがいちばん心をうごかされたのはどこ？」「その理由は？」という課題を設けている。児童からも多様な考えや感想が出され，対話的な学びもできるだろう。

・一方，物語には物語の主題がある。感想や対話でも「何でもいい」ではなく，やはり主題に触れたものでありたい。そのための書かせ方や話し合いのさせ方も，これからの課題にしたい。

準備物

・場面分け一覧表（第2時使用のもの）
・これまでの挿し絵のコピー

---

3 書く　心を動かされたところとそのわけ（感想）を書く。

「心に残った場面や言葉にどんなところがありましたか。少し聞いてみましょう。」　2，3人でよい。

・わたしは，スーホが馬頭琴を弾いて，白馬のことを思い出しているところです。『それを弾くたびに』とあるので，死んでからも兄弟のように思っているんだなと思いました。

「心を動かされた文章や言葉を，書き写して入れても（引用しても），わかりやすくなりますよ。」

「2時間目に，場面ごとの出来事を表にまとめました。それも見て振り返り，書くことを考えましょう。」

また，これまでも場面ごとに『心に残ったこと』や，『その場面を見て思ったこと』をノートに書いてきました。それも，読み直して書くことを考えましょう。

心に残ったのは『ひつじかいたちは，夕方になると，その美しい音に耳をすまし，一日のつかれを…』ここを読むと，みんながスーホのことを考えているのがわかる。

---

4 読み合う（第12時）　書いたものを読み合い発表して互いの考えを知り合い広げる。

どう交流するか，読み合いや発表の持ち方については，クラスの人数など，それぞれの実情に応じて，適した形を考える。

ふつうは，まずグループ（4～6人）で回し読みをしたあと，感想の交流を行う。その後，グループの何人かが全体の前でも読み，感想を伝え合うという形になる。下は全体での発表例。

（全体発表）

まず，矢を受けた白馬が帰ってきたところを書いた人に発表してもらいましょう。
2グループの寺岡さん，3グループの森田君（他）前で読んでください。

わたしは，『白馬は，ひどい傷を受けながら，…帰ってきました』のところに心を動かされました。それは，痛さとか苦しさ以上に，スーホを思う白馬の気持ちが伝わるからです。

※ここでは，場面ごとに分けて発表している

それを読み合ったり話し合ったりして深めるのもよい。

教師からも「感じたことを伝え合おう」というめあてが達成できたことを，具体的に評価して児童に伝えたい。

本時の目標
学習をふり返り，まとめをする。外国の昔話などを読み，感想も交えて紹介し合う。

授業のポイント
「めあてに照らして」達成できたかどうかが，まとめの基本。できたことをほめ，できなかったことは励ます。いわゆる「反省会」にはならないようにする。

本時の評価
学習をふり返り，まとめができている。
外国の昔話などを読み，心に残ったことを中心に紹介している。

板書例

〈まとめ〉「スーホの白い馬」の、学習のまとめをします。「この本、読もう」を参考に、外国の

◇ 読んでみよう「この本、読もう」
いろいろな国のお話
・王さまと九人のきょうだい（中国）
（出てくるのは）「ちからもち「ぶってくれ」ほか
・ランパンパン（インド）
・チンパンジーとさかなどろぼう（アフリカ）
・とらとほしがき（かん国・ちょうせん）
・ほかにも…

◇ 読んで友だちにしょうかいしよう
（おしえる）
・だい　・書いた人は　・どこの国の
・しょうかい

よかったところ
心をうごかされたところ

（第13時）

1 まとめ　学習を振り返り，よかったことやできたことを出し合う。

「『スーホの白い馬』を読んできて，最後に，強く心を動かされたことを書いて話し合いましたね。」

まとめとして，この勉強をしてきて，こんなことがよかったな，こんなことができた，ということを出し合いましょう。

書かせて発表させるとよい。

『スーホの白い馬』のお話を初めて読みました。かわいそうだったけれど，とてもいいお話でよかった。モンゴルのことも，お家の人に教えてあげました。

スーホや，白馬の様子や気持ちを想像しました。難しかったけれど，友達の考えも聞けてよかった。

たくさん音読したので，自分でもすらすら読めるようになり，上手になったと思います。

「『感じたことを伝え合う』というめあてに向けて，感想の発表もできました。みんなでがんばれました。」
　必ず教師からの評価（褒める）も，具体的に伝える。

2 聞く　世界の昔話から，そのひとつを読み聞かせとして聞く。

「『ふりかえろう』『たいせつ』も読んでおきましょう。」
　児童にとって難しければ，軽くあつかう。
「『スーホの白い馬』はどこのお話でしたか。」
　・モンゴルです。お相撲さんの国かな。
　・モンゴルというところも，馬頭琴があることも，このお話で初めて知りました。
「このような，伝えられてきたお話は『スーホの白い馬』だけではありません。他の国にもあるのです。」

ここに，モンゴルの近く，中国に伝わるお話を書いた本があります。（見せながら）題は，『王さまと九人のきょうだい』です。それでは，先生が読みましょう。ハイ，聞く姿勢ですよ。

わーい　おもしろそう　たのしみ〜

自分で読む動機づけとして，まずは教師が読んで聞かせる。
読み聞かせは児童も大好き。機会を見つけてとり入れたい。

お話を読み、紹介する文章を書きます。

め学しゅうのまとめをしよう

スーホの白い馬　おおつか　ゆうぞう

◇「スーホの白い馬」をべんきょうして
　よかったことは？
　　　　　　　　　　　　　書いてみよう
　できたことは？

・お話がよかった　いいお話
・スーホや白馬のことをそうぞう
・友だちの考えとくらべて…
・みんなの前で話せた
・

※児童の発言を板書する。
※板書は第13時のもの。　第14時は紹介の発表会のため略。

主体的・対話的で深い学び

・主体的な学び方として，「自ら学び，自ら考える」ということがよく言われる。しかし，それには考える「もとになるもの」が必要であり，そのひとつが経験である。そして，知的な面での学びや思考のもとになるのは，やはり本から得られる知識が多い。だから，多くの本をある程度の速さで読む能力は，学びには欠かせない。本時のように機会をとらえ，読書を勧めたい。

・読書については好きになる時期がある。低学年の頃もその時期に当たる。まず興味と「読みたい」という意欲を大切にする。

準備物

・原稿用紙（第3時使用のもの）
・「この本、読もう」（教科書 P126）の本を図書室などで借りる。また，同じような「世界の民話」などもあれば紹介する。
・このような本について，前もって，「お家にあれば、持ってきてください」と，持ち寄りを呼びかけておくのもよい。

---

3 話し合う　いくつかの世界の昔話を知り，紹介する文章の書き方を確かめる。

「このような，いろいろな国に伝わる昔話があります。『この本，読もう』（P126）に，そのような本が出ています。これがその本です。（実物を見せる）他にこんな本もありますよ。」（見せる）

今度は，こういう世界の国に伝わるお話を読んで，それをみんなに紹介する（教える）文章を書きます。そして，次の時間にお互いに紹介し（教え）合いましょう。どんなことを書けばいいでしょうか？

『スーホの白い馬』のように，心が動かされたところを書く。

おもしろかったところを紹介します。

「紹介の文章で書くことは，まず題名，（作者），そしてどこの国の話なのか，そして…」書き方は板書参照。

　限られた本を皆が一斉に読み，その紹介を書くというのは時間上も難しい。そのため，ここでは一週間，読んで書く期間を設け，その後に紹介し合う時間をとるような形を考えている。

---

4 話す・聞く　（第14時）　読んだ本の紹介をし合う。聞き合う。

「この一週間，どのような本を読んだのでしょうか。ちょっと教え合いましょう。」
　・わたしは『とらとほしがき』朝鮮のお話です。
「ではグループを作って紹介文を読み合いましょう。」
　　同じ本を読んだ者どうしでグループを作るか，読んだ本に関係なくグループを作るか，決めておく。

聞く人は，『ここが心に残った，よかった』というところはどこか，に気をつけて聞きましょう。聞いて，思ったことも言ってあげましょう。

わたしが読んだ本は，『ランパンパン』というインドのお話で，『ランパンパン』という言葉が楽しいお話です。心に残ったところは…

『ランパンパン』って，何かな。

　「紹介大会」などと全体でも発表の機会を持ち，前で読ませる。「みんなの前で」が児童を緊張させ，自信をつけさせる。

📀 収録（画像，イラスト，児童用ワークシート見本）

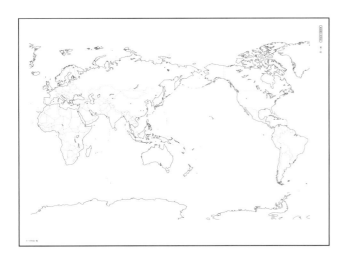
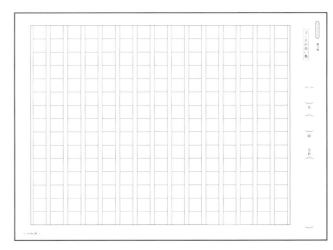

※資料提供：photolibrary

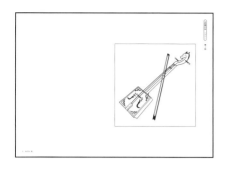

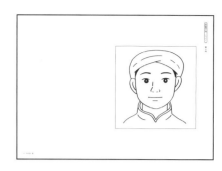

とのさま
白馬

すてきなところをつたえよう

◉ 指導目標 ◉

・文章を読み返す習慣をつけるとともに，間違いを正したり，語と語や文や文との続き方を確かめたりすることができる。
・丁寧な言葉と普通の言葉との違いに気をつけながら使うことができる。
・経験したことから書くことを見つけ，伝えたいことを明確にすることができる。
・自分の思いが明確になるように，事柄の順序に沿って簡単な構成を考えることができる。

◉ 指導にあたって ◉

① 教材について

　低学年の「書くこと」に関する学習の，総まとめ的な単元です。既習の「書くこと」だけでなく「話すこと・聞くこと」の内容も，復習しながら学習を進めましょう。また，本単元での「書くこと」の目的は，「すてきなところをつたえよう」です。手紙をもらった相手もうれしいですが，手紙を書く本人も，「どんなことを書こうか」と考えたり，相手の喜ぶ顔を思い浮かべながら書いたりと，優しい気持ちで学習を進めることができます。

　学習のまとめの時期であると同時に，学級経営もまとめの時期です。単に，国語科の学習で終わるのではなく，1年間の児童達の関係を振り返ったり，もらった手紙を読んで自信をつけたりすることで，3年生へ意欲をもって進級できるための一助となる単元です。

　手紙に関するマナーも，この単元で学ぶことになります。相手のことを知るために，調査をすること，間違いなどがないか，読み返しをすること，返事を書くことなどを，「なぜ，そうするのか。」を理解しながら，会得していきます。

② 主体的・対話的で深い学びのために

　まず，「手紙を書きたい」という思いをもつことが，大切です。しかし，それだけでは相手が喜ぶ手紙にはなりません。児童は，書いている途中で行き詰まります。意外と書く内容が乏しいからです。そこで,「取材」や「調査」の学習をします。そして，すぐに清書をするのではなく，下書きをし，間違いや失礼な文章がないか読み直し，直していきます。そのような丁寧な作業をするとは，思ってもいなかったでしょう。最後に，もらった手紙に対しての返事を書く大切さを伝えます。1つ1つの過程を大切にすることで，大人になっても生きて使える力となるのです。

◎ 評 価 規 準 ◎

知識 及び 技能	丁寧な言葉と普通の言葉との違いに気をつけながら使っている。
思考力，判断力，表現力等	「書くこと」において，経験したことから書くことを見つけ，伝えたいことを明確にしている。 「書くこと」において，自分の思いが明確になるように，事柄の順序に沿って簡単な構成を考えている。 「書くこと」において，文章を読み返す習慣をつけるともに，間違いを正したり，語と語や文と文との続きを確かめたりしている。
主体的に学習に取り組む態度	粘り強く文章を読み返して間違いを正したり，語と語や文と文との続き方を確かめたりし，学習の見通しをもって手紙を書こうとしている。

◎ 学 習 指 導 計 画　全 12 時 間 ◎

次	時	学習活動	指導上の留意点
1	1	・友達のすてきなところを思い出す。 ・どのような手紙を書いたらよいのか話し合う。 ・学習の進め方を確認する。 ・手紙を書く相手を話し合う。	・友達のすてきなところを思い出し，考えてつたえようとする意欲を高める。
2	2・3	・友達のすてきなところを考える。 ・友達と一緒に活動したことを思い出す。 ・友達にインタビューする。 ・手紙に書くことをメモにまとめる。	・手紙を書くには，思いつきではなく，取材などが大切なことを実感させる。
	4・5・6	・どんなところに気をつけて手紙を書けばよいかを考える。 ・書き方のよいところについて話し合う。 ・手紙の下書きを書く。 ・この下書きでよいのか，読み直す。	・すぐに清書するのではなく，下書きをする。下書きの良さを実感させる。
	7・8・9	・手紙を読み返し，間違いなどを直す。 ・友達と読み合って，アドバイスをし合う。 ・手紙の清書をする。 ・活動を振り返り，次時の活動を考える。	・必ず読み返しをする。誤字や脱字，失礼な文がないか，意識させる。
3	10・11・12	・返事の書き方を話し合い，相手の返事を書く。 ・返事を出し前に，もう一度読み直す。 ・手紙や返事をもらった時の気持ちを話し合う。 ・学習したことを，これからどう生かすかを考える。	・返事を書くことの大切さを考えたい。生涯使える力にしたい。

📀 収録（児童用ワークシート見本）

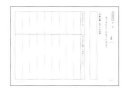  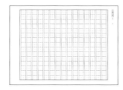

すてきなところを つたえよう

第 1 時 （1/12）

本時の目標
学習の見通しを持ち，進んで友達のすてきなところを手紙に書いて，伝えようとすることができる。

授業のポイント
楽しかった一年間の友達との関わりを振り返り，友達のすてきなところを考えて伝えようとする意欲を高める。

本時の評価
学習の見通しを持ち，進んで友達のすてきなところを考えて，手紙に書いて伝えようとしている。

板書例

〈導入〉既習の『お手紙』でのがまくんやかえるくんの気持ちを振り返り，手紙をもらうこと，

め　思いをつたえる手紙を書こう

> すてきなところ　がんばっているところ
>
> すてきだと思った理ゆう　←
>
> さいごは、よびかけることば　←

◇学しゅうのすすめかた
① 一年をふりかえって、つたえることをきめる。
② 手紙を書く。
③ 手紙を読みかえす。
④ 手紙を読んで、へんじを書く。

◇手紙を書くあいてをきめよう

---

1 話し合う　手紙について話し合う。

教科書は閉じておく。
「皆さんは，今までに手紙をもらったこと，書いたことはありますか。はがきでもよいですよ。」
・おばあちゃんから，手紙をもらったことがあります。
・幼稚園の時に，友達に手紙を書きました。
・お正月に，先生から年賀状をもらったよ。

手紙をもらって，どんな気持ちでしたか。また，書いているときは，どんな気持ちでしたか。

手紙をもらって，うれしかったです。

おばあちゃんにお返事を書いているときは，ちょっと照れくさかったです。

「今日から，手紙を書く学習をします。教科書 127 ページを読みましょう。」
・『友達の素敵な所を，手紙で伝えましょう。』
・友達に手紙を書くんだね！楽しみ。

2 めあてを とらえる　友達に思いを伝える手紙を書くというめあてをとらえる。

2 年生になって，友達とたくさん遊んだり勉強したりしましたね。この一年間で，友達の，どんなところが素敵だと思いましたか。

田中君は，昆虫のことに詳しいです。昆虫博士。

山内さんは，字がきれいです。漢字の練習ノートに，いつも花丸をもらっています。

・水野君はやさしいです。勉強でわからないことがあったときに，いつも教えてくれます。

「みんなそれぞれに，たくさん素敵なところがありますね。そんなクラスの友達に，思いを伝える手紙を書きましょう。」
めあて

書くことのよさを児童に再確認させてもよいでしょう。

すてきなところをつたえよう

◇手紙をもらった　書いた
・おじいちゃん　おばあちゃん
・友だち
・先生
　　うれしい
　　てれくさい

◇友だちのすてきなところ
・こん虫のことくわしい（虫はかせ）
・字がきれい
・やさしい

※児童の発言を板書する。

🔍 主体的・対話的で深い学び

・手紙を書く相手に関しては，担任から伝えてもよいが，できる限り児童の考えを取り上げ，児童の考えを生かして決定するほうが主体的な学びになる。ただし，誰からも手紙がもらえなかったという児童が出ないように，十分に配慮する必要がある。
・クラスの実態に応じて，3〜4人のグループ内で2人ずつ手紙を書く，隣同士のペアで，などの組み合わせにしてもよい。普段，あまり話さない友達とも交流を持つ機会でもある。

準備物

---

3 確認する　教科書の手紙の例を読み，学習の進め方を確認する。

「どんな手紙を書いたらよいか，教科書130ページを読んでみましょう。」
・友達の素敵なところを書いています。
・頑張っていることも書いています。
・どうして素敵だと思ったのかも書いているよ。
・最後は，呼び掛ける言葉になっているね。

皆さんも，友達に素敵な手紙を書きたいですね。教科書127ページを読んで，どのようにして学習するのかを確かめましょう。

①1年を振り返って，伝えることを決めます。

②手紙を書きます。それから，③手紙を読み返します。

④手紙を読んで，返事を書きます。

---

4 話し合う　手紙を書く相手を話し合う。

手紙を書く相手は，クラスの実態を十分に考慮して決める必要がある。できる限り児童の意見を尊重し，決定するのが望ましいが，場合によっては，教師があらかじめ組み合わせを決めておく。ここでは，クラスでの話し合いをもとに，手紙を書く相手を決めている。

手紙を誰に書くか，どうやって決めますか。

仲良しの友達に書きたいです。

隣の人同士がいいかな。

クラスみんなが手紙をもらえるようにしたい。『お手紙』で，手紙が来ないがまくんがかわいそうだったから…。

グループで手紙を交換し合うのはどうかな。

「では，隣の席の友達に，手紙を書きましょう。次の時間から，どんな手紙を書けばいいか，決めていきます。」

すてきなところを
つたえよう

第 2,3 時（2,3/12）

本時の目標
1年を振り返って、手紙を書く友達のすてきなところを考え、メモに書くことができる。

授業のポイント
手紙を書くためには、書くための材料を集めることが必要であることを実感できるようにする。

本時の評価
手紙を書くために必要な事柄を集めている。
手紙に書くことについて、メモを書いている。

板書例

〈活動〉インタビューは、難しいと感じる児童もいます。誰に、何を聞けばよいかわからない児童には、

たすけてくれた
おしえてくれた
じょうずだった

すごい
ありがとう

◇もっとたくさん見つけよう
インタビューで聞いてみよう

・だれに？
　友だちとなかよしの子
　かぞく
　先生
・どんなことを聞く？

聞いたことをメモする
　　　＝
だいじなところをみじかく

---

1 めあてをとらえる
友達のすてきなところを考えるという、めあてをとらえる。

「これから、手紙に書くことを決めていきます。教科書の手紙には、どんなことが書いてありましたか。」
　・友達のすてきなところです。
　・友達が頑張ったことです。

そうですね。まず、友達のすてきなところを探します。（めあて）そのために、この1年間、友達と一緒にしたことや見たことを思い出してみましょう。

谷口君とは、よくドッジボールで遊んだ。投げるのも、ボールをよけるのも上手いんだ。

かなみちゃんと一緒に、九九の練習をしたな。七の段が難しくてなかなか覚えられなかったのを、頑張れって応援してくれた。

---

2 書く
友達のすてきなところを書き出す。

友達との関わりを思い出すことが難しい児童には、今までの作文や写真、絵などの作品をもとに、誰と活動をしたのかなどを思い出させる。

やさしい、すごい、上手だったことなど、教師が個別に聞き取りをしてもよい。

友達のすてきなところは、1つだけですか？

そんなことはないよ。たくさんあります。

さくらちゃんは、字も絵も上手で、鍵盤ハーモニカもうまく弾けます。

「友達のすてきなところ、すてきだと思った場面や行動を、ワークシートに書きましょう。」

262

教師が個別に助言しましょう。

主体的・対話的で深い学び

・前時からの流れで，手紙を書くことに対する意欲が高い児童は多いが，友達の良いところを具体的に手紙に書こうとすると，つまずく児童もいる。手紙を書くために，本人や周囲の人にインタビューをし，情報を集める必要性を感じさせるように進めたい。
・インタビューをしたことは，そのまま書くのではなく，要点をメモに残すやり方を指導する。他学年の児童や一年生の時の先生へのインタビューなども考えられるので，あらかじめ教師が活動内容を説明しておく。

準備物

・児童用ワークシート **DVD** 収録【2下_24_01〜02】

すてきなところをつたえよう

め　友だちのすてきなところをさがそう

◇友だちのすてきなところをさがそう
◇友だちといっしょにしたこと
見たこと
・ドッジボール
・九九のれんしゅう
・かかりのしごと
・

※児童の発言を板書する。

---

3 インタビューをする

友達のすてきなところを見つけるために，インタビューをする。

「友達のすてきなところをもっと見つけるために，インタビューをしましょう。」

誰にインタビューをしたら，友達のすてきなところが見つかると思いますか。

友達と一番仲のいい子かな。

先生も，すてきなところを知っていると思います。

友達の家族なら，いろいろなことを教えてくれそう。

友達本人にも聞いてみたいな。

「インタビューでは，誰に，どんなことを聞けばよいか，ワークシートに書きましょう。」
・さくらちゃんのお兄ちゃんに，さくらちゃんは家で鍵盤ハーモニカの練習をしているかインタビューしよう。
・谷口君は，どうしてドッジボールがうまいのか聞いてみよう。

---

4 まとめる

インタビューをして，手紙に書くことをメモにまとめる。

「インタビューをする人が決まったら，インタビューをしましょう。<u>インタビューで聞いたことは，大事な所を，短いメモで残すようにします。</u>」
　クラス内の友達へのインタビューは，対話の時間を設定する。クラス外の友達や先生，他学年の兄弟姉妹などへのインタビューは，休み時間などに行うようにするとよい。

インタビューで友達のすてきなところが聞けたら，ワークシートに付け足しましょう。

さくらちゃんのお兄ちゃんにインタビューをして，さくらちゃんは，家でも鍵盤ハーモニカの練習をしていると教えてもらったよ。頑張り屋さんなんだな。

教科書 129 ページのメモも参考にするとよい。

「次の時間から，いよいよ手紙を書きます。」

すてきなところを つたえよう

第 **4,5,6** 時（4,5,6/12）

本時の目標
伝えたいことが分かりやすいように，構成を考え，手紙を書くことができる。

授業のポイント
原稿用紙は今までに使用してきた使い慣れたものを多めに用意し，下書きや読み直し，書き直しの時間を多く取る。

本時の評価
手紙の作例から，書き方のよいところを探している。伝えたいことが分かりやすいように，構成を考え，手紙を書いている。

板書例

〈時間の配分〉下書きを読み返すための時間を，しっかり確保します。読み返す習慣がつくように，

- すてきなところから書きはじめている
- どうしてそう思ったのか
- あったこと（できごと）
- さいごは、よびかけている

◇下書きをする ←

- ないようごとに、まとまりを作る
- 書いた文しょうを読みかえして、まちがいがないかをたしかめる
- 一まいの手紙に、すてきなところは一つ
- 三つのだんらくに分ける

すこしでももらった人が、いやな気もちにならないように

※教科書の作例を読んで，話し合った良いところを付け足す。

---

1 めあてをとらえる
調べたことをもとにして手紙を書くという，めあてをとらえる。

「今日から，調べたことをもとにして手紙を書いていきます。」

「いざ書き始めようとすると，何から，どのように書いてよいか，迷ってしまいますね。友達に，きちんとした手紙を送るために，まずは下書きをしていきましょう。」

2 話し合う
教科書の作例を読んで，書き方のよいところを話し合う。

「教科書 130 ページの手紙を読んで，よいところを探してみましょう。」

　よいと思ったところに線を引く個人作業をする。その後，隣の人やグループで話し合ってもよい。

・文章の最後に，呼びかけるようにしているのがいいと思いました。

「どんな手紙にすればよいか，わかりましたね。」

他の場面でも指導していきましょう。

・手紙を書くことは，日常生活でも経験しているが，構成を考えて書いたり，よりよい手紙にしようと「見直したり」「読み直したり」する児童は多くない。まずは，どんなところに気をつけて書けばよいのか，そして，例文を参考に，相手に伝わる書き方を話し合う。

・次に，「下書き」について考えさせる。どのような文章でも，下書きを書くことで，よりきちんとした文章になることを認識させたい。

・最後に，相手に失礼がないか，もっとよい文章にならないのか，「見直し」「読み返し」の必要性を実感させたい。

準備物

・児童用ワークシート（第2・3時使用のもの）
・原稿用紙 DVD 収録【2下_24_03】

すてきなところをつたえよう

め　しらべたことをもとにして手紙を書こう

◇気をつけるところ
・しらべたこと
・じぶんの気もち
・あい手の名前
　　　↓
　　　書く

※児童の発言を板書する。

---

3 書く　手紙の下書きを書く。

「これから，下書きを書きます。教科書131ページの『たいせつ』を読んで，読む人に分かりやすい文章を書きましょう。」

・内容ごとに，まとまりを作ります。
・書いた文章を読み返して，間違いがないかを確かめます。

1枚の手紙に，すてきなところは1つにしましょう。3つくらいの段落に分けると，読みやすいですね。

津田さんにはすてきなところがたくさんあるから，何を書けばいいのか迷っちゃうな。

安井さんの一番すてきなところは，元気なところです。毎朝，大きな声で元気にあいさつをしています。

原稿用紙の他，手紙らしく罫線のある用紙を用意してもよい。児童に書きやすい用紙を選ばせる。

---

4 読み直す　下書きを読み直す。

「下書きができた人は，声に出して読み返しましょう。直したいところがあれば，赤鉛筆で印をつけていきましょう。」

どうして，下書きをしたり，読み返したりするのでしょうか。

間違っていたら困るから。

変な手紙になっていたら，もらった人がいやな気持になるかもしれないからかな。

少しでも良い手紙を送りたいからです。

「そうですね。次の時間から，下書きを清書して完成させます。間違ったところや，もっとよくしたいと思ったところを，丁寧に直していきましょう。」

すてきなところを
つたえよう

第 7,8,9 時 (7,8,9/12)

本時の目標
手紙を読み返して，間違いがないかなどを確かめ，書き方や言葉を必要に応じて書き直すことができる。

授業のポイント
主語と述語のつながり，句読点，漢字の間違いなど文法に関することは，児童の見直しだけでなく教師も個別にチェックする。

本時の評価
手紙を読み返して間違いなどを書き直し，丁寧に清書している。
　友達と手紙を読み合ってアドバイスを伝えている。

板書例

〈展開2〉手紙を読み合って間違いを指摘する活動では，粗探しにならないよう，間違ったところ

◇友だちと読み合おう

アドバイス
まちがったところ

つたえ方は？

・書いた人がいやな気もちにならないように
「こうしたほうがいいよ。どうかな。」

・教えてもらった人は
「ありがとう。」

よかったところもつたえよう

◇せい書をしよう

---

1 確かめる　どんなところに気を付けて，手紙を読み返せばいいか確かめる。

「前の時間に，下書きが完成しましたね。もう一度読み返して，よりよい手紙にしましょう。」めあて

どんなことに気を付けて，読み返せばよいでしょうか。教科書131ページを読んで，確かめましょう。

主語と述語のつながりは，合っているか。

字の間違いはないか。

習った漢字を使っているか。

丸（。）や点（、）を正しく使っているか。

「間違ったところは，赤えんぴつで線を引いて横に正しい字や文を書きましょう。」

---

2 読み合う　友達と手紙を読み合い，アドバイスをする。

「手紙を書いた友達とは別の友達に，手紙を読んでもらって，間違いがないか，きちんと伝わるかを確かめましょう。」

もし，書いた手紙に間違いがあったら，どんな風に伝えたらよいですか。

書いた人が嫌な気持ちにならないように，伝えるといいと思います。こうしたほうがいいよ，どうかなっていう言い方で伝えてみます。

間違いを見つけてもらった人は，『ありがとう』と言うといいね。

「アドバイスをもらっても，その通りに直さなくてはいけないということはありません。書いた人が自分で考えて，書き直すかどうかを決めます。」

「直すところが見つからなかった人は，手紙のよかったところを伝えましょう。」

を無理に見つけなくてよいことを伝えましょう。

すてきなところをつたえよう

め 手紙を読みかえして、よりよい手紙に
しよう

◇気をつけるところ
・主語と述語のつながりは、合っているか。
・字のまちがいはないか。
・ならったかん字をつかっているか。
・丸（。）や点（、）を正しくつかっているか。

・これまでに手紙を書いた経験はあっても，他の人に見てもらい，感
想を聞いたり，間違いを指摘してもらったりした経験は，少ないと
思われる。改善点を友達にどのように言えばうまく伝わるか，アド
バイスをもらった方はどのようにしてそれを手紙に生かすかが，対
話的であり，また主体的な学びになる。

準備物

・手紙の下書き（第4,5,6時使用のもの）
・原稿用紙（第4,5,6時使用のもの）

3 書く　　手紙を清書する。

書き直すところが決まったら，清書を
します。清書した手紙を，友達に渡しま
す。友達が読みやすいように，丁寧に書
きましょう。

なんだか緊張するな。『わたなべ まなみさん
わたなべさんのすてきなところは，…』

もっときれいな字で書きたい。やり直そう。

「用紙はたくさんあるので，何度も書き直した人は，新しい
用紙に書きましょう。消したあとが残って汚れた手紙は，
相手に失礼になります。手紙を受け取って，読む人のこと
を考えながら，書きましょう。」

　　清書をしている途中で，分からないことが出てきた児童に
は，教師が個別に指導する。
　　イラストも描いてよいが，あくまでも手紙の主体は文章で
あるため，描きすぎないように注意する。

4 振り返る　　活動を振り返り，次時の活動の見通しを持つ。

「手紙を仕上げることができましたか。」
・できました！
・こんなに書き直しをした手紙は初めてです。

下書きや読み返し，書き直しをして，
どうでしたか。

いつもより，気持ちの伝わる手紙が
書けたと思います。

字の間違いもなくなって，
字も丁寧に書けたので，読
みやすい手紙になりました。

「手紙をもらったら，どうしますか。」
・読んだ後は，返事を書きたいです。

「次の時間は，いよいよ手紙を渡します。手紙をもらって読
んだら，返事を書く活動をします。」

すてきなところを つたえよう

第 **10,11,12** 時 (10,11,12/12)

本時の目標

友達からの手紙を読んで,その内容に対して自分の思いを返事に書くことができる。

授業のポイント

手紙や返事で心が通じ合うことを感じさせ,学習したことを生かして,これからも「書くこと」を楽しめるようにする。

本時の評価

友達からの手紙を読んで,自分の思いを返事に書いている。手紙を書くときに気をつけることをまとめている。

板書例

〈活動〉この単元の学習で終わりにせず,家族や他の友達に手紙を書くなど,継続的な活動を促して,

読み直して ←

```
まちがいがないか
主語と述語
丸（。）や点（、）
ていねいに   あい手のことを考えて
```

◇手紙やへんじをもらって
・しあわせな気もち
　（がまくんとかえるくんみたいに）
・すてきなところを見つけてもらえて
　うれしかった
・ちょっとはずかしい
・また手紙を書きたい

◇これからも手紙を書こう

※児童の発言を板書する。

---

1 めあてをとらえる 手紙を読んで,返事を書くという,めあてをとらえる。

「今日は,出来上がった手紙を,友達に渡して読んでもらいます。」
　・ドキドキしてきた！
　・もう一度,読み返してみよう。大丈夫かな。
「手紙をもらって読んだら,どうしますか。」
　・返事を書きます。
　・お礼を言います。

> そうです。今日のめあては,『手紙を読んで,返事を書こう』です。どんなことを書けばよいのか,教科書 132 ページの例を読んで考えましょう。

お礼を書いています。

手紙を書いてくれた人の名前を,最初に書いています。

相手のよいところを伝えています。

丸（。）や点（、）を正しく使っているか。

「では,手紙をもらって,読みましょう。」

2 書く 読み直す 返事を書いて,読み直す。

「手紙を読み終わった人は,返事を書きましょう。」
　どんなことを書けばよいのか分からない児童には,教師が一緒に手紙を読み,書く内容を考える。

> 返事を出す前に,もう一度読み直しましょう。

> 手紙を書いた時も,読み直して間違いを直したよ。もらった人のことを考えて,丁寧に書かなくちゃ。

> 主語と述語のつながりは,合っているかな。丸（。）や点（、）を正しく使えているかな。

　書き直し用に,用紙を多めに用意しておく。時間があれば,前時までと同様に下書きをさせてもよい。
　色を塗ったり,イラストを描いたりしてもよいが,返事の主体は文章なので,あまり描きすぎないように注意する。

すてきなところをつたえよう

め　手紙を読んで、へんじを書こう

◇へんじの書きかた
・あい手の名前
・おれいのことば
・あい手のよいところ
・じぶんの気もち

←

 **主体的・対話的で深い学び**

・「手紙をもらったら返事を書く」という，大人では当たり前のマナーだが，児童は理解していない場合もある。返事の書き方をしっかりと話し合わせ，返事も丁寧に書く習慣のきっかけ作りとしたい。手紙や返事をもらった時の気持ちを考え，話し合わせ，学習したことが，これからも生かせるようにまとめたい。国語科だけ，2年生だけでなく，他の教科や活動，行事にこれからも生かせるように，「手紙」や「返事」を書く度に見直し，定着を図る。

準備物

・返事用のカード
・原稿用紙（第4,5,6使用のもの）

---

3 話し合う　手紙や返事をもらった時の気持ちを話し合う。

「返事が書けたら，相手に渡しましょう。」
・なんだかちょっと照れるな。
・返事には，どんなことが書いてあるのかな。

手紙や返事をもらって，どんな気持ちになりましたか。

幸せな気持ちになりました。『お手紙』のがまくんとかえるくんみたいに。

自分では思ってなかったすてきなところを見つけてもらえて，嬉しかったです。

・手紙をじっくり読んでもらえて，うれしかったけど，なんだかちょっと恥ずかしかったです。
・また，手紙を書きたいと思いました。

---

4 振り返る考える　学習したことを振り返り，今後の学習にどう生かすか考える。

「教科書132ページの『ふりかえろう』も読んで，学習を振り返りましょう。どんなことに気を付けて，手紙を書きましたか。」
・主語と述語に気を付けました。
・気持ちが伝わるように，丁寧に書きました。
・読み返して，間違いがあったら書き直しました。

学習したことは，どのようなことに生かせると思いますか。

誰かに手紙を書くときに，生かせると思います。おじいちゃんとか，おばあちゃんとか。

他の作文を書くときに，読み直して書き直すことが生かせると思います。

「手紙を書いたり，返事をもらったりしたときのうれしい気持ちを忘れずに，これからも書くことを楽しんで学びましょう。」

著者紹介（敬称略）

【著者】

中村 幸成　　元奈良教育大学附属小学校主幹教諭
松森 靖行　　大阪府寝屋川市立田井小学校教諭
南山 拓也　　西宮市立南甲子園小学校教諭

＊所属は 2020 年 10 月現在

【著者・特別映像 寄稿】

菊池 省三　　教育実践研究家
　　　　　　　菊池道場 道場長

＊所属は 2020 年 10 月現在

【初版 著者】（五十音順）

岡 篤
菊池 省三
中村 幸成
羽田 純一
原田 善造
藤田 えり子

喜楽研の DVD つき授業シリーズ

新版
全授業の板書例と展開がわかる　DVD からすぐ使える
〜菊池省三 授業実践の特別映像つき〜

まるごと授業　国語　2 年（下）

2015 年 8 月 30 日　　初版　第 1 刷発行

2021 年 1 月 10 日　　新版　第 1 刷発行

著　　　　者：中村 幸成　菊池 省三　松森 靖行　南山 拓也

イ ラ ス ト：山口 亜耶

撮 影 協 力：有限会社オフィスハル（菊池 省三 特別映像）
　　　　　　　河野 修三

企 画・編 集：原田 善造（他 8 名）

編　　　　集：わかる喜び学ぶ楽しさを創造する教育研究所　編集部

発 行 者：岸本 なおこ

発 行 所：喜楽研（わかる喜び学ぶ楽しさを創造する教育研究所）
　　　　　　〒 604-0827 京都府京都市中京区高倉通二条下ル瓦町 543-1
　　　　　　TEL　075-213-7701　FAX　075-213-7706
　　　　　　HP　http://www.kirakuken.jp/

印　　　刷：創栄図書印刷株式会社

ISBN：978-4-86277-304-3

Printed in Japan

オフィスハル・オンラインショップにて絶賛発売中
いよいよ第二弾が完成（1月下旬発売）!

【企　画】菊池道場　道場長：菊池省三

【製作プロダクション】有限会社オフィスハル
　　製作・監督：筒井勝彦

【協　力】いの町　いの町教育委員会
　　株式会社中村堂　株式会社喜楽研

【VOL.1】【VOL.2】DVDで見て学ぶ 菊池省三・授業実践シリーズ

【VOL.1 全10巻 タイトル】
《1》対話・話し合いのある授業(28分)
　ポイント1 学び合うための「動きのある
　対話・話し合い」
　ポイント2「挙手⇒指名⇒発表」のみ
　からの脱却
《2》ディベート導入までの授業　1時間目
　(28分)
《3》ディベート導入までの授業　2時間目
　(31分)
《4》ディベート導入までの授業　3時間目
　(36分)
《5》学級マスコットを作ろう(41分)
《6》白い黒板(初級編)(28分)
《7》国語の授業(28分)
《8》算数の授業(22分)
《9》道徳の授業(小学5年生) ①(36分)
《10》菊池省三先生・秘蔵映像 ①(26分)
　～菊池学級　四字熟語の白い黒板～

【VOL.2 全8巻 タイトル】
《1》ほめ言葉のシャワー
　　～いの町菊池学園～(50分)
《2》ほめ言葉のシャワー
　　～レベルアップの授業～(40分)
《3》ほめ言葉のシャワーの授業
　　～中学3年生～(40分)
《4》道徳の授業②
　　～小学2年生～(40分)
《5》道徳の授業③
　　～中学生～(30分)
《6》菊池省三先生・秘蔵映像②
　　～「やまなし」の授業～(43分)
《7》菊池省三先生・秘蔵映像③
　　～伝説の貴船小学校(1)～(50分)
《8》菊池省三先生・秘蔵映像④
　　～伝説の貴船小学校(2)～(65分)

《特典映像》特別メッセージ(7分)

【内　容】
2016年4月、高知県いの町で一般行
政と教育行政、そして地域と学校が
ひとつになった全国初の地方創生
「教育による町おこし」の取り組みが始
まりました。
このDVDは、いの町教育特使に委嘱
された菊池省三先生の1年間の授業
のありのままを収録した他に類を見な
い貴重な映像記録教材です。複数台
のカメラを使って、プロのカメラワーク
や音声収録を駆使して臨場感溢れる
映像で菊池先生の授業実践を再現し
ています。さらに菊池実践のルーツと
いえる菊池先生の貴重な北九州時代
の秘蔵映像も同時収録しています。
皆さんも、居ながらにして菊池先生の
授業に参加したような気づきと驚きと
感動を映像体験することが出来ます。

【販売価格】VOL.1(10巻セット)　VOL.2(8巻セット)
　　各 56,000円(税・送料込)

【ご購入は オンラインショップ より】
kikuchi-jissen.com